2016年度“上海高校服务国家重大战略出版工程”项目

自贸区背景下的供应链转型与创新 黄有方 严 伟 总主编

自贸区背景下的港口供应链

转型与创新发展

中 国 （ 上 海 ） 自 贸 区 供 应 链 研 究 院
自贸试验区供应链研究上海市社会科学创新研究基地 组织编写

黄顺泉 编 著

上海浦江教育出版社

图书在版编目(CIP)数据

自贸区背景下的港口供应链转型与创新发展/黄顺泉编著.
—上海：上海浦江教育出版社有限公司，2016.12
(自贸区背景下的供应链转型与创新/黄有方，严伟主编)
ISBN 978-7-81121-483-3

Ⅰ.①自… Ⅱ.①黄… Ⅲ.①港口—供应链管理—研究
—上海 Ⅳ.①U695.2

中国版本图书馆 CIP 数据核字(2017)第 011058 号

上海浦江教育出版社出版
社址：上海海港大道 1550 号上海海事大学校内 邮政编码：201306
电话：(021)38284910/12(发行) 38284923(总编室) 38284910(传真)
E-mail：cbs@shmtu.edu.cn URL：http://www.pujiangpress.cn
上海盛通时代印刷有限公司印装 上海浦江教育出版社发行
幅面尺寸：170 mm×230 mm 印张：15.25 字数：285 千字
2016 年 12 月第 1 版 2017 年 10 月第 1 次印刷
责任编辑：杨 磊 封面设计：赵宏义
定价：100.00 元

序

当前,我国改革已经进入攻坚期和深水区,面临的困难更加集中、任务更加繁重,全面深化改革的重要性更加突出。放眼全球,世界经济复苏乏力,全球贸易持续低迷,以保护主义、孤立主义为代表的“逆全球化”思潮抬头,英国公投脱欧、欧洲难民危机以及暴恐等事件导致地缘政治风险上升,将进一步导致各国政策博弈加剧,美国加息带来资本外流、金融市场动荡加剧的风险,为我国经济增长带来新的不确定性。

面对国内外多重困难挑战和经济下行压力,我国政府提出“一带一路”倡议,以及自贸区、“长江经济带”等国家战略,不仅有助于激活我国长江经济带及“一带一路”沿线国家港口贸易,也确立了全球供应链重心东移的大趋势。“一带一路”倡议,以及自贸区、“长江经济带”等国家战略在广袤的空间上构建起全球经贸联系的大格局,供应链将起到串联的关键作用。

推进“一带一路”倡议,以及自贸区、“长江经济带”等国家战略,必须站在全球供应链的高度,必须准确把握当今世界发展格局与大环境。当前所处的时代,是全球化饱和的时代,资本、产能等各要素出现过剩,产能与资本的横向输出空间十分有限,全球化的红利逐渐消失。国际产业分工已经从原来基于各国比较优势的水平分工,转变为以跨国公司为中心、基于产业价值链的垂直分工。在这种国际分工方式中,我国大多产业处于相同产业的供应链和价值链的低端。在这一背景下，我国推行“一带一路”倡议，以及自贸区、“长江经济带”等全球化战略，必须站在全球供应链的高度，必须意识到我国具有市场与产能的双重优势，用中国的市场整合全球更大的市场，用中国的国际产能填补国际市场，加速推进全球化进程。在这一过程中，以自贸区为节点，以物流、贸易、金融、信息等资源要素的优化和重组为重点的全球供应链将在其中扮演关键角色。

随着分工国际化、贸易全球化的推进，以自贸区为重要节点，吸引产业集聚，加强供应链整合，将会促进我国产业在全球价值链中向高端递进，推动产业格局重构，提升产业核心竞争力。未来，自贸区将成为我国布局全球供应链的重要节点，逐步形成以自贸区为核心的全球供应链体系，培育国际竞争新优势，同时有助于我国企业充分利用供应链升级的机会，逐步从传统产业向高端供应链服务转型，提高发展的质量和效益，进一步提升我国在全球供应链和价值链中的国际地位，并为全球发展注入新的理念、新的思维和新的内涵，这些对我国和全球的发展将产生深远影响。

为全面介绍近年来我国政府部门在促进供应链转型方面的创新举措，总结以航运、港口企业为代表的中国企业在供应链创新方面的实践，理顺供应链转型与创新的基本脉络与主要模式，上海海事大学中国(上海)自贸区供应链研究院的《自贸区背景下的供应链转型与创新》丛书系统阐述了国家战略与产业发展相互促进、相互依存的内在关系，有助于引发对我国进一步推进全球化战略实施、建设国家供应链体系的深入思考，同时为我国企业供应链转型升级提供了不可多得的宏观指引。

黄有方

2016年12月

总前言

党的十八届三中全会提出要“加快自由贸易区建设”“形成面向全球的高标准自由贸易区网络”，国民经济“十三五”发展规划纲要提出要积极同“一带一路”沿线国家和地区商建自贸区，凸显了中央对推进自贸区建设的坚定决心。当前，我国已经形成了“1+3+7”的自贸区全国布局，强调以开放倒逼市场化的改革，提高利用国际国内两个市场、两种资源的能力，建立符合时代要求和国际标准、国际规则、国际惯例的机制体制，在更广领域、更大范围形成各具特色、各有侧重的试点格局，推动全面深化改革、扩大开放。

自贸区建设与我国正在推进的“一带一路”倡议，以及“长江经济带”、京津冀协同发展等国家战略高度吻合，相辅相成。自贸区本身就承担着这些国家战略先行先试的任务，自贸区的投资自由化、贸易便利化、金融国际化、行政管理简化等诸多实践经验，可以合理运用在我国国家战略中，推动构建高标准的自贸区网络。供应链是自贸区与国家战略对接融合的载体，国家战略中的新制度、新模式、新平台等最终都需要通过供应链项目来承载，以“一带一路”为例，其“政策沟通、道路联通、贸易畅通、货币流通、民心相通”的本质使供应链“物流、商流、资金流、信息流”四流合一。

过去20年，企业之间的竞争已经演变为供应链之间的竞争，未来10年，自贸区之间的竞争也将会演变为供应链之间的竞争。按“全球供应链绩效指数”排名，中国在2012年、2014年、2016年分别排26位、28位、27位，位于全球第二梯队。自贸区成立以来，中国的“全球供应链绩效指数”全球排名不升反降，有必要对照“全球供应链绩效指数”的指标，找差距、提措施，从供应链的视角加大改革与创新的力度，与世界更好地接轨。

自贸区与供应链的结合将推动货物贸易、服务贸易的产品、人员、信息、资本、技术、知识等贸易要素的自由流动以及在自贸区集聚；通过对物流、贸易、金融、信息等资源要素的优化和重组，促进产业在全球价值链中向高端递进，推动产业格局重构，提升产业核心竞争力；实现自贸区由一般的货物贸易和加工贸易转向更加注重物流、航运、金融、商贸等服务领域的功能拓展；在促进供应链与产业链一体化发展的同时，促进政府职能的转变，推动形成以自贸区为核心的全球供应链体系，培育国际竞争新优势。

《自贸区背景下的供应链转型与创新》丛书是在上海海事大学中国(上海)自贸区供应链研究院系列研究成果的基础上编纂而成的，从自贸区改革与创新的视角分析了航运、港口等类型的企业向供应链转型与创新的战略意义、基本模式、总体思路和创新实践，分析了检验检疫等自贸区监管单位采用供应链理念构建制度创新体系、服务国家战略、助力国家供应链体系、提振产业发展的思路，为我国企业在全球供应链中培育国际竞争优势提供路径支撑，为政府部门职能转变提供智库支撑。

《自贸区背景下的供应链转型与创新》丛书的出版受到了“上海高校服务国家重大战略出版工程”等项目的资助，得到了中国(上海)自贸区供应链研究院全体教师的支持，在此致以衷心的感谢！本丛书在编写过程中，参考了大量国内外有关自贸区、供应链、航运、港口、检验检疫等方面的文献资料，在此向本丛书参考文献中已列出和未列出的文献作者表示诚挚的谢意！

2016年12月

前　言

本书从自贸区与港口供应链关系出发，分析自贸区背景下港口供应链转型与创新的动因、港口供应链转型与创新的核心能力与基本模式、港口供应链转型与创新的自贸区政策利用，研究自贸区背景下港口大宗商品供应链转型与创新、港口供应链金融创新、港口跨境电商供应链发展与创新。

本书由黄顺泉编著，共分6章，其中第一章由余思勤编写，第二章由黄顺泉编写，第三章由何军良编写，第四章由张丽娟编写，第五章由袁象编写，第六章由杨斌、胡坚堃编写。孙佳会、沈超、洪历、张健恩、吴作栋、曹妍彦、陈彦莉、马彤晖、倪思路、张丽等人参与本书的资料收集和部分编写工作，在此一并表示感谢！

本书的出版受到2016年度“上海高校服务国家重大战略出版工程”等项目的资助。

本书在编写过程中参考大量国内外有关港口供应链等方面的文献资料，在此向本书中已列出和未列出的文献作者表示衷心感谢！

最后，由于编者水平有限，书中难免存在不足与疏漏之处，恳请各位读者、同行和专家批评指正。

编著者

2016年11月

目　录

理论篇

政策篇

实践篇

理 论 篇

第一章　自贸区与港口供应链基本理论

第一节　自贸区理论概述

一、自贸区的概念与类型

随着全球经济和科技的发展,各国家和地区经济水平不断提高,彼此之间贸易往来日趋密切,全球经济的整体化程度大幅提升。经济全球化和区域经济一体化的发展使单个国家或地区经济与世界经济之间的联系日趋紧密,进而对自由贸易和跨国投资等贸易活动提出了更高的要求,推动了自由贸易的不断发展。自由贸易区(Free Trade Zone, FTZ)作为一个国家或地区吸引外国投资、扩大国际贸易规模、促进经济增长、提高国际竞争力的重要方式之一,已经被世界各国家和地区广泛使用,尤其是在金融危机之后,发展自由贸易区越发成为一个国家或地区刺激经济发展、试行新经济政策、扩大国际贸易规模的重要推动力。由此可见,自由贸易区作为一个国家或地区发展区域经济、参与国际贸易活动的平台,在促进贸易自由化、完善国际贸易机制、反对贸易保护主义、利用自由贸易带来的成果等方面发挥着越来越重要的作用。

(一) 自贸区的概念

自由贸易区由自由港发展而来,从 1547 年意大利正式将里窝那港定名为自由港以来,自由贸易区已有 400 多年历史。根据地理位置和实践形式的不同,自由贸易区具有多种形式和不同规模,在名称和功能特点上也不尽相同。据统计,在当前世界上已有的特殊经济区域中,除自由贸易区外,还有自由区、自由港、免税贸易区、保税区、边境自由区、对外贸易区、出口加工区、科学工业区等多种名称可纳入到自由贸易区的概念体系中[1]。

目前,世界上对于自由贸易区概念的界定来自 1973 年世界海关组织制定的《京都公约》,其中规定:“自由贸易区指一国的部分领土,在这部分领土内运入的任何货物,就进口税及其他各税而言,被认为在关境以外,并免于实施惯常的海关监管措施。有的国家还使用一些其他称谓,如自由港、自由仓等。”除此之外,在自由

贸易区的其他定义形式上，美国关税委员会定义自由贸易区为“对用于再出口的商品在豁免关税方面有别于一般关税地区，是一个只要进口商品不流入国内市场可免除关税的独立封锁地区”。

需要说明的是，自由贸易区的概念最早出现于国外，在传入国内时，由于在翻译术语时进行直译，使得自由贸易区对应的英语术语既包含 Free Trade Zone (FTZ)，也包含 Free Trade Area(FTA)。对 FTA 概念的界定由世界贸易组织(World Trade Organization, WTO)提出，WTO 认为：“自由贸易区应理解为，在两个或两个以上的一组关税领土中，对成员领土之间实质上全部有关产自此类领土产品的贸易，取消关税和其他限制性贸易法规。”

比较 FTA 与 FTZ 概念可以发现，FTA 与 FTZ 的含义、涉及范围和服务职能具有很大差别。FTZ 是缔约方境内的一部分，在这部分领土上货物的进口关税通常是保税或免税的方式，可看作是关境之外，在关税和管理上实行特殊政策，可使区内企业不出国门享受相关优惠；而 FTA 则是国与国之间(包括独立关税地区)根据 WTO 相关规则签订协议，互相开放国内市场，改善市场准入条件，分阶段取消绝大部分关税，消除非关税壁垒，实现货物贸易、服务贸易、跨国投资等领域的自由化发展[2]。

虽然 FTA 与 FTZ 的概念明显不同，但由于二者中文译名相似，因此国内许多媒体和学者常将其混用。由 FTZ 的定义和功能可以发现，FTZ 实际上应定义为“自由贸易园区”更为确切。为了更好地区别二者，2008 年我国商务部和海关总署发布了《关于规范“自由贸易区”表述的函》，该文件对于“自由贸易区”的表述为：

根据 WTO 的有关解释，所谓“自由贸易区”，是指两个以上的主权国家或单独关税区通过签署协定，在 WTO 最惠国待遇的基础上，相互进一步开放市场，分阶段取消绝大部分货物的关税和非关税壁垒，改善服务和投资的市场准入条件，从而形成的实现贸易和投资自由化的特定区域。“自由贸易区”所涵盖的范围是签署自由贸易协定的所有成员的全部关税领土，而非其中的某一部分。迄今，中国已与东盟、巴基斯坦、智利、新西兰等国家和地区签署自由贸易协定，从而建立涵盖中方与对方全部关税领土的“自由贸易区”。自由贸易区对应的英文为“Free Trade Area”，其缩写形式为 FTA。

该文件对于“自由贸易园区”的表述为：

“自由贸易园区”指的是某一国家或地区境内设立的实行优惠税收和特殊监管政策的小块特定区域，类似于世界海关组织的前身——海关合作理事会所揭示的“自由区”。按照该组织 1973 年订立的《京都公约》的解释，“自由区系指缔约方境内的一部分，进入这一部分的任何货物，就进口税费而言，通常视为在关境之外，并免于实施通常的海关监管措施。有的国家还使用其他一些称谓，如自由港、自由仓等”。中国的经济特区、保税区、出口加工区、保税港、经济技术开发区等特殊经济功能区都具有“自由贸易园区”的某些特征，但中国尚无与“自由贸易园区”完全对应的区域。自由贸易园区对应的英文是“Free Trade Zone”，其缩写形式为FTZ[3]。

虽然《关于规范“自由贸易区”表述的函》中建议将Free Trade Area统一翻译为“自由贸易区”，将Free Trade Zone统一翻译为“自由贸易园区”，但是在查找国内相关文献时可以发现，许多文献中并不分别使用“自由贸易区”和“自由贸易园区”两种名称，而且国内具有自由贸易园区特征的中国(上海)自由贸易试验区、天津自由贸易区等贸易园区仍更多地使用“自由贸易区”的称谓。应该明确的是，自由贸易区与自由贸易园区具有明显的区别，自由贸易区是国与国之间或单独关税区之间形成的区内实行取消关税和非关税限制、区外实行保护贸易的特殊经济区域，是区域经济一体化的重要内容与表现形式，而自由贸易园区是享受海关便利和特殊经济优惠政策的特殊区域，由一个国家或单独关税区设立，与区外明显隔离开来，在区内不受海关管辖，允许外国船舶自由进出，外国货物免税进口、长期储存和加工。此外，自由贸易园区作为一种特殊的经济区域，具有不同的功能定位，有的功能比较单一，有的功能则趋于综合，但都是以对外贸易、国际物流为核心来开展的。在称谓相近的情况下，FTA与FTZ的差别可以根据名称中提到的国家或地区进行区分。如果名称中提到的是国内的城市或地区，则属于自由贸易园区(FTZ)的概念范畴，如上文中提到的天津自由贸易区；如果名称中提到是两个国家或者跨国的地区，则属于自由贸易区(FTA)的概念范畴，如中国-东盟自由贸易区。本书主要研究港口供应链在自贸区背景下的发展创新，因此主要是对自由贸易园区进行探讨。为了简化表述，本书依然采用自由贸易区的称呼，并以自贸区为简称代之。

尽管自贸区在各国具有不同的称谓，彼此之间功能侧重、规模大小也不尽相同，但纵观全球现存的自贸区可以发现，它们具有一些共同的特征。

1. 境内关外

自贸区是在某国境内划分出特定的区域而设立的，在领土上仍属于该国，但在关税上视作关境之外。自贸区的关税制度与国内其他区域不同，自贸区区外实行正常的关税制度，区内实行保税或免税的关税制度，货物进出自贸区的行为视作货物进出口活动，并按照规定征收关税。自贸区作为单独的封闭区，与国内其他区域具有明显差别，需要以一定形式严格区分开来，在监管制度上遵循“一线放开、二线管住”原则，即海关后退到自贸区与国内其他区域的分界处，货物可以自由在自贸区和国境之外的区域进出而不需海关进行监管，但在自贸区以外的国内其他区域

的货物进出自贸区时海关需要按照国家政策要求进行监管，从而打击走私犯罪，保护国家的关税收入。

2. 定位明确

目前，自贸区的概念范围较广，不同的国家对自贸区发展的要求和功能也有所侧重，如：欧洲和南美国家多采用自由港、自由区等发展方式，注重对货物的转口贸易；美国采用对外贸易区的方式，在提供免税自由区的同时，也注重在区内促进相关工业的发展；亚洲国家则多采取出口加工区的方式，更注重对货物的加工出口和仓储功能。不同国家通常根据自身优势和地理位置等因素对设置的自贸区进行明确的功能定位，包括货物转口、产品生产、货物简单加工、货物仓储等功能，或者发展综合平台，或者突出某一功能定位。从世界经济一体化的发展趋势来看，自贸区将越发突出综合性功能平台的发展，并在传统功能的基础上，加强对自贸区物流供应链以及贸易、金融服务等方面功能的建设。

3. 自由高效

在遵守设区国对自贸区的法律规定的前提下，自贸区的管理体现出充分的自由性，具体表现在货物进出自由、投资自由和金融自由三个方面。在货物进出自由上，货物可在自贸区与境外自由流通，进出自贸区以及在区内的仓储和处理不受海关监管和限制，只需备案，且在卫生检疫、出入境手续办理上从简，不存在关税和非关税壁垒。在投资自由上，自贸区贸易投资不受国别、行业以及经营方式的限制，可实现投资自由、雇工自由和经营人员出入境自由等。在金融自由上，自贸区内不存在国民与非国民待遇的差别，外汇可自由兑换，可自由选择结算币种，并可以实现资金的自由进出。自贸区管理的自由度提高自贸区的运营效率，更精简的监管方式简化办事程序，提高政府部门的工作效率，从而提高自贸区内的出入境效率和通关速度，促进自贸区的高效发展。

4. 优惠便利

自贸区对设区国具有重大意义，因此为了更好地发挥自贸区的作用，并与一般区域相互区别，政府通常会专门针对自贸区出台一些优惠政策，在金融、税收、管理等方面对区内企业和人员实行一定程度的优待，如提供补贴、减免所得税、保障投资安全等，对于一些临港自贸区还出台了启运港退税、期货保税交割等政策和试点。自贸区的发展离不开区内交通和物流体系建设，在交通基础设施和多式联运体系的保障下，自贸区能够加强区内与区外的联系，从而便利了货物、服务、资金、技术的流通。

（二）自贸区的类型

自贸区涵盖的种类比较广泛，这种形式多样性的出现与不同设区国的具体实践情况息息相关。虽然各国自贸区的具体实践形式不尽相同，但依据自贸区的具体功能、监管水平和地理位置等特点，可划分自贸区的类型。

1. 按自贸区的具体功能划分

不同的设区国的自贸区对不同功能有所侧重，按照自贸区的功能，可将自贸区划分为自由港、边境自由区、保税区、出口加工区、综合自贸区等几种模式[4]。

(1) 自由港(Free Port)是指全部或绝大多数外国商品可以免税进出的港口。自由港相当于一国的关境之外，外国船舶可以自由进出自由港，货物可以在港区内与国外自由流通并免交关税，还可以在港内进行改装、加工、储存和销售等活动。自由港根据受管制的状况可分为完全自由港和有限自由港，其中完全自由港对于所有商品的进出口都实行免除关税政策，有限自由港会对部分商品征收少量关税或实行配额的政策限制。自由港主要侧重货物的转口贸易活动，通常不涉及对货物的深度加工，仅提供一些货物装卸和转运的服务，在西欧地区分布较多，典型如德国汉堡自由港、荷兰鹿特丹自由港等。

(2) 边境自由区(Border Free Zone)是指在本国的边境地区划定某一区域，在该区域内实行国内自由贸易区或出口加工区等海关特殊监管区的优惠政策，从而吸引国内外厂商投资，为沿边地区经济发展服务。边境自由区位于国境之内、关境之外，国外货物运入区内而不进入内地一般不征收关税。边境自由区的设置一般用于便利本国与邻国之间的贸易往来，可以繁荣边境贸易，尤其是有些偏远边境地区与本国其他地区交通不便，可以利用从相邻国家获得的投资和资源发展地区经济。边境自由区主要侧重进出口贸易活动，同时也对货物进行一些简单加工，目前在全世界分布较为广泛，典型如墨西哥提华纳和下加州边境自由区等。

(3) 保税区(Bonded Area)又称为保税仓库区，是一国海关设置或经海关批准注册、受海关监督和管理、可用于储存商品的特殊经济区域。保税区的功能主要是“保税仓储、出口加工、转口贸易”，享有“免征、免税、保税”政策，实行“境内关外”的运作方式。保税区主要起货物的保税作用，有助于货物的转口贸易。保税区在受海关监管的前提下为货物提供仓储、改装、分装、混合、加工制造等服务，有利于货物的待机出售，外国货物进入保税区时不需要缴纳进口关税，只需缴纳存储费和其他相关费用。保税区的时间规定依不同国家而不同，逾期未办理货物的有关手续者，海关有权对其进行拍卖，拍卖后扣除相关费用后，余款退回货主。保税区在世界范围内分布广泛，典型如南美阿根廷的布宜诺斯艾利斯保税区等。

(4) 出口加工区(Export Processing Zone)是指国家划定或开辟的专门用于制造、加工、装配出口商品的特殊工业区。作为经济特区的重要表现形式之一，出口

加工区能够享受减免各种地方征税的优惠。其功能侧重于提供出口导向的加工服务,并在此基础上兼有贸易和仓储的功能,出口加工区一般位于经济相对发达、交通便利、城市发展水平较高、劳动力充足的地区,在沿海和国家边境地区分布较广。世界上最早的出口加工区为爱尔兰香农自由贸易区。出口加工区在亚洲地区分布广泛,典型如我国台湾的出口加工区等。

(5) 综合自贸区(Comprehensive Free Trade Zone)是位于一国或地区内,在海关监管下,以实现完全自由贸易为目标的经济特区,区内对外国进口的货物免征关税,消除其他非关税限制。综合自贸区的功能可涉及以上几种自贸区功能的总和,其服务范围涉及进出口贸易、加工制造、货物仓储、物流分拨以及金融、贸易服务等多个方面。我国的上海自贸区就采用这种发展模式。

2. 按自贸区的监管水平划分

不同的设区国对于自贸区的监管水平有所不同,根据不同设区国对自贸区的监管水平,可将自贸区分为完全自贸区和准自贸区。

(1) 完全自贸区是在一国或地区之间实现完全的自由贸易,该模式下可以实现国家和区域内免关税、免海关监管,政府干预极少甚至没有,仅靠企业自律。目前,世界上这种自贸区较少,典型的有我国香港自贸区和新加坡自贸区。

(2) 准自贸区是向完全自贸区的过渡形态,其自由程度还未能达到完全自由贸易区的标准,仅在某些涉及国际贸易的方面给予部分相对自由。设区国对自贸区内实行比区外的税收、金融、监管水平更加宽松的优待,以实现向完全自贸区的靠拢。目前,世界上大多数自贸区属于这种模式,且由于国家的经济、政治差异而具有不同的表现形式,但都以关税减免和缓征关税作为主要特征。

3. 按自贸区的地理位置划分

不同的自贸区所处的地理位置有所不同,根据自贸区所处的地理位置,可以把自贸区划分为港城型和自由港型。

(1) 港城型通常是“前港后城”的模式,由作为口岸的港口与作为依托的城市共同组成。港城型自贸区的港口通常位于国际航运主航线上,具有重要的地理位置,城市中通常实行高度自由化的政策,能够利用港口带来的区位优势推动城市经济的发展。港城型自贸区对周围经济具有重要的辐射作用,能够带动城市发展,如新加坡。

(2) 自由港又称为“自由口岸”,在港口中可实现全部或绝大多数外国商品的自由进出。自由港可分为将整个城市都列为自由港和仅仅将某一港口或其中一部分列为自由港两种,我国香港就属于前者,在香港可以实现绝大多数商品的自由进出,免征关税,同时允许外国在香港自由投资和设立企业。自由港不仅能够促进转口贸易的发展，还能够增加外汇收入。

二、国内外自贸区发展概况

（一）国外典型自贸区

自贸区最早在国外兴起，具有较长的发展历史，根据不同设区国的发展要求具有不同的实践模式，并根据各国的实际情况进行调整，具有较为完善的发展经验。我国自贸区起步较晚，目前发展水平仍然不高，因此有必要探讨借鉴国外自贸区发展中的经验，从而促进我国自贸区的发展。

1. 纽约港对外贸易区

纽约港对外贸易区在1934年美国《对外贸易区法》通过后批准成立，旨在促进经济大萧条之后的美国经济发展，是美国最大的对外贸易区之一。纽约港位于美国东海岸哈德逊河的出海口，受纽约-新泽西港务局管辖，港口地理位置优越，腹地广阔，是美国主要的集装箱港，也是大西洋航线上的重要港口。纽约港位于美国经济中心地带，腹地经济发达，其中纽约更是全球性的大都市，具有巨大的消费市场，是全球重要的经济、金融中心。纽约港工业发达，在机器制造、服装、化妆品、石油加工和军火等方面都处于较为领先的地位，在加工制造方面具有一定的基础和优势。纽约港对外贸易区的成立为纽约及周边地区提供了更加便捷自由的贸易平台，纽约港工业的发展吸引了更多投资和港口企业入驻，一系列有效措施也用以对纽约港对外贸易区进行管理，如在海关监管上采取核查监管来代替逐票逐单的监管方式，建立不同的对外贸易分区来对制造业、制药企业、化妆品、石油产品贸易进行管理，不允许区内有常住人口从而提高美国工人的雇佣率，以及采取税负倒置制度①吸引国际投资等。这些措施促进了纽约港对外贸易区的发展，进而促进了美国对外贸易的发展，改善了美国的国际贸易条件，刺激了国内经济的发展。

2. 新加坡自由贸易区

新加坡港作为亚太海运必经的重要港口之一，具有天然的地理优势。新加坡自由贸易区在1996年成立，其范围包括新加坡樟宜机场及5个港口，通过对空运和海运货物进行装卸、仓储、重新包装、转运等操作，发展转口贸易。新加坡自由贸易区在提供转口贸易服务中可以暂缓缴纳关税及消费税，并采用提前申报和事后审查制度进行监管，有利于提高通关速度，简化清关程序，进而吸引更多货物来此进行中转。为了进一步提高通关效率，新加坡自贸区更加注重区内的信息化建设，

---

① 税负倒置制度，即企业通过新设立或并购的方式，将总部从高税负国家或地区移往低税负国家或地区的形式，是一种避税行为。

通过建立覆盖全国的电子贸易处理系统 TRADENET 来实现信息的更新，并与 PORTNET 系统进行联动，满足政府、承运人、托运人等各方信息同步和操作同步的要求。此外，作为管理部门的新加坡经济发展局还制定了新加坡自贸区物流产业的发展战略，从而吸引更多物流企业入驻，在提高物流服务水平的同时，促进物流产业链的完善和良性发展。

3. 荷兰(鹿特丹港)自由贸易区

鹿特丹作为欧洲的第一大港口，是荷兰的第二大城市。位于莱茵河和马斯河入海口处的鹿特丹港是亚欧大陆桥的西桥头堡，拥有 700 多条航线，与 100 多个港口通航，不仅是欧洲重要的港口，也是国际航运的重要枢纽。鹿特丹港区面积为 105 km^2，拥有 51 km^2 的工业区和 34 km^2 的水域，共有 7 个港区，具备天然深水港条件，水深逾 30 m，可以供内河驳船、大型油船停泊，还可以满足超巴拿马型集装箱船靠泊作业的需要。鹿特丹港通过莱茵河和其他内河航道与欧洲内陆各国相连，拥有广阔的经济腹地，在满足荷兰国内需求的同时，还能满足欧洲内陆的需求，是名副其实的“欧洲门户”。

鹿特丹港具有完善的集疏运体系，拥有广阔的内河航道，与其他内河航道一起，构成了发达的内河航道网。通过内河航道网，鹿特丹与上游的德国、法国、奥地利等国家连接，作为鹿特丹港的经济腹地，这些国家为鹿特丹港口集运和货运提供稳定的货源，促进了鹿特丹港转口贸易的发展。鹿特丹在发展内河运输的同时，还重视近海运输，通过建造江海联运船舶，在实现江海联运的同时，与其他附近港口开展近海运输，从而提高运输效率，也加强沿海地区与内陆地区的经济联系。

除了发展水运和海运外，鹿特丹港还发展起了以铁路和公路为主体的陆运网络。鹿特丹港的港口作业区实现了与铁路线的无缝衔接，减少了海运—公路—铁路中公路部分的中转环节，极大地提高了效率。鹿特丹港作为亚欧大陆桥的西桥头堡，与密集的铁路线连接，具有完善的铁路网，并在港口的铁路编组调度技术和集装箱编组中心建设上处于领先地位，通过四通八达的铁路网实现货物的运输，在降低成本的同时，推动了鹿特丹港多式联运的发展。在公路运输上，鹿特丹港通过与欧洲高速公路直接连通的方式直接开展集装箱和货物直达运输活动。目前，鹿特丹公路运输占 40%～50%的比例，未来随着其他运输方式比例的增加，鹿特丹将继续减少公路运输在集疏运结构中的比例。

鹿特丹港港口的投资建设由政府进行，规划和管理由港口管理局进行，在完成港区基础设施和配套服务建设后，选择适合的企业加入进行运营管理，港口管理局只起统一规划的作用，不参与经营，属于各方共同管理模式。为了更好地发挥鹿特丹港国际货物进出口集散地、国际生产网络枢纽和工业聚集、运输服务提供者的地位，鹿特丹港通过保税仓库和物流分拨中心对货物进行储运和再加工，从而提高货物的附加价值，并利用自身物流枢纽的地位，对货物进行公路、铁路、水运等多式联运，从而加强自贸区与国内其他地区的联系，实现储、运、销一条龙服务。

4. 爱尔兰香农自由贸易区

爱尔兰香农自由贸易区创建于 1959 年，与爱尔兰克莱尔香农国际机场相邻，是以爱尔兰香农镇为核心并创建起来的临空贸易区，也是世界上第一家免税商店所在地和世界上第一个免税工业区。香农机场位于爱尔兰中西部，始建于 20 世纪 30 年代，位于北美和欧洲大陆的中轴线上，具有良好的地理位置，是大西洋航线的一个重要加油站。为了保持香农机场的重要地位，促进香农地区的经济发展，爱尔兰政府制定了围绕机场全面开发香农地区的计划，设立了香农开发公司负责当地的开发，此外还建立了世界上最早的出口加工贸易区，在区内实行免税等政策优惠。1968 年，香农自由贸易区由爱尔兰政府正式批准建立。目前，香农自由贸易区主要有航空运输企业、租赁企业、信息通信技术企业、研发中心、工程设计和组装企业、国际金融及国际物流管理企业，以及制药、食品加工企业等。

在香农自贸区的发展过程中，香农开发公司起到了重要的作用。香农开发公司由政府控股，受企业、贸易和就业部管辖，并作为有限责任公司实行自负盈亏的经营方式，经营范围涉及金融、房地产、科技等多个领域，在作为政府机构的同时，又能作为企业实行灵活的发展策略。香农开发公司推动香农自贸区实现了从劳动密集型向技术密集型的转变，带动了开发区向高科技、知识型经济的转变，有利于香农自贸区发展方向的不断调整，并加强了与欧美其他地区的联系。

（二）国内主要自贸区

1. 中国香港自由港

中国香港是一个高度开放的自由港，具有优越的地理位置和完善的服务业，是世界上重要的金融中心之一。香港自 1841 年开放成为自由港以来，经过 100 多年的发展，已成为拥有优越贸易条件和完善政策制度的自由贸易区，其对外贸易和金融产业的发展水平居于世界前列。在香港可以自由投资、自由兑换外汇、自由开办企业。香港一直坚持采取自由贸易政策，除对一些特殊贸易活动加以监管和限制外，对普通的贸易活动基本采取不干预政策，支持贸易自由化，实行自由贸易制度、自由企业制度、自由外汇制度和自由出入境制度等，其中：自由贸易制度主要表现在对进出口贸易不设置管制和关税壁垒，进出口手续极为简便等方面；自由企业制度主要表现在企业可以自由进入香港，企业经营制度不受限制，进入门槛低，居民待遇制度等方面；自由外汇制度主要表现在外汇、黄金、钻石可以自由在香港进出，各种货币可在香港自由买卖和兑换等方面；自由出入境制度表现在香港居民和境

外人员可以在香港自由进出且手续简便等方面。

香港自由港受政府层面干预较少，仅构建了简单直接的管理架构，在海关监管和进出口程序上极度简化。在贸易相关的物流等层面上，许多服务的发展和管理都直接由私人承担运作，不设置贸易壁垒，如香港的空运和海运对整个自由港的发展非常重要，而香港特区机场的两个空运货站均由私人运营，机场管理局并不进行干预。香港特区对于进出口商品一般不收取关税，也没有关税限额、附加税、增值税和一般服务费，仅对一些商品进行少量的贸易管制，以履行国际义务和保障本地居民的生活需要。香港的进出口贸易手续十分简便，仅需要在货物进出口 14 天内进行报关用于政府统计，而无须事先批准。

香港特区具有较为完善的法律制度，对各国的工商投资均实行充分开放的政策，企业注册手续简单高效、产权制度完善，可以有效地保护私人财产，企业进入门槛较低且经营方式不限，正常工商范围内的土地买卖和外国公司的股权收购、合并、转让、雇工、投资等与本地企业一视同仁，商品交易和劳务支付的价格也基本实现充分的自由竞争，可实现外企、民企、国企的公平竞争。除了完备的法律制度外，在 1973 年撤销外汇管制后，香港特区的外汇市场成为完全开放的外汇市场，香港已建立了跨币种的外汇交易同步交收联网，香港的投资者能够实现 24 h 在世界各地市场的外汇买卖，并避免受到交收时间差距和不同时区引起交收风险的影响。

2. 中国台湾出口加工区

中国台湾出口加工区始建于 1965 年，最初选址在高雄，并于 1966 年建成投产。1969 年，台湾筹建楠梓、台中加工区，并于 1999 年将临海工业广场纳入加工出口区范围。2000 年，台湾出口加工区的目标由解决贫困和就业问题转变为推动经济高速发展，成为高附加值的行销、研发中心和全球运筹管理中心。

台湾出口加工区早期以劳动力密集的传统加工制造业为主，随着人力成本和土地价格的不断上涨，台湾出口加工区的产业结构也发生了变化，从劳动密集型向技术、资本密集型转变，贸易、物流、仓储等产业成为台湾出口加工区的重要组成部分。自台湾出口加工区建立以来，随着社会经济的不断发展，其经营模式和政策也在不断变化。台湾出口加工区具有优良的公共设施和设备，能够为运营活动提供良好的保障；在出口加工区内实行只租不售的土地政策，方便对区域内的管理；实行委托区外加工制度，采取自主的仓储和运输，能够加强区内对周边的辐射程度，带动周围地区一同发展。

在台湾出口加工区的发展过程中，其监管方式也随着市场经济的发展和对外开放程度的提高实现了从严到宽、由繁到简的转变。现在，台湾地区正在进一步放松监管，以电子监管方式取代原来的海关监管车，有利于降低监管成本，提高监管效率。

3. 中国(上海)自由贸易试验区

上海自贸区于2013年9月正式成立,面积28.78 km^2,涵盖上海市外高桥保税区、外高桥保税物流园区、洋山保税港区和上海浦东机场综合保税区等4个海关特殊监管区域。2014年12月28日,全国人大常务委员会授权国务院扩展中国(上海)自由贸易试验区区域,将面积扩展到120.72 km^2,范围涵盖上海市外高桥保税区、外高桥保税物流园区、洋山保税港区、上海浦东机场综合保税区、金桥出口加工区、张江高科技园区和陆家嘴金融贸易区等7个区域。统计显示,2015年自贸区新设企业1.8万家,同比增长20%。在外商投资方面,2015年新设外资企业数量相当于2014年的1.5倍。在对外投资方面,截至2016年6月,上海自贸区对外投资占整个上海的70%,自贸区正在成为中国走出去、对外投资的集聚地。

上海自贸区由上海外高桥保税区逐步发展而来。上海外高桥保税区成立于1990年,成立之初主要具有对外贸易、保税加工、保税仓储等功能,并提供海铁联运等物流服务。但是,外高桥保税区并未与港区设置在一起,且不具有出口退税功能,影响了外高桥保税区的作用,因此在2004年上海又成立了外高桥保税物流园区以实现功能互补。2005年洋山保税港区成立并封关运作,2010年浦东机场综合保税区成立,上海形成了4个海关特殊监管区域并存的综合保税区。由于各区域的功能有所侧重,为实现各区域之间的功能互补,加强各区域间的联动,从而更好地为对外贸易服务,我国最终将4个区域进行整合,于2013年建立了上海自贸区。由于自贸区各区域的功能不全,为了完善自贸区功能,并与上海"四个中心"建设形成呼应之势,上海自贸区于2014年又扩充了金桥出口加工区、张江高科技园区和陆家嘴金融贸易区[5]。

上海自贸区在发展中具有明确的功能定位,即加快贸易的转型升级,发展综合性的高端服务,并探索离岸贸易的发展。上海自贸区的各组成区域的定位也有所侧重,如:洋山保税港区重点建设国际航运综合试验区,大力发展现代物流、国际中转、仓储、商品展示与期货交割等业务;外高桥保税区重点建设国际贸易示范区,大力发展进出口贸易、转口贸易、保税展示、仓储分拨等贸易服务功能。在上海自贸区的不断建设发展中,其硬件条件与伦敦等世界航运中心的差距在不断缩小,在基础设施建设方面已经居于世界领先地位,但在软环境建设上,上海自贸区与世界一流航运中心仍存在一定差距,如上海市航运业和相关产业主要集中在船舶运输业、港口及水上运输辅助业等方面,航运金融、保险、信息咨询及海事仲裁等方面仍欠发达,国际化程度较低。目前,上海在国际贸易中心、国际航运中心、国际金融中心和国际经济中心的"四个中心"打造中,对自由贸易区发展的带动作用提出了更

高的要求，因此在上海自贸区的发展过程中，不仅需要注重硬件设施的完善，也需要注意软环境的不断发展。

上海是中国的经济、金融和贸易中心，也是许多政策先行先试的试点区域。国务院在2009年《国务院关于推进上海加快发展现代服务业和先进制造业建设国际金融中心和航运中心的意见》中提出，到2020年，上海要基本建成具有全球航运资源配置能力的国际航运中心，同时希望上海探索成立“国际航运发展综合试验区”。为促进上海自贸区功能的实现，我国已经出台了相关法律政策，对自贸区内适用的法律、采取的税收和金融政策以及区内监管制度进行了规定，正在不断实施并进一步完善。

4. 中国(天津)自由贸易试验区

天津滨海新区一直是国家战略开发的建设重点。2003年，天津提出天津港保税区要向自由贸易区进行转型。2014年12月12日，李克强总理主持召开国务院常务会议，部署推广上海自贸区试点经验，决定在依托现有新区、园区的基础上，在广东、天津、福建特定区域再设3个自由贸易园区，以上海自贸试验区试点内容为主体，结合地方特点充实新的试点内容。至此，天津自贸区正式获批，并在2015年4月21日正式挂牌运行。

中国(天津)自由贸易试验区占地119.9 km^2，包括天津港片区、天津机场片区和滨海新区中心商务片区等3个片区，主要功能侧重于发展国际贸易、国际物流、生产制造、国际金融和休闲观光，成为辐射中国北方的国际物流中心、面向东北亚的国际金融中心、云集世界商品与服务的国际贸易口岸和国际货物进出口的绿色通道，其中：天津港片区的功能定位为国际贸易和国际物流中心，主要产业项目以航运物流、融资租赁、贸易结算、商品展示和跨境电商为主；天津机场片区的功能定位为国际物流和生产制造中心，主要产业项目以民用航空、装备制造、电子信息、生物医药为主；滨海新区中心商务片区的功能定位为国际金融和休闲观光中心，主要产业项目以金融机构、商务楼宇、商业保理、海洋旅游和文化创意为主。

天津自贸区借鉴了上海自贸区的发展经验，并在上海自贸区的经验基础上发挥出更多的地域特色。由于天津是传统制造业城市，现代化高端制造业趋于成型，制造业将会是发展的侧重点；作为重要的港口城市，天津仍会重点发展国际贸易、国际物流等方面，并会进一步促进邮轮、航运金融、船舶登记等方面的发展。天津自贸区位于京津冀都市圈中，而京津冀都市圈在我国的经济发展中占据重要地位。天津是华北地区的重要出海口，在实现京津冀协同发展中发挥着重要作用；在当前“一带一路”倡议发展的大趋势下，天津自贸区也能够利用自身优势和“一带一路”倡议带来的优惠政策，实现天津自贸区与京津冀都市圈的协同发展。

第二节　港口供应链理论概述

一、港口与供应链关系

（一）港口的代际划分

港口是具有水陆联运设备和条件、供船舶安全进出和停泊的运输枢纽，是沟通水路交通的重要节点。港口的发展具有悠久的历史，根据其演变和发展阶段，可将港口划分为不同的代际。根据1992年联合国贸易与发展会议发布的《港口发展和改善港口的现代化管理和组织原则》[6]，可将港口的发展阶段分为以下3代。

1. 第一代港口

第一代港口是指20世纪50年代中期以前的港口，被定位为货物水路运输的转换地点。第一代港口的作业范围不超过港区，只限于码头以及相关水域范围内，提供简单的货物运输服务，与用户之间仅为简单的服务与被服务关系，增值服务很少。第一代港口内的运输贸易活动通常与港口外的运输贸易活动相隔绝，主要功能是将货物从船边运到岸边，港口仅作为一个水陆交通的连接点存在，港口之间联系较少，与其他物流服务提供商也没有业务关系，同产品供应链上的企业也没有稳定的、经常性的业务关系。

2. 第二代港口

第二代港口是指20世纪50年代中期—80年代的港口，被定位为运输、工业和商业服务中心。现代工业的发展使港口相关的工业逐渐向港口集聚，港口功能不断得到提升。集装箱运输的出现改变了以往的运输方式，固体散货和液体散货的运输方式从传统的运输方式中分离，形成了单独的散货运输装运方式，传统的件杂货船逐渐被集装箱船和大型散货运输船取代，实现了运输方式专业化，扩展了港口业务，带动了货物装卸、存储、加工、换装以及集装箱拼箱拆箱、船舶靠泊等物流服务的发展。第二代港口发展时期，港口的活动范围逐步扩大，港口活动不再仅仅局限于码头本身，而是拓展到了港口周边地区。港口与用户之间关系趋于密切，并与当地产业之间形成较为密切的联系，港口业务沿物流链逐渐向两端延伸。

3. 第三代港口

第三代港口是指20世纪80年代之后的港口，被定位为国际贸易运输中心和物流中心。第三代港口在经济全球化趋势下不断发展，利用科技进步提高自身的信息化水平，利用全球产业结构调整实现自身产业结构的升级，提供更多增值服务，服务范围进一步向外扩散，港口功能进一步拓展。第三代港口发展时期，成组

化和集装箱运输已经成为主要的运输方式，船舶大型化、泊位深水化、运输方式专业化趋势日益明显。港口逐步发展为国际贸易的运输中心和物流平台，主要业务进一步扩展到港口后方的配送一体化服务。港口与用户的关系更进一步，港口增值服务不断增加以满足客户需求，实现港口物流产业链的进一步整合，加强与供应链上下游的联系。第三代港口发展时期，港口成为世界生产与配送的枢纽，并适应国际经济、贸易、航运和物流的发展要求，逐步演变为国际物流中心。

在第三代港口的基础上，联合国贸易与发展会议在 1999 年提出了第四代港口，将其定义为“在物理空间上互相分离，但通过公共运营人或公共管理部门相互联结”[7]。第四代港口随着全球经济一体化和供应链管理时代的到来而产生，从强调作为一个中心转变成作为供应链的一个环节，反映出港口更加关注自身在供应链中角色转换的趋势。第四代港口建立在第三代港口作为国际物流中心的基础上，要求在提供物流服务的同时，作为港口供应链的一个环节，进一步参与到国际贸易服务的管理中，实现港口物流各环节的合理衔接。与前三代港口相比，第四代港口更强调港口之间的互动以及港口与相关物流活动之间的互动，提供更加精细的作业和敏捷的柔性服务，满足用户对于港口差异化服务的需求，实现与港口相关的供应链各环节之间的无缝衔接。第四代港口的功能更加多元化，港口已经开始跳出传统意义上的以处理货物流为主要功能的框架，发展成为整合处理各种经济活动和信息的基地，服务范围也进一步向陆地扩张，并追求港口物流与陆地物流网络的衔接。

第四代港口发展时期，船公司通过购买码头股份参与到码头运营中，从而构建起船公司在全球以码头为依托的网络，并通过港口向陆地进行衍生。以港口为核心的物流供应链形成，港口与供应链上下游的企业关系越发紧密。一方面，港口通过信息化管理、生产流程再造等方式，消除非增值活动，精简流程和活动，使其与内陆终端的关系简单化，从而降低成本，增加供应链弹性，实现港口运营的精益化管理；另一方面，港口对内外部环境作出敏捷的反应，从而满足顾客日益多样化的需求，提供高质量、差异化的服务，实现港口服务的柔性化。第四代港口将自身定位为供应链中的一个环节而不是一个中心，有利于港口更好地审视自己在供应链中的作用，实现信息和货物在港口中的快速流通，发挥港口在资源配置中的枢纽作用，实现港口的精细化、高效化管理。

从港口的发展趋势可以看出，随着港口在不同代际的更迭，港口的服务日益精细化，与港口相关企业之间的联系日趋紧密，提供的服务更能够满足用户的需要，并以所在的城市为依托，增进与城市之间的联系。港口与港口之间的联系日益密切，并向协同竞争进行转变。港口作为供应链中的一个重要环节，正在发挥着重要作用。

(二) 供应链的概念及特征

供应链的概念最早在20世纪80年代提出，并随着经济全球化和科技进步在全球得到了广泛的应用。供应链理论的发展经历了多个阶段。最初人们对供应链的定义是企业制造活动中的内部过程，即将外部采购的原料和零部件经过生产制造并销售到零售商和顾客手中的过程，其概念更多地局限于企业的内部操作层上，注重的是企业自身的资源利用和内部的经营策略。随着供应链理论的不断发展，人们开始将关注点转移到外部环境上，即通过供应链中不同组织的制造、组装、分销、零售等活动将原材料转换成产品到最终用户的转换过程，形成了更大范围的系统性概念。近几年，供应链概念的发展更注重于阐释围绕核心企业的网链关系，如核心企业与其上游的供应商、供应商的供应商之间的关系，即前向的关系，以及核心企业与其下游的用户、用户的用户之间的关系，即后向的关系。供应链不仅仅是一条在价值链基础上从起点到终点贯穿于供应商到用户全部过程的利益链，也是一条增值链。

到目前为止，对于供应链的概念仍没有统一的定义。在我国对于供应链的定义上，2001年发布的物流术语国家标准对供应链进行了界定，定义供应链是“生产及流通过程中，涉及将产品和服务提供给最终用户活动的上游与下游企业所形成的网链结构”。

目前，国内外对于供应链还没有统一的定义，但根据已有的研究成果，可将供应链分为产品供应链和服务供应链两种。产品供应链在供应链理论发展的早期即被提出，主要对应于生产和制造领域，是一条将供货商、制造商、分销商、零售商和消费者连接在一起的价值链，并在此基础上进行物流、信息流和资金流的流动，然后随着各种增值服务的出现进一步发展成增值链。服务供应链的概念出现于2000年以后，2004年国外学者ELLRAM等[8]在《理解和管理服务供应链》中首次提出该概念，使服务供应链开始逐渐受到关注。目前，服务供应链仍缺乏统一的定义，根据国内外学者对于服务供应链的研究，可以将服务供应链的定义总结为以下5种。

(1) EDWARD等[9]围绕服务生产过程对服务供应链进行概括，认为服务供应链指的是服务行业的供应链，是服务生产中不同生产主体间的供需关系。由于服务产业没有库存，通常以服务质量的高低进行衡量，因此与产品供应链之间存在较大的差别。

(2) SAMPSON[10]围绕服务生产过程对服务供应链进行概括，认为服务供应链是接受来自顾客的需求，并进行生产转化，再投放回顾客的过程。在服务供应链中，顾客既可以是服务的需求者，又可以是服务的供给者，因此服务供应链具有一

定的双向性。

(3) COOK 等[11]在服务行业中应用产品供应链的视角对服务供应链进行概括，认为服务供应链是产品供应链理论在服务行业中的应用，以及与服务有关的实体产品，并根据顾客的需求不断改进管理方式，从而降低成本、提高服务质量。

(4) WAART 等[12]从产品服务化的角度对服务供应链的概念进行概括，认为服务供应链包括服务计划制定、资源分配和修理等活动，是产品服务化过程中发生的一系列服务活动。

(5) ELLRAM(2004)基于服务企业采购服务产品的角度对服务供应链进行概括，认为服务供应链的本质要求是采购专业服务，范围包括专业服务中从最早的供应商到最终的顾客中发生的信息、流程、绩效和资金等方面的管理，具有类似产品供应链的特征。

比较产品供应链与服务供应链的概念可以看出，二者均属于供应链范畴，在体系过程中均存在着价值的传递和增值，因此都是价值链的不同表现形式，属于价值链体系的范畴。但是，两种供应链也存在明显差别：产品供应链生产和供应的通常是有形的产品，而服务供应链提供的是无形的服务。

(三) 港口与供应链的相关性

国际贸易与现代物流业的发展要求港口成为物流中心，在港口内部建立完善的供应链的同时，也要成为整体供应链的一部分。随着港口的不断发展，港口功能逐渐多样化，港口不再局限于自身的中心地位，而是开始向供应链中的重要组成环节发生转变。港口不仅是物资交汇的连接点，而且是能够综合运筹和处理物流的基地。作为供应链上最大的货物集散点，港口能够实现对生产要素和信息的集散，并利用其优越的地理位置实现对供应链信息的整合，从而实现对整条供应链的优化。

1. 港口对供应链的作用

港口对于供应链具有重要的作用，作为供应链的一个重要环节，港口能够实现供应链上货物、信息的集聚和整合，对供应链的整体服务能力起到控制和指导作用；港口作为供应链上物流、信息流和资金流的载体，港口的作业流程影响着供应链上各种流的流向、流速和流量，港口生产作业的效率将影响着整条供应链的顺畅性。港口自身发展离不开对港口供应链的建设，在建设过程中通过发展仓储、装卸、包装、加工等功能，能够实现对整条供应链的增值。当港口具备仓储、配送、加工等功能时，可以实现供应链的高度集成，如：港口仓储功能的实现能够取代供应商和生产商原有的仓储中心，从而大大简化并缩短供应链流程；港口的贸易、生产服务、物流、信息流和资金流等功能的实现能够对供应链发展起到积极的促进作用，港口内部物流链和供应链的发展能够提高港口效率、减少费用，并实现与整条供应链上下游的衔接，有利于提高整条供应链的效率、降低供应链成本。

港口对供应链具有重要的作用，港口的发展对供应链的发展具有较大的影响。在经济全球化的大趋势下，供应链上的货物和材料的流转离不开港口的集疏运作用，因此港口的基础设施状况和运营效率会对供应链的发展造成较大的影响。港口的基础设施较完善，运营效率较高，货物的集疏运效率提高，产品投入市场的速度加快，供应链的效率就会更高；港口费用是货物运输费用的主要组成部分，在港口通过实施合理的装卸工艺方案或者使用先进的信息技术可以提高装卸效率、减少装卸时间、降低装卸成本，从而降低供应链成本，提升供应链的竞争力；港口作为供应链上的重要节点，港口及周边集疏运系统的服务质量是供应链货运质量和安全的重要保证，而这些也需要先进的设施和信息技术以及良好的组织管理作为保障；此外，传统港口提供装卸和搬运服务，而现代港口提供仓储、配送、流通加工等服务，且在港口周围建厂进行生产活动优势十分明显，能够极大地缩短供应链流程，对港口腹地实现辐射，带动整个城市的发展。因此，港口在实现自身增值的同时，也使所处的供应链实现增值。

2. 供应链对港口的作用

现代港口的发展离不开对港口物流链和港口供应链的建设，作为派生性需求，在港口的发展过程中，供应链节点企业对港口的选择直接影响着港口的货运需求。当前港口与供应链的结合比以往任何时候都更加紧密，托运人选择港口优先考虑的是港口所在供应链的走向。企业在进行生产时，会选择多家企业进行生产，并将生产转移到成本最低的地方，从而增强企业的核心竞争力。这会给发展中国家的港口地区带来重大的发展机遇，也会使这些港口面临巨大的挑战。供应链核心企业对节点的不同选择会对港口供应链造成影响，从而影响用户对港口的选择。用户对于港口的选择受到供应链网络重新布局的影响，而用户上一次的选港策略又会影响到下一次对港口的选择。

港口的用户主要是供应链上的企业。具有雄厚资金和实力的供应链节点企业特别是核心企业，能够为港口带来大量的货源，是港口的重要客户。这些核心企业通常拥有较高的信息水平，港口拥有这样的客户越多就越有利于港口的信息集成，有助于提高港口的竞争力。同时，这样的客户对港口提供的服务具有更高的要求，能够增加港口的差异化服务，促进港口的柔性化发展。供应链节点企业与港口的合作时间越长，越能保障港口发展的稳定性，进而保障港口供应链的稳定性。

港口与供应链的集成对港口的发展非常重要，港口与供应链的集成程度主要反映在港口与客户进行的合作和信息共享上。参与者可以通过与供应链的集成减

少交易成本并提供相应服务，提高港口与供应链的结合度，促进港口供应链的集成发展，提高港口的运营效率；与供应链的结合度和协调程度越高，与合作伙伴的信息共享程度越高，则港口的运营绩效也就越高。

不同的港口具有不同的规模和功能定位，在供应链中具有不同的作用，而港口竞争力的体现也与港口在供应链中的定位和导向密切相关。港口供应链成员之间的集成度越高，港口所在的供应链的竞争力也就越强，港口的竞争力也越来越取决于港口与供应链的协调性以及港口对于整个供应链的控制[13]。

二、港口供应链形成机理

(一) 港口供应链的内涵

港口供应链的提出时间较晚，从 2000 年 HEAVER 等[14]将链的概念应用于港口研究以来，对于港口物流链的研究经历了十几年的时间，仍处于较为初步的阶段，对于港口供应链的概念和结构仍存在多种说法，国内外学者在港口物流链的内涵上仍没有达成共识，也没有学者对于不同的港口供应链概念和结构进行梳理。根据已有的研究，以核心企业为划分依据，可以将港口供应链的定义阐述为以下 3 种。

1. 以港口为核心的港口供应链

这种定义认为，港口供应链是服务供应链，因为港口为客户提供装卸、包装、加工、运输等服务，作为港口提供的产品，这些服务具有无形性。阳明明[15]在对港口的服务功能进行研究时发现，港口通过将各种服务供应商和客户进行整合来建立港口供应链，通过将正确的商品以正确的时间配送到正确的地点来实现系统成本的最低，从而提高整体的运行效率，降低运行成本；余宏生[16]在阳明明的基础上对港口供应链的概念进行了补充，认为港口供应链就是服务供应链，港口将运输、装卸、转运、仓储、加工等服务的提供商与客户及监管部门进行整合，提供一站式服务，降低系统成本，提高系统效率。

以港口为中心的港口供应链发展方式在第三代港口发展中运用较为广泛，促进了港口在货物、资金和服务中的集聚，但现代港口物流的发展使得港口对于流动性的要求越来越高，这种集聚可能造成的滞留情况也应当得到重视。

2. 以生产商为核心的港口供应链

这种定义认为，港口是物流的一个节点，港口供应链就是制造供应链。航运公司在全球供需和竞争压力的环境下采取联盟的战略，并对整条物流链进行整合，是最初的港口供应链发起者，负责联系港口和装卸、外包运输等，以优化整个物流产业结构。生产商在利用港口进行经济活动时，会要求尽可能降低自身成本，并提高经营效率，从而提高航运公司的竞争优势。随着第四代港口的发展，港口供应链特征日渐凸显，并将自身的定位从一个中心改变为供应链的一个节点[17]。港口参与整个供应链，肩负着降低物流成本、提高装卸效率，使整个供应链收益达到最大目标的责任，并配合航运公司的整体战略目标。

除了认为港口供应链是制造供应链以外，这种定义还认为港口供应链是价值链。ROBINSON[18]认为，港口是第三方服务提供商，是整个价值链的一部分，港口将价值传递给承运人和第三方服务提供商，港口本身也是作为价值链存在的。货流通过港口，第三方服务提供商会增加货物的价值，随后的物流一体化也奠定了港口在整个价值链中的作用，为港口供应链是价值链的说法提供了有力支撑。

港口是制造供应链的一个环节，其主要目的与生产商的目的相同，即降低货物的储存成本、提高货物的流动速度。港口定位的转变和供应链的发展使得港口的贸易服务提供商在货物通过港口时能够获得利润，并通过自身服务种类的增加和服务质量的提高获得附加价值，使得港口成为价值链和增值链的重要组成部分，有利于生产商经营利润的提高和经营成本的降低。

3. 混合港口供应链

上述两种方式分别以港口和生产商作为港口供应链的核心，但在现实中由于竞争的加剧和利益分配的复杂性，已经不能很好地概括港口供应链的定义。随着竞争的不断加剧，仅仅对制造供应链整体进行优化或对港口自身供应链进行优化，都不能满足利益最大化的要求。如果仅以港口或生产商一方为核心，必然会造成另一方利益的牺牲，从而不利于港口供应链的优化。MANGAN 等[19]认为，对港口供应链的优化应该先从港口服务供应链和港口产品供应链两个方面进行。真虹等[20]的研究认为，港口供应链是指以港口为核心的各类物流服务供应商，通过接受客户的需求，以系统集成化和协同化为指导思想，以信息技术为手段，将物流服务提供给客户所形成的网链结构；港口供应链与产品供应链相互联系、相互交织，由港口物流链上的物流服务供应商和产品供应链上的港口客户共同构成。在实际情况中，往往是港口供应链上的利益相关者太多，并且有太多不确定因素，各个供应链的参与者都会选择牺牲整个供应链来谋求自身利益的最大化，因此这种优化方式在实践中较为困难，现在仍在不断发展中。

混合港口供应链的定义综合考虑制造供应链和服务供应链，对于港口供应链具有较高层次的理解，更能反映现实状况。但目前看来，对于混合港口供应链的研究仍处于概念阶段，尚未有学者进行进一步的研究，对于混合港口供应链的研究重点就在于如何协调制造供应链和服务供应链。

（二）港口供应链结构

根据对港口供应链的不同理解和定义，可以将港口供应链理解为不同的结构。

根据上文对于港口供应链概念的界定，可以将港口供应链的结构分为 3 种形式。

1. 以港口为核心的港口供应链结构

在以港口为核心的港口供应链结构中，港口是整个港口供应链的核心，港口汇集供应链上的资金流、信息流和货流，整条供应链围绕港口进行运作，最终将服务提供给用户。以港口为核心的港口供应链结构可以提高供应链的运行效率，并能够不断优化港口的内部结构，降低港口运营成本，增加港口收益。

在国内学者关于以港口为核心的港口供应链结构的研究中，谢凌锋等[21]对港口供应链的结构进行探讨，并提出了以港口为核心的双扇形供应链基本结构，如图 1－1所示。

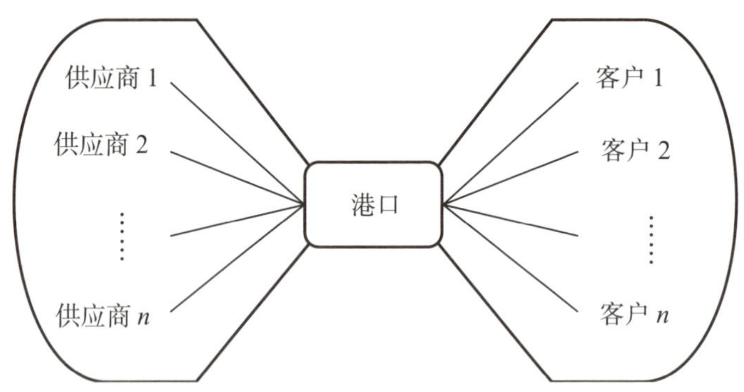

图 1－1　港口供应链的双扇形结构

在图 1－1 中：左边的扇形表示港口供应链中位于港口上游的服务供应商，为港口提供装运、仓储、报关、检验检疫、船代货代、金融等服务；右边的扇形代表港口供应链中位于港口下游的客户，其对港口和港口上游企业提供的服务具有一定的需求，并根据实际情况进行信息反馈，为港口和港口上游企业提高服务质量提供支持。双扇形的港口供应链都以港口为核心，港口负责协调整个供应链，供应链上下游以港口作为连接中心，港口在供应链中发挥着重要的沟通传递作用，并利用自身的中心地位进行货物、资金、信息的集聚和传递，使供应链上下游能够实现较好的共通和联动，从而实现供应链的高效、集成发展。在以港口为核心的港口供应链结构中，以港口为核心的服务供应商为港口客户提供相关的物流服务，并最终提供给客户。在供应链中，除了从服务供应商经由港口流向客户的物流外，还有从客户经由港口流向服务供应商的资金流，以及在服务供应商、港口和客户之间相互流动的信息流。在港口供应链的双扇形结构中，港口可以是收货人所在的港口，也可以是发货人所在的港口，在这两种情况下港口供应链中的物流、资金流和信息流的流向是不变的。

2. 以生产商为核心的港口供应链结构

在以生产商为核心的港口供应链结构中，港口仅仅是运输过程中的一个节点，用以完成货物储存、转运等活动，生产商是供应链中的主导。以生产商为核心企业的港口供应链结构是生产商从降低运营成本和减少货物流动的角度出发来优化整个制造供应链的，主要是指货物从仓库出发到货物送达零售商为止。港口作为其中的一个环节，在这种供应链结构下其运行效率和成本未必处于最优化的状态下，因为此时需要牺牲港口自身的收益来降低整个供应链的成本、提高整个供应链的效率。

以生产商为核心的港口供应链，港口是物流节点，货物需要从港口快速通过，需要港口保持高效的运转以及高货物周转率，整个港口供应链的目的就是降低生产商的库存。与以港口为核心的港口供应链结构相比，以生产商为核心的港口供应链成员都以降低生产库存为目标，因此在供应链协调方面更加容易。由于以生产商为核心的港口供应链是基于生产商之间的联盟形成的，在近年经济不景气的环境下，应尽量维持生产商之间的合作关系，以保证港口供应链的稳定与协调，防止港口供应链合作关系的破裂。

3. 混合港口供应链结构

混合港口供应链结构是指港口自身服务供应链嵌入到制造供应链中，形成一条制造供应链与服务供应链的混合港口供应链。港口相关服务形成了供应链，港口对其供应链进行优化，生产商出于降低库存的目的与港口进行联合，从而形成了混合港口供应链。混合港口供应链结构更符合实际情况，但更加复杂，在建模和研究上较为困难。在对混合港口供应链进行优化时，不仅要注重整个供应链的优化，还需要注重对港口自身供应链的优化，从而实现两条供应链最优的目标。

国内已有学者对混合港口供应链结构进行了研究。张婕姝等[22]认为，随着港口从第三代向第四代的发展，港口与服务供应商和产品供应商的关系日趋密切，合作更加深入，港口已经嵌入供应链之中，形成了一条产品供应链与服务供应链相互交织的特殊的港口供应链。港口嵌入供应链结构中，作为供应链中的一个重要节点而不是中心，港口与产品供应商和服务供应商的合作日益紧密，能够嵌入港口制造供应链和港口服务供应链中，为港口供应链的发展提供指导和调度，并提供更精细化和集成化的物流服务，从而满足客户需求，推动整条供应链的高效运作。

混合港口供应链实际上是两种供应链的叠加，但并不只是简单的叠加，因为简单叠加无法充分提高港口供应链的效率，进而提高港口供应链的反应能力。虽然叠加的港口供应链更能反映实际情况，但由于参与各方具有不同的目标侧重，因此两种供应链叠加后的混合港口供应链比以港口为核心的港口供应链和以生产商为

核心的港口供应链更加复杂,更难以协调。

(三) 港口供应链的形成路径与发展方式

1. 港口供应链的形成路径

港口供应链随着港口的发展而产生,并随着港口的代际更迭而不断发生变化。根据港口 4 个代际的划分方法,将港口供应链的形成路径划分为 4 个阶段。

1) 萌芽阶段

第一代港口发展时期,港口仅提供运输、装卸等传统活动,没有或很少与其他服务供应商和港口进行联系,港口与供应链上的其他企业之间没有合作,仅在偶然情况下提供一些简单的服务。此时,港口处于孤立状态,港口供应链还没有出现或处于萌芽状态。

2) 缓慢发展阶段

第二代港口发展时期,科技进步和工业发展使一些依赖水运的工业逐步向港口集聚,此时港口扩展了除传统服务外的制造加工和船舶相关的服务,使得港口与港口企业之间的联系增加,港口与供应链的关系日益密切。港口通过让货方在港区内建立货物处理设施与供应链实现了较为密切的联系。由于业务分工不同,港口与物流服务之间存在天然的联系,但由于港口与港口企业之间的合作较少,关系较为松散,并没有就此进行进一步合作。港口供应链的发展仍处在缓慢发展阶段。

3) 快速发展阶段

第三代港口发展时期,国际贸易、多式联运和集装箱化得到了迅速发展,港口服务开始向物流增值服务发展,港口开始强调与外部物流服务供应商的合作。随着信息技术的发展,合作方之间实现信息共享的成本越来越低,港口开始注重对于港口物流产业链的发展,通过与服务供应商和客户的合作及信息共享加强彼此之间的业务联系,以实现港口服务的功能整合。此时,港口供应链得到了极大发展,港口与供应链上其他主体的联系更加密切,并开始由中心向供应链的节点进行转变。

4) 形成阶段

第四代港口发展时期,随着物流价值链与港口供应链关系的日趋紧密,与港口相互联系合作的企业成为港口供应链的成员,港口作为供应链中的重要节点,对整条供应链起着协调、指导作用,在管理上更加注重精细化和高效化。港口供应链是一条拉式供应链,其成员会随着客户需求的变化发生变动,因此港口供应链始终处于动态的变化中。此时,港口供应链与物流链的联系日趋紧密,港口供应链形成,港口关注的重点为精益化和敏捷化,港口之间的竞争也逐步演变为港口供应链之间的竞争。

2. 港口供应链的发展方式

1）加强与上下游的联系合作

港口与港口上下游成员建立合作伙伴关系，形成利益共同体，能够实现资源和优势的互补。港口供应链将港口、服务供应商、客户和监管机构相互连接，港口与供应链成员合作，能够提高资源利用率和运营效率，实现供应链上下游企业的无缝衔接，从而提高供应链整体效率，并实现供应链整体利益的最大化。

在港口供应链的发展方式上，港口可以出让部分股权，允许班轮公司参股，或者通过码头出租等方式吸引船舶前来挂靠，并可以在堆场、仓库、保税区、出口仓库等方面与船公司进行合作，并联手为第三方提供物流服务和信息平台等。港口通过泊位出租、商议开辟航线等方式实现与船公司的共同经营，共担责任风险，从而提高港口码头、泊位等资源的利用效率，以降低船舶和货物的在港时间，提高整个供应链的作业效率。

在供应链环境下，港口应该从与供应链的被动集成转变为主动构建自身的供应链。港口可加强与货主企业的合作，从而实现货源地、增值服务和深加工服务的开拓，通过与货主企业实施信息共享等方式进行沟通合作，提高货主企业对港口的满意度，共同承担经营风险，解决经营中遇到的困难，从而降低货运过程中的重大事故率，提高货物运抵的及时性、准确性和安全性，最终降低整条供应链的成本。港口可以设立保税区，或者发展临港产业，吸引客户企业在港口附近投资设厂，从而使该企业成为港口供应链上较为稳定的客户。

港口还可以通过兼并、并购和投资的方式，让渡出部分码头、仓库、堆场给拥有物流链的产业，加强与其他物流企业的合作，让其在港区内从事企业物流，扶植一批有实力的内陆节点，实现港口功能的多样化，从而完善港口物流产业链，加快港口供应链的网点建设。

港口可以与水运、公路、铁路、航空、管道等运输企业共同构建物流链，规范物流设施和装备，实行统一标准，推行标准化运输模式，实现不同运输方式之间的无缝衔接，提高港口的集疏运能力，构建以港口为重要节点的多式联运网络。

2）实现供应链成员的信息共享

信息共享在供应链的协调中起着非常重要的作用，有助于供应链成员制定决策。供应链管理要求成员之间共享业务计划、预测信息、库存信息、进货情况以及有关协调物流的信息。港口供应链的发展离不开信息化建设，港口与供应链成员实施信息共享，有助于合作方提前进行预测，并影响着双方后续业务的开展。港口依据相关信息安排作业，能够优化堆场等资源，从而提高资源的利用率，缩短货物在供应链中的周转时间。高度共享信息是港口供应链运营的基本保证，信息共享

程度的高低影响着港口供应链的效率。此外,信息共享还能够提高港口运营的透明度,实现供应链成员的同步操作,避免信息不对称带来的损失和效率低下的问题,有利于运营效率的提升和资源的最大化利用。

3）促进港口供应链集成化发展

供应链上的前后港口之间是相互关联的,它们的联系推动港口网络带的发展。港口网络带的发展有助于实现港口与港口之间的协调和互动,港口与港口之间能够在竞争中求合作,实现优势互补、互惠互利,避免同行业恶性竞争。港口供应链的发展有助于推动港口与其他物流节点的合作,进而实现不同物流节点在供应链上的协作,在促进供应链中各方良好衔接的同时也能够提高整条供应链的运营效率,降低供应链的运营成本。不同的港口供应链之间既会互相竞争,又会互相合作,港口在制定策略时,可以选择与其他关系良好的港口建立合作关系或者战略伙伴关系或者联盟,从而拓展航线,扩大港口的业务范围;一些港口通过在其他港口进行投资控股的方式吸引其他港口的货物进行中转,以寻求港口供应链的集成化发展。

第三节　自贸区与港口供应链的关系

一、自贸区建设推动港口供应链发展

自贸区作为连接国内外的窗口,在交通上体现出“四通八达,畅通天下”的特点,区内设有交通网络,区外通过多式联运体系与国内外区域进行连接,或具备优良的深水港,拥有密集的国际航线和国内支线。考虑到自贸区对选址的要求,世界上主要的自贸区都选址在港口或者离港口较近的地方,因此自贸区的发展与港口的发展具有密切关系。自贸区作为供应链中的重要一环,具有较为完备的产业基础,它的发展对于港口具有重要的推动作用。港口供应链作为港口发展中的重要一环,自贸区发展也会对其产生正面作用,主要体现在以下 3 个方面。

(一) 提高港口供应链效率

随着自贸区的不断发展,其各项功能更加完善,自贸区网络逐步形成。由于在自贸区的建设中,政府会给予自贸区一些政策上的优惠,在自贸区制度框架中,也会对接国家新规则,实现创新制度设计,对区内的监管控制也会尽量撤出,并尽可能减少限制,因此极大地简化了手续,提高了办事效率,尤其是提高了自贸区的通关效率,使得货物、资金、人员进出变得更加便利。在自贸区的制度框架中,通关便利化是国际规则的重要组成部分,有助于与国际制度和规则进行对接,在自贸区中

进行通关便利化的试点，能够为其他地区通关速度的提升提供经验，进而实现通关便利化大范围的推广和复制。据测算，截至2015年初，上海自贸区进口平均通关时间较区外减少41.3%，出口平均通关时间较区外减少36.8%[23]。自贸区的建设与港口密不可分，自贸区内通关便利化的实现能够提高港口的通关效率，为港口供应链上下游企业提供更加高效的服务；自贸区经验的复制和推广有助于上下游企业自身所处区域通关效率的提高，从而促进整体通关环境的改善，提高整条港口供应链的运行效率，促进港口供应链的发展。未来，自贸区将成为布局全球供应链的重要节点，推动以自贸区为核心的全球供应链体系的形成，培育国际竞争新优势。港口物流企业也将充分利用供应链升级的机会，逐步实现传统物流向高端物流和供应链服务的转型，提高发展的质量和效益，进一步提升产业地位。

（二）改善港口供应链发展环境

在自贸区中，企业和个人能够在遵守基本法律和规章制度的条件下实现贸易自由、投资自由、货物流动自由、金融自由等。自贸区提供的充分的自由能够吸引更多国内外投资和企业入驻，通过建立与国家贸易和投资规则相适应的行政管理体系，如推进工商登记制度改革，探索负面清单管理模式，深化金融领域开放，加强事中、事后监管等管理模式，培育国际化、法制化的贸易环境等。自贸区贸易、投资自由化的发展有助于破除区内和港口供应链相关企业的发展限制，促进区域经济发展，实现港口供应链的延伸；自贸区带来的贸易自由化还能够促进港口供应链上的企业与国际接轨，带动运输、物流、仓储、金融、供应链等一系列企业发展，提高产品贸易和服务贸易的质量，促进港口供应链上下游的协调发展，与国际标准接轨，从而进一步提升港口供应链整体发展环境。在中国经济进入新常态，经济增长速度放缓的背景下，自贸区的发展要充分重视物流业的发展，解决制约行业发展的重点问题，充分发挥物流集聚和辐射效用，打造区域物流枢纽和供应链节点，加强互联互通和供应链整合，进而改善港口供应链的发展环境，推动港口供应链的进一步完善和发展。

（三）有助于港口供应链转型升级

自贸区是设区国促进对外贸易、提高对外开放度的重要窗口，自贸区的发展推动自贸区与自贸区之间、国与国之间的跨境合作，对国际贸易规则的完善和世界经济一体化进程具有重要作用。自贸区的发展带动了跨境物流、跨境电商、跨境金融的发展，使得物流和信息成本降低、信息传递速度提高，从而降低了港口相关产业的运营成本，提高了运行效率，服务种类和质量不断提升；自贸区作为全球供应链的重要节点，其发展能够吸引产业集聚，改变国家在国际分工中的地位，提高港口相关产业及其他产业在全球产业链中的地位，实现港口供应链的整合，进而实现港口供应链的优化升级。自贸区良好的产业基础是发展物流，也是整合供应链的前提和要求，要根据引进的客户、项目的培育和平台的整合夯实发展基础，促进资源的有效配置，促进制造业、商贸业和服务业的联动，形成具有坚实产业基础的自贸区，进而带动港口供应链发展。对于我国而言，自贸区作为“一带一路”倡议的重要载体，将充分发挥其推动作用，以发展国际物流、完善港口供应链，实现港口供应链的转型升级为目标，构建区域物流节点网络，促进区域内的产业承接和产业转型升级，推动区内商贸交流和繁荣，使区域内形成深层次、宽领域、高水平的发展格局，提升区域经济影响力，实现港口供应链的转型和升级。

二、港口供应链发展促进自贸区功能升级

在自贸区的发展中，应当如何发展供应链是自贸区建设的重点。港口供应链主要研究物流、商流、资金流、信息流的集聚和流动，而自贸区的发展要求港口供应链具备不断完善物流、商流、资金流和信息流的能力，并在此基础上实现自贸区本身的功能创新。对于自贸区的发展而言，与自贸区相关的港口供应链发展程度是一个衡量自贸区发展水平高低的重要标准，因此港口供应链的发展能够促进自贸区功能的升级，提高自贸区的竞争力。

（一）提高自贸区整合功能

服务功能的开发和完善是自贸区发展的重要基础，在自贸区的建设中，需要积极完善贸易、金融、航运、物流等服务功能。港口供应链的发展有助于实现供应链服务的延伸和模式的创新，促进物流、商流、资金流和信息流的集聚和流通，加快从货物贸易向服务贸易功能的转变，而这也是自贸区发展的题中之义。实现港口与自贸区的对接能够使自贸区享受到更多港口作为交通枢纽带来的交通和服务优势，以港口为重要节点的港口供应链的发展进一步推动了相关企业和服务在自贸区内的集聚，从而实现自贸区对服务和功能的协调和整合。

（二）推动自贸区服务升级

在自贸区的发展中，不仅要考虑自贸区自身供应链的建设，还需要考虑与自贸区周边地区和国外的竞争合作。目前，自贸区正在逐步加快跨境电商、跨境金融、跨境物流等服务的发展，提高自贸区的服务和合作能力，实现自贸区功能的多样化、高端化，推动整个自贸区服务结构的升级，而港口供应链的发展要求港口加强与港口上下游的合作，实现整条供应链的协同发展。因此，港口供应链发展能够加强自贸区与区外政府、企业的联系和沟通，实现自贸区与国内其他区域的联动和跨境合作，完善自贸区内服务功能，促进高端服务在自贸区内的发展，推动自贸区服务的进一步升级。

第二章 自贸区背景下港口供应链转型与创新

第一节 自贸区背景下港口供应链转型与创新的动因分析

一、国际经济贸易形势

(一) 全球贸易增速放缓，低速增长成为新常态

2000—2015年间，世界经济总体呈现快速发展趋势，全球GDP平均增速保持在3.86%的高位水平，2007年全球GDP增速达到近年来的高峰值，同比涨幅5.67%，但受美国次贷危机影响，世界经济增长出现明显拐点，2009年全球GDP增速创下历史新低，仅为0.01%，见图2-1。此后，世界经济略有反弹，但2010年全球GDP增速和贸易量增速再次放缓。《2016年世界经济形势与展望》指出，全球经济增速在2015年出现下滑，面对多项周期性和结构性不利因素，预计2016—2017年全球增速只有小幅度改善。

目前，全球经济发展呈现以下几个特点。

1. 全球贸易流动仍相对疲弱

由于国际金融危机后全球经济持续低迷，经济增长疲软，全球货物贸易增速持续低于GDP增速，全球贸易流动仍相对疲弱。自1990年以来，全球贸易额年平均增速为5.1%。联合国贸发会议的统计数据显示，2012年至2015年，全球贸易增速连续4年低于3%，2015年全球贸易更是呈现负增长，达−12.73%(见图2-2)。

2. 贸易增速需要深层次因素来推动

由于全球价值链已经发展到足够深的程度，其所形成的庞大技术效应弱化了分工深化的边际扩展效应，因此提升贸易增速的动力不复存在，从而造成现在的贸易低迷。继续深化虽有较大潜力，但需要深层次的因素来推动。

3. 贸易前景充满不确定性

目前，存在的多个风险造成全球贸易前景更加充满不确定性，其中最突出的是美国和欧元区的货币政策分化。2014年和2015年初贸易增长缓慢，还因为新兴经济体增长放缓、发达经济体复苏不均衡以及地缘政治冲突的持续升级。

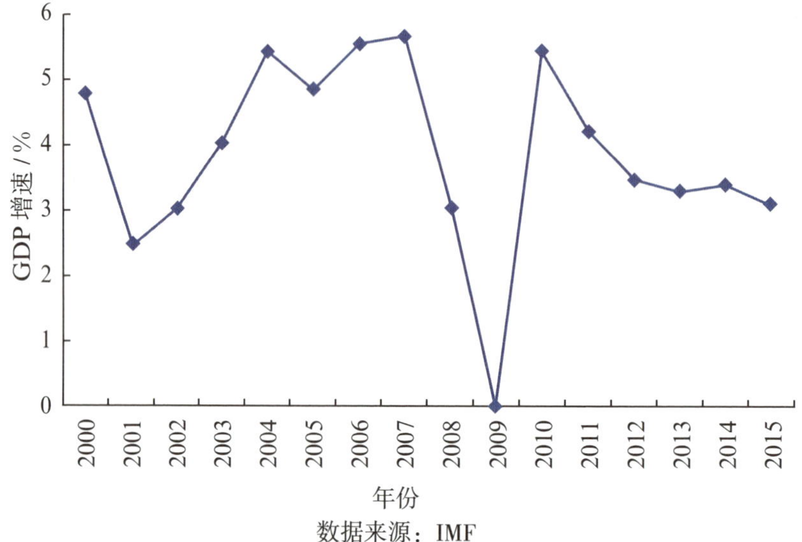

图 2-1　2000—2015 年全球 GDP 增速

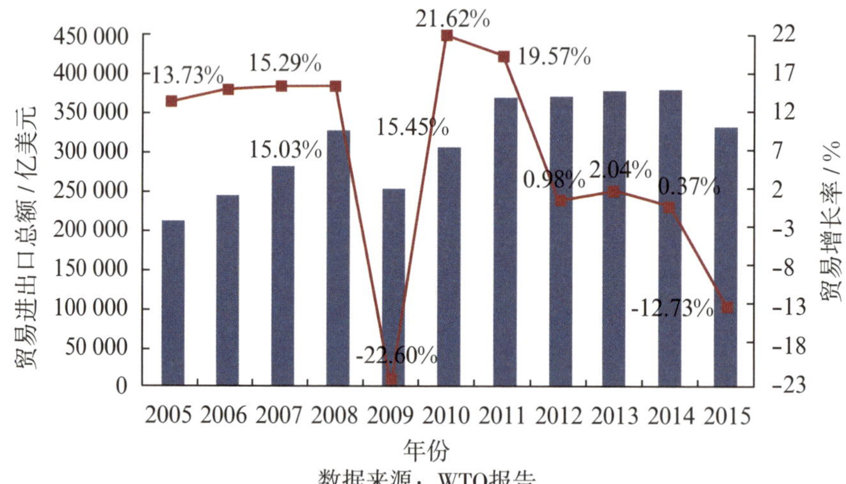

图 2-2　2005—2015 年全球贸易进出口总额及增长率

据国际贸易组织(WTO)预测，2016 年全球贸易额增长 4.0%，发达经济体和发展中经济体出口额将分别增长 4.4%和 4.1%，进口额分别增长 3.5%和 5%。亚洲的出口贸易量将同比增长 5.0%，进口贸易量将同比增长 5.1%，将对全球贸易起到拉动作用。

(二) 世界经济复苏缓慢,不同经济体表现各异

1. 全球经济复苏速度低于预期

后金融危机时代,全球经济复苏速度低于预期,发达国家GDP增速仍相对低迷,而重要发展中国家GDP增速也出现大幅度下降。作为全球发达国家代表,七国集团经济增速仍处于低位,普遍低于过去30年3%的平均速度,更远低于2001—2008年间3.6%的增速。全球发达国家复苏较为乏力,2012—2015年GDP平均增速仅为1.52%。随着世界经济结构的调整,已成为全球经济增长发动机的重要发展中国家经济增速也罕见地普遍下降。新兴市场与发展中国家2012—2015年GDP平均增速为4.69%。全球发达国家和发展中国家GDP增速见表2-1。

表2-1　全球发达国家和发展中国家GDP增速　　%

年份	2008	2009	2010	2011	2012	2013	2014	2015
发达国家	0.1	—3.4	3.1	1.7	1.2	1.2	1.8	1.9
发展中国家	5.8	3.1	7.5	6.3	5.3	4.9	4.6	4.0
数据来源:IMF								

关于世界经济未来走势,世界银行认为,2016年世界经济前景可期,全球经济增速将会从2015年的3.1%上升至3.6%。此外,国际货币基金组织(IMF)和WTO分别预测,2016年全球经济和贸易年均增速分别达到3.2%和2.8%,分别下调0.2%和0.7%。美国、日本、英国等世界主要国家和地区的经济发展态势如图2-3至图2-5所示(*表示预测值,下同)。

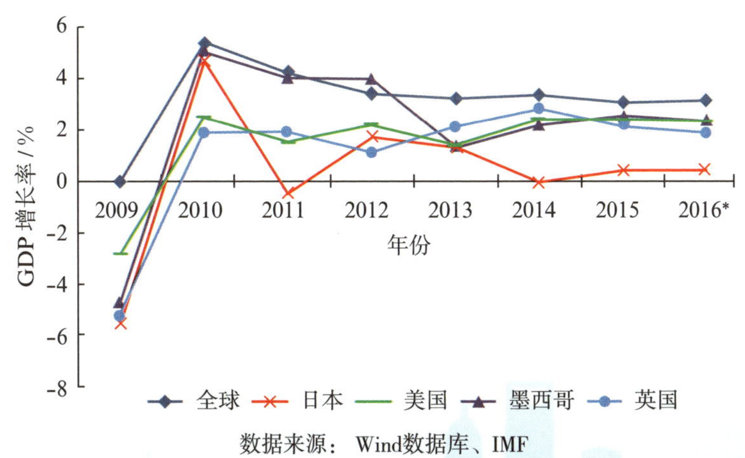

图2-3　主要国家和地区GDP增长率

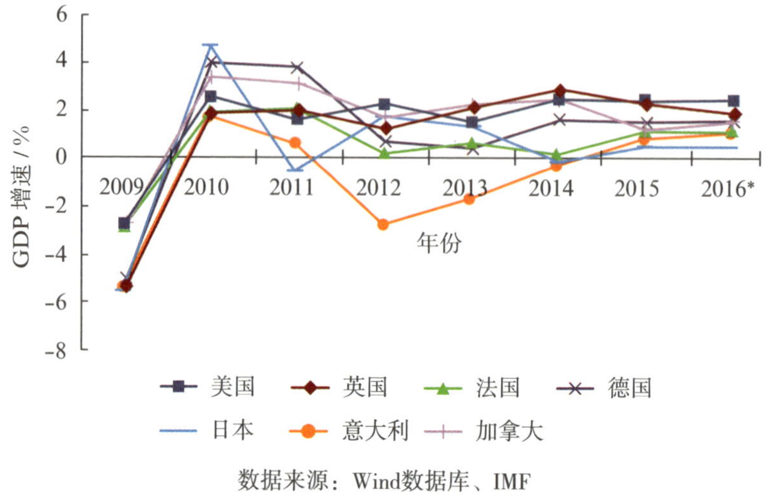

数据来源：Wind数据库、IMF

图 2-4　七国集团 GDP 增长率

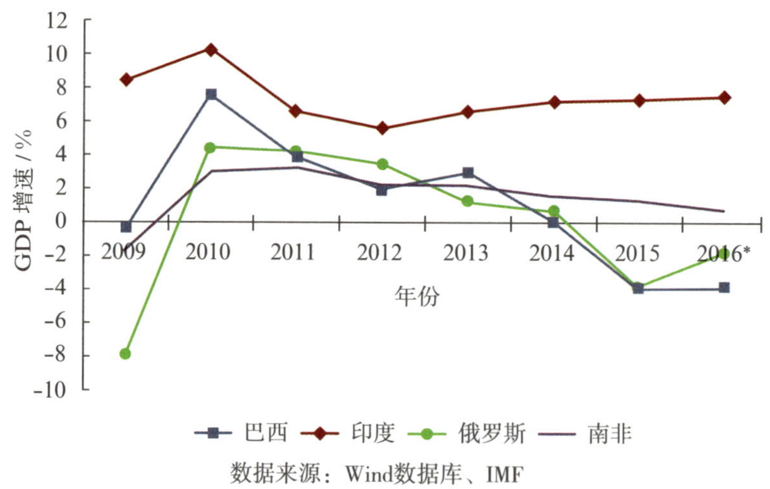

数据来源：Wind数据库、IMF

图 2-5　金砖国家 GDP 增长率

2. 全球经济复苏不均

全球经济复苏依旧不乐观，经济总体呈现增长低迷不振的态势，特别是主要发达经济体复苏疲软且不稳定，作为 2008 年金融危机后带动全球经济复苏的引擎，新兴经济体的增长势头自 2013 年开始明显放缓，俄罗斯、巴西等国家经济出现不同程度的下滑。但是，2015 年、2016 年新兴经济体复苏状况逐步转好，或成为未来全球经济增长的重要动力。

3. 发达经济体经济增长乏力

国际货币基金组织(IMF)预测,2016 年发达经济体增速为 1.6%,低于 2015 年 2.1%的增速,其中:2016 年美国经济受限于投资疲弱、政治选举而存在“不稳定因素”,经济增长将下调至 1.6%,2017 年或将加速到 2.2%;英国“退欧公投”后的不确定性对投资产生不利影响,预计 2016 年、2017 年英国 GDP 增速将由 2015 年的 2.2%分别放缓至 1.8%和 1.1%;日本经济增长乏力,2016 年预计增长 0.5%,2017 年为 0.6%;欧元区经济是发达经济体的“亮色”,预计 2016 年 GDP 上涨 1.7%,2017 年依旧维稳,增幅为 1.5%。

4. 新兴经济体向好势头强劲

新兴经济体经济增速放缓成为新常态,但总体经济形势向着利好方向发展。预计 2016 年,新兴市场和发展中经济体增速为 4.2%,这一数值是 6 年来的首次提升。特别是印度,2016 年、2017 年 GDP 预计增幅为 7.6%,是世界经济体中增速最为迅猛的国家。非洲地区的新兴经济体经济增长较为稳定,2014 年、2015 年撒哈拉以南非洲经济增长率分别为 5%和 5.75%,其中东非共同体经济增长率分别达 6%和 6.4%。

(三) 受多重因素影响,未来政治、经济和贸易格局可能发生重大调整

1. L+W 模式初具型态

发达国家经济复苏依然脆弱;新兴市场国家经济增速明显放缓;国际资本流动逆转可能造成新兴市场出现局部金融危机。未来,全球利率短期将呈现 W 型,长期实际利率(扣除通胀)将呈现 L 型,低实际利率及高风险溢价将成为常态。

2. 政治风险愈加明显

近年来,全球部分地区政局动荡,给进出口贸易带来了较高的政治风险,包括征收风险、战争和内乱风险(政治暴力风险)、违约风险、汇兑限制风险(转移风险)、延迟支付风险等。

3. 贸易格局面临重构

各国纷纷利用双边贸易协调机制和自由贸易协定,实施区域贸易保护政策,在成员国内部实行相对自由的贸易政策,对外设置贸易壁垒,共同抗衡和抵制外部贸易竞争的冲击,使新贸易保护主义呈现出区域化、集团化的趋势。

4. 印度、巴西、印度尼西亚等新兴国家经济崛起

新兴经济体的崛起导致贸易流向发生改变。

印度经济未来将保持较高的增速且具有很大的潜力,“人口红利”、科技和人才优势以及庞大的市场规模有利于印度经济的持续增长。

巴西是世界经济的新兴实体,已经成为世界经济的新兴市场,也是 G20 成员

国。随着利率的连续降低和资源价格的上升，巴西经济表现出强劲的势头。

印度尼西亚作为东南亚地区最大经济体，经济发展潜力巨大；其地域辽阔，自然资源丰富；同时受惠于东盟提供的广阔平台，经济增长强劲。

二、全球港口发展态势

（一）全球港口货物吞吐规模依区域与货种而表现不一

1. 全球集装箱海运贸易量增长乏力

2014 年，全球经贸复苏缓慢，尤其是受亚太等地区新兴市场国家经济增速放缓、建设投资和生产制造需求减弱，以及能源、矿石等散货贸易下滑的影响，全球港口总体增势趋弱，全球港口吞吐量逐渐驶入“慢车道”。

2015 年，全球商品贸易的海运需求总体呈现增长乏力之态，各地区港口集装箱量增速较 2014 年均有不同程度缩水，尤其是欧洲港口再陷负增长泥潭。除世界经济与消费市场不振外，国际贸易制裁、地区保护主义，以及不完善的国际贸易协定对全球集装箱贸易的增长都产生了一定的不利影响。自一季度起，全球港口集装箱吞吐量增速便持续回落，三季度增幅已不足 1%。

根据上海国际航运研究中心发布的《全球港口发展报告(2015)》，在全球经济形势总体趋稳、国际多/双边合作日益趋紧、国际油价偏低等一系列利好因素推动下，2016 年全球港口集装箱吞吐量增速有望维持在 3%以上，实现平稳增长。

2. 亚洲集装箱港口优势明显

在 2014 年、2015 年全球前 20 大集装箱港口排名之中，亚洲区域港口占得 15 席，牢牢占据前 10 位，其余分别为欧洲 3 个和北美洲 2 个(见表 2 - 2，图 2 - 6)。由此可见，亚洲港口在集装箱运输方面优势非常明显。

表 2 - 2　2014—2015 年全球 20 大集装箱港口排名变化情况

排名			港口名称	排名			港口名称
2015 年	2014 年	走势		2015 年	2014 年	走势	
1	1	→	上海港	8	8	→	青岛港
2	2	→	新加坡港	9	9	→	迪拜港
3	3	→	深圳港	10	10	→	天津港
4	5	↑	宁波-舟山港	11	11	→	鹿特丹港
5	4	↓	香港港	12	12	→	巴生港
6	6	→	釜山港	13	13	→	高雄港
7	7	→	广州港	14	16	↑	安特卫普港

（续表）

排名			港口名称	排名			港口名称
2015 年	2014 年	走势		2015 年	2014 年	走势	
15	14	↓	大连港	18	15	↓	汉堡港
16	17	↑	厦门港	19	19	→	洛杉矶港
17	18	↑	丹戎帕拉帕斯港	20	20	→	长滩港
资料来源：根据《劳氏日报》整理所得							

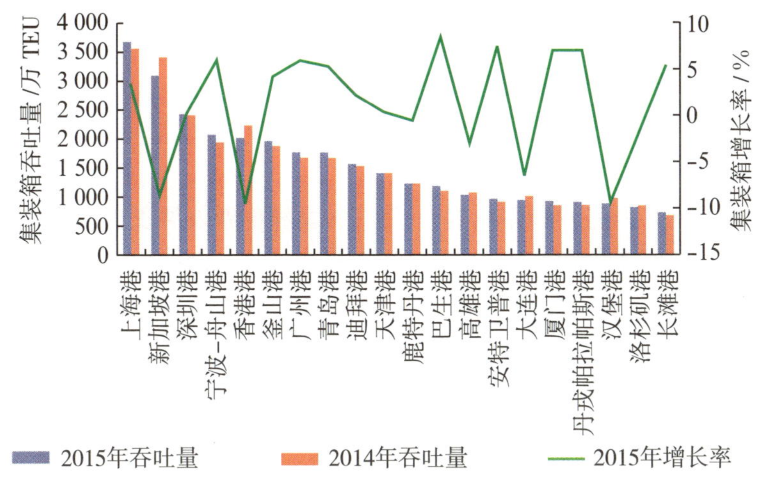

数据来源：根据《劳氏日报》整理所得

图 2－6　2014—2015 年全球 20 大集装箱港口吞吐量及其增长率

3. 欧美港口集装箱呈现迥异态势

2015 年，北美洲市场的集装箱箱量尽管增幅收窄，但受区域贸易提振，仍然保持 2.9％的较好增势；欧洲港口则受乌克兰危机、希腊债务危机、难民危机和恐怖袭击轮番打击影响，区域经贸和港口货量的增长受到拖累，全年主要港口箱量跌幅超过 3％。

4. 铁矿石增幅空间或将逐步缩小

2015 年，虽然煤炭与矿石价格不断震荡下行，但国际干散货贸易需求依然低迷，市场供大于求现象持续，致使全球港口干散货吞吐量涨势由强转弱。矿石方面，以中国为代表的新兴市场国家需求逐渐放缓，2015 年中国铁矿石进口量同比仅增长 2.3％，其中宁波-舟山、日照等港均出现负增长；此外，日本、韩国以及欧洲等国家和地区矿石需求也出现小幅回落，使得澳大利亚等矿石发运港货量增速“跳水”。

5. 煤炭海运贸易增长乏力

受清洁能源应用领域扩大及环保呼声日益高涨影响，港口煤炭运输需求大幅减少，2015年澳大利亚累计出口煤炭仅2.27亿t，较2014年回落3.4%，海因波特等主要发运港涨幅受限；而作为进口大国的中国年进口总量仅2.04亿t，跌幅超过30%，其中上海、宁波-舟山、唐山和黄骅等港口同比分别下跌22.6%，16.0%，17.3%和13.2%。

6. 全球港口液体散货增长平稳

随着美国页岩油产量的不断增加，中国石油消费对外依存度不断升高，以油类产品为主的液体散货贸易量和港口吞吐量基本保持平稳增长，其中：新加坡港油类货物吞吐量波动上扬，全年同比增长7.3%，增幅扩张近7个百分点；韩国港口完成油类货物较2014年上涨4.9%；而中国累计进口原油同比增长8.8%，主要装卸港中大连港同比增长30%以上，青岛港和天津港同比分别增长5.3%和3.9%。

(二) 现代港口服务功能不断提升，港口转型和创新发展正在进行中

现代港口正在由传统装卸型、货物集散型港口向全程物流型和全球供应链港口转变，港口功能和作用不断提升(见图2-7)。

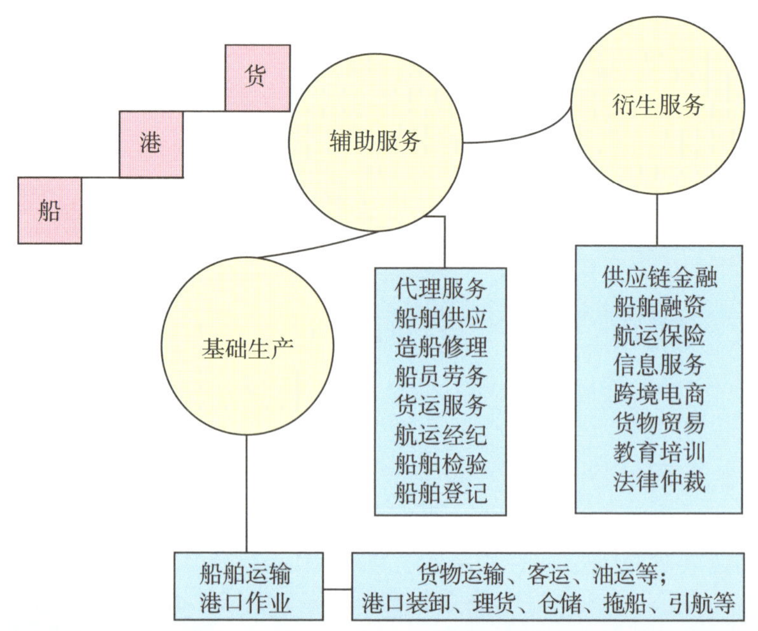

图2-7　港口功能和作用

1. 全球供应链功能

引入全球供应链理念，以强大的港口货物集散能力为依托，利用统一的港口物流服务平台，创新性地为客户提供基于物流链的，融货物流、信息流和资金流于一体的全方位综合服务。

2. 现代航运服务功能

依托由强大的港口货物集散能力和高密度的船舶流量所催生的超大规模且多元丰富的船舶服务、物流金融等现代航运衍生服务需求，以港口为节点，集聚现代航运服务要素，为客户提供现代航运服务。

3. 临港产业功能

港口愈发重视临港产业的发展，以改善临港运输条件，降低物流成本，同时也为临港产业的发展提供广阔的聚集发展空间，促进港口多元化发展。

（三）全球产业转移、港航一体化、自贸区建设和科技进步孕育港口发展新机遇

1. 港航一体化为港口发展带来新机遇

1）港航一体化提高了行业整体风险抵御能力

港航一体化的发展使港口与航运企业之间优势互补、资源共享，形成高附加值产业链，占据产业链高端环节，提高行业整体的竞争实力和风险抵御能力。

2）港航一体化增强了港口在全球资源配置上的实力

通过港航物流一体化，港口企业与上下游航运企业资源整合，整个港口物流供应链的发展要求港口处于公路运输、铁路运输、水路运输、航空运输、管道运输等多式联运网络的核心节点，而不仅仅是一个单纯的装卸和中转节点。港航一体化使港口和航运企业等各分节点功能分工一体化，港口和航运公司不再作为一个单独的节点孤立运营，而是通过某种契约形式进行分工合作，保证港口有充足的货源，进而对附近港口形成竞争优势，进一步降低交易和装卸费用，在一定程度上为港口和航运企业带来利润收益。

3）港航一体化提高了港口的服务水平

对于港口企业来说，港口企业所提供的功能服务大部分是装卸、仓储、中转等，产品差异性较小，通过与航运企业建立联盟可以在一定程度上增强服务产品的差异性，有助于港口企业应对日益激烈的价格竞争。

例如：马士基集团是全球最大的航运公司，其在全球范围内不断加大对各地港口码头的注资和投资，在中国拥有股份的港口达 10 个以上，占其全球港口码头拥有量的 1/4；中远集团在中国、新加坡、美国以及欧洲、中东等国家和地区投资并持有 33 个不同权益的码头项目，泊位总数达 150 个。

2. 科技进步为港口发展展示新机遇(见图 2－8)

1) 新科技将广泛应用于港口管理决策

大数据、云计算、物联网等新技术、新模式将广泛应用于港口管理决策,建立港口智能决策平台,辅助进行港口运营管理。

2) 电子商务将使港口物流运营更为便捷

构建可视、高效、安全、便捷的港口物流电子商务交易平台,具备“一站式”服务功能,使得港口物流速度提升、运作便捷。

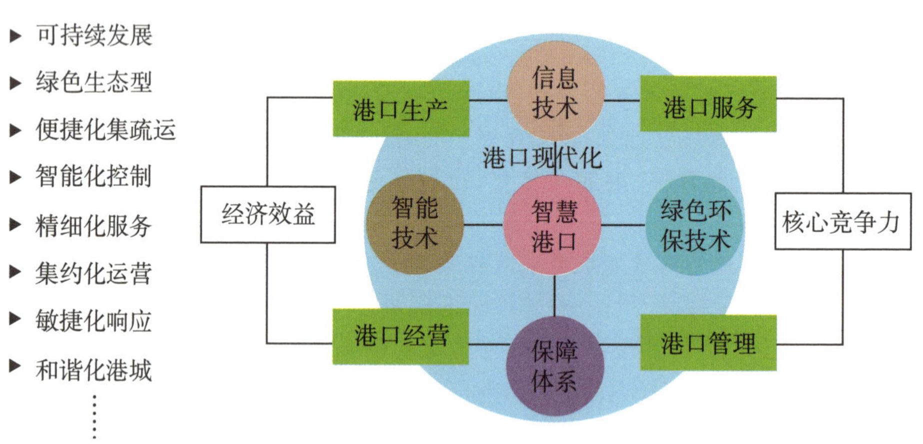

图 2－8　科技进步与港口发展

(四) 船舶大型化、航运联盟化和资源环境约束给港口带来新挑战

1. 船舶大型化给港口基础设施带来新挑战

1) 船舶大型化对港口泊位的水深要求不断提高

截至 2015 年 6 月,全球 10 000 TEU 及以上的集装箱船共有 277 艘;未来 5 年,全球将至少交付 10 000～12 000 TEU 集装箱船 34 艘、12 000 TEU 及以上集装箱船 106 艘左右。超大型船的最大吃水深度一般为 14.5～15 m,而 18 000 TEU 集装箱船的满载吃水为 16 m,很多港口的水深都难以满足超大型集装箱船靠泊的需要。受自然条件限制,并非每个港口都可以满足大型船舶对水深的要求,泊位水深条件不能达到要求的港口就会被排除在大型船舶的停靠选择之外。

2) 船舶大型化对港口的装卸能力要求不断提高

超大型船舶的使用对港口的装卸能力要求也大大增加,若港口的装卸能力不强,装卸效率不高,就会使卸货时间大幅增加,导致超大型船舶的竞争力大打折扣。

3) 船舶大型化对港口的基础设施要求不断提高

超大型船舶还需要港口在码头设施、堆场、后勤供应、计算机系统和内陆运输等方面具备相应的条件和能力。因此，靠泊超大型船的港口除了拥有高水平的硬件之外，其周边还必须要有良好的基础设施相配套。

4）大型船舶倾向于优先挂靠箱量更集中、辐射性更强的港口

港口必须有足够的本地货源和中转货源来支持大型集装箱船，并能保证集疏运系统有效运转。在这方面能力不足的港口就很难得到班轮公司的青睐。

2. 航运联盟对港口地位形成新冲击(见表 2 - 3)

1）航运联盟挑战现有港口网络功能格局，区域内集装箱中转枢纽港将集中化

虽然同一区域内形成唯一的超级中转枢纽港的可能性不大，但是区域内集装箱中转枢纽港将呈现集中化的趋势，中转枢纽港的地位和功能将越来越集中到少数几个港口。

表 2 - 3　航运联盟全球市场占有率(截至 2016 年 10 月 15 日)

航运联盟	运营商	总运力/TEU	船舶数/艘	市场份额/%	联盟占有率/%
2M	马士基航运	3 181 940	615	15.3	28.8
	地中海航运	2 795 251	489	13.5	
Ocean Alliance	达飞海运	2 172 551	458	10.5	25.5
	中远集运	1 555 067	278	7.5	
	长荣海运	983 596	188	4.7	
	东方海外	572 812	97	2.8	
THE Alliance	赫伯罗特	932 239	165	4.5	19.9
	阳明海运	560 677	100	2.7	
	阿拉伯轮船	544 680	57	2.6	
	商船三井	517 174	83	2.5	
	日本邮船	507 519	97	2.4	
	现代商船	453 514	63	2.2	
	川崎汽船	357 308	61	1.7	
	韩进海运	277 993	36	1.3	

注：2017 年 3 月之前，阿拉伯轮船仍将独立运营，相关指标不计算入赫伯罗特。
资料来源：根据 Alphaliner 资料整理所得

2）横向联盟挑战传统码头运营商话语权

随着联盟的诞生，国际集装箱航运市场的集中度将进一步提高，而港口具有明

显的地域特征，并且随着地方对港口建设的积极性高涨，港口群内港口发展迅速，加剧港口行业内部的竞争。

3）纵向整合挑战传统码头运营商竞争力

在全球码头运营商中，许多航运企业通过纵向整合，实现和强化对码头资源的控制。目前，以船公司为背景的全球码头运营商的市场份额占全球码头运营商的40%左右，传统码头运营商在与航运联盟投资的码头运营商争夺市场份额中优势不明显。

3. 资源环境约束趋紧给港口带来新压力（见表2-4）

1）追求发展与环境的融洽是港口发展的基本趋势

欧美的主要港口对港口环境评估均有一套较为严格的标准，近年来也在大举推进绿色港口发展，鼓励各港口通过各种有效的方式提高港口生产能效，减少废气和噪声的产生。

表2-4　各港口环保措施

港口	典型举措	目标与效果
休斯顿港	环保清洁产品替代有害产品； 单位排放气体的综合清单； 集装箱中转站上安置暴雨雨水处理装置	港区每月有害废料的排放量低于30加仑； 港口单位作业废气的排放量降低5 t； 集装箱码头水域中的金属含量标准化
长滩港	实施港内设备升级、运输车队换代等举措； 制定包括空气、水质、土壤等40个项目的环保方案； 实施绿旗计划	截至2012年底，200多家船公司获得减免港口费的奖励，同时与港口运作相关的柴油污染物排放量减少了75%； 2014年长滩港被其亚洲客户称为世界最绿色海港
伦敦港	强制执行水生物保护、作业污染防治等环保要求	保护海洋环境
悉尼港	发展中融入绿色环保理念； 制定了“施工噪声和震动管理计划”“夜间施工噪声管理计划”	从港区水质、噪声控制、生物多样性及环保教育等7个方面策划实施“绿色生态港口指南”； PBE工程和BLB2E工程中分别成功将噪声控制在47 dB和35 dB左右
威尼斯港	启用“岸电”系统	减少排放30%的二氧化碳和95%的一氧化氮

2）当前缺乏绿色生态港建设的宏观指导

国内还没有构建完整的绿色生态港口评价体系，大多数港口在建设和改造时多依照ISO 14001环境管理体系标准。该体系适用面较广，无法充分考虑港口建设的实情，因此在绿色生态港口建设中难免有所缺陷。

3）港口还未意识到绿色生态要素在港口未来发展中的重要性

很多港口在建设和改造过程中只片面地考虑经济因素，局限于眼前的利益，不愿投入资金和精力进行港口环保技术攻关，未建立起有效的节能减排激励机制。港口服务人员绿色环保理念淡薄，港口生产中资源浪费和能耗过大的现象十分普遍。

三、国内宏观战略政策

（一）“一带一路”倡议将凸显港口作用

1. “一带一路”倡议构思

“一带一路”倡议是符合亚欧大陆经济整合的战略，包含 2 个子战略，即“丝绸之路经济带”与“21 世纪海上丝绸之路”，涵盖国内 18 个省、自治区、直辖市以及亚洲、欧洲、非洲的多个国家和地区（见图 2－9）。

“一带一路”即中国与陆上、海上丝绸之路的途径国家分享优质产能，发挥各自优势，强调共商项目投资、共建基础设施、共享合作成果，内容主要为“五通”，即道路联通、贸易畅通、货币流通、政策沟通、人心相通，最终目标是建立一个政治互信、经济融合、文化包容的利益共同体、命运共同体和责任共同体。

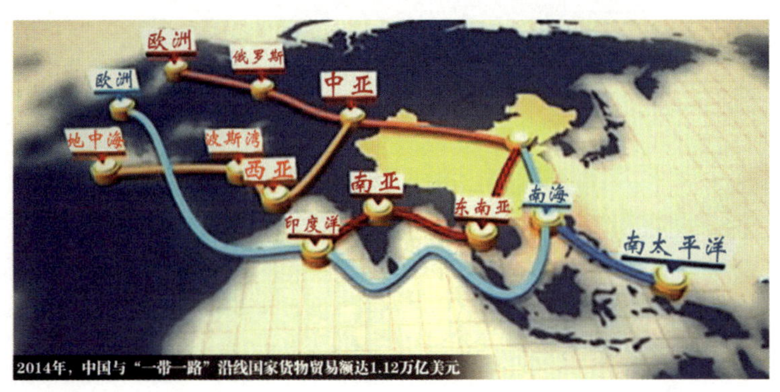

图 2－9　“一带一路”倡议布局

2. “一带一路”倡议意义

“一带一路”着眼于我国同欧亚大陆方向国家在各领域的互利合作，是新形势下中国推进对外合作的总体构想。推进“一带一路”建设既是中国扩大和深化对外开放的需要，也是加强与亚洲、欧洲、非洲以及世界其他国家互利合作的需要。

中国正与“一带一路”沿线国家一道，积极规划中蒙俄、新亚欧大陆桥、中国—中亚—西亚、中国—中南半岛、中巴、孟中印缅六大经济走廊建设。亚洲基础设施投资银行和丝路基金将为亚欧互联互通产业合作提供有力的资金支持。“一带一路”与互联互通相融相近、相辅相成，亚欧互联互通产业合作前景光明，航运面临着重要的机遇。

(二) 自贸区建设将促进港口转型升级

1. 自贸区战略构想

自由贸易区是指在国境内、关境外设立的，以优惠税收和海关特殊监管政策为主要手段，以贸易自由化、便利化为主要目的的多功能经济性特区。原则上是指在没有海关“干预”的情况下允许货物进口、制造、再出口。

中国自由贸易区是政府全力打造中国经济升级版的最重要的举动(见图 2－10)。党的十七大把自贸区建设上升为国家战略；党的十八大提出要加快实施自由贸易区战略；党的十八届三中全会提出要以周边为基础加快实施自由贸易区战略，形成面向全球的高标准自由贸易区网络；2016 年“两会”政府工作报告提出，全面实行准入前国民待遇加负面清单管理制度，逐步构建高标准自由贸易区网络，基本形成开放型经济新体制新格局。

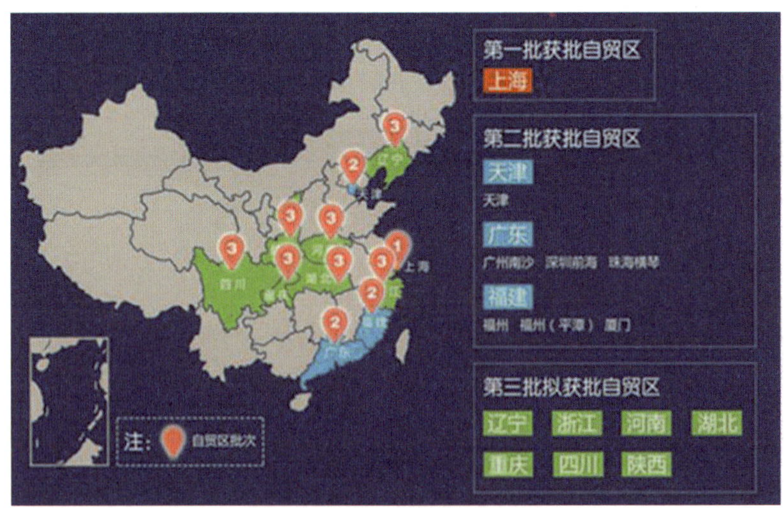

图 2－10　中国自贸区分布

2. 自贸区战略意义

自贸试验区、中韩自贸区、中澳自贸区等在贸易便利化、投资自由化方面的改革举措，将切实推动中国港口业的转型升级进程，提高国内港口的国际中转能力，有助于港口产业链的延伸(见图 2－11)。

1) 推动港口区域合作

自贸区强调制度创新和简政放权，其建设有助于推进长江经济带、京津冀、珠三角、闽南沿海港口的区域合作机制，推进区域内港口大通关体制，推进区域内港口的合理分工、错位发展和协调发展。

2）提高港口物流发展水平

自贸区制度创新以促进港口提升终端物流服务水平为发展目标，以满足客户个性化需求为服务宗旨，提供敏捷化、柔性化的“港到门”“门到港”“门到门”以及港区内物流等物流服务。

3）促进港口多元化发展

自贸区的发展将为港口拓展供应链金融、大宗商品贸易、跨境电商及临港产业多元化发展提供条件。

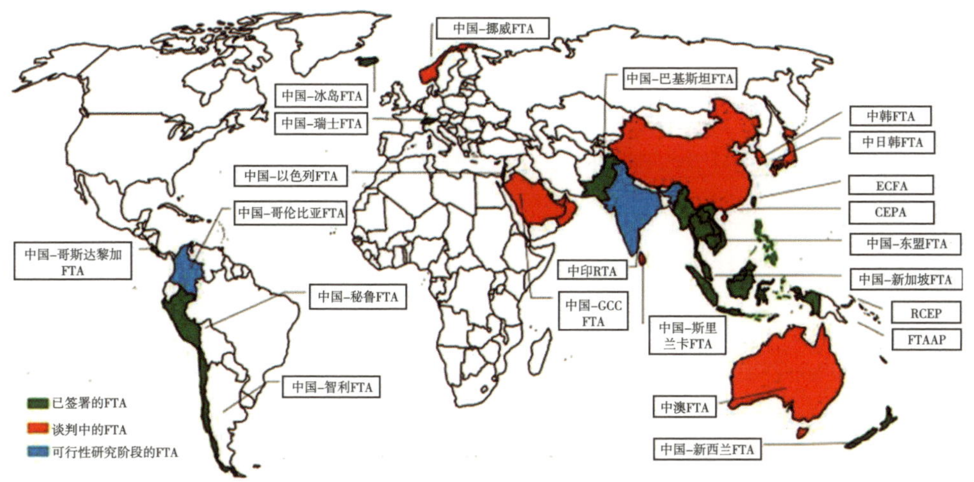

图 2-11　中国 FTA 战略分布

（三）国家重视海运业发展为港口带来新机会

国务院《关于促进海运业健康发展的若干意见》（国发〔2014〕32 号）确立了海运业在经济社会发展中重要的基础产业地位，首次把海运业发展上升至国家战略，进一步明确我国海运发展目标和主要任务，将为港口发展带来新的机会。

1. 完善港口功能体系

港口企业在着力提升装卸、仓储服务的基础上，加强港口与区域内产业的沟通互动，积极发展临港工业服务功能。注重港口与保税、临港物流园区的经济融合，加快发展港口物流服务功能。有条件的港口企业要积极拓展现代服务功能。按照功能定位和实际条件积极提升港口服务功能，发挥特色优势，构建定位明确、层次分明、布局合理、配套协调的服务体系。

2. 大力发展港口物流

支持港口企业大力发展中转配送、流通加工服务，开展冷链、汽车、化工等专业物流业务，拓展港口物流地产，创新发展全方位、多层次的物流服务。鼓励港口企业开展多元化经营，以港口主业为基础，积极发展与航运、商贸等关联产业的合作经营，延伸港口物流产业链。

3. 积极发展现代服务业务

积极推进国际和区域性航运中心建设，鼓励有条件的港口充分发挥保税港区、综合保税区、自由贸易试验区政策优势，依托主业大力发展港航信息、贸易、金融、保险、咨询等现代服务业务。同时，支持港口加快培育电子商务服务。

四、国内经济贸易形势

（一）经济增长趋势趋缓，出口贸易形势严峻

经济增长动力趋缓，固定资产投资增长乏力，外贸形势疲弱。在三驾马车中，消费和投资增速均将趋缓。此外，受制造业产能过剩、需求不足的影响，民间投资意愿减弱。2006—2015 年中国货物进出口贸易情况如图 2－12 所示。

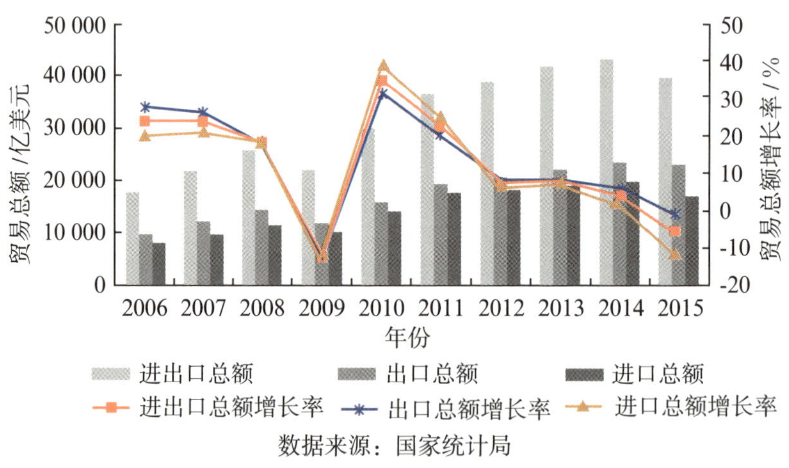

图 2－12　2006—2015 年中国货物进出口贸易情况

1991—2015 年中国 GDP 增速情况如图 2－13 所示。据 IMF 预测，2016 年和 2017 年中国经济的增长速度将分别上调至 6.5%和 6.2%，相比 2016 年 1 月发布的预测均上调了 0.2 个百分点（见表 2－5）。2016 年一季度，中国 GDP 同比增长 6.7%，经济下行压力依然较大。经济增长动力减弱，货物进出口贸易增速明显下降，出口贸易形势将日趋严峻。经济运行中的结构性问题持续积累，接近临界点。

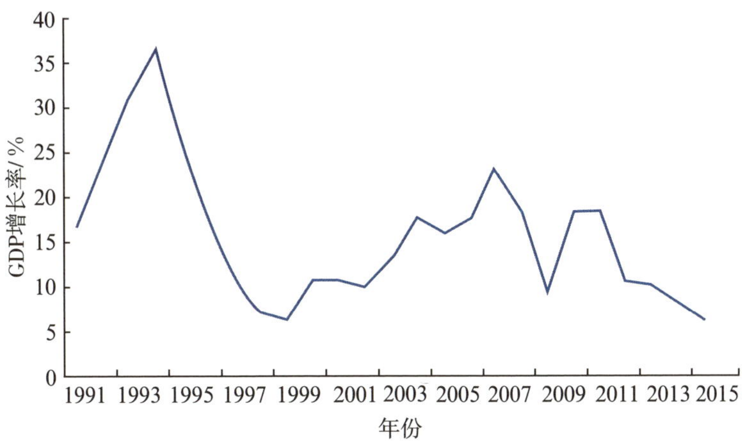

数据来源：国家统计局

图 2－13　1991—2015 年中国 GDP 增速情况

表 2－5　各大机构对中国 GDP 预测情况

机构	2016 年 GDP 增长率(预测值)/%
IMF	6.5
高盛	6.4
世界银行	6.7
摩根士丹利	7.0
摩根大通	6.6
瑞士银行	6.2
惠誉	6.3
国泰君安	6.5
九州证券	7.0
数据来源：各机构报告	

(二) 潜在内生动力强劲，经济总体趋势看好

1. 经济运行总体平稳

尽管我国经济增长速度略有回落，但是经济运行总体在平稳区间。从世界范围内来讲，我国 GDP 同比增长 6.7%，增速仍处于较高水平，而且在基数较大的情况下，6.7%的增量较大。从增长指标来讲，我国经济没有滑出合理区间，而且就业情况总体比较稳定。我国经济的良好格局并没有发生实质性的改变。

2. 消费增长、投资回暖

“一带一路”倡议，以及“长江经济带”和京津冀协同发展等国家战略的实施以及“十二五”规划项目建设进度的加快，将创造巨大投资需求。目前，就业形势总体良好，居民收入增速超过经济增速，为消费持续增长和提升消费占比创造有利条件。

3. 政策和改革红利显现

“积极＋稳健”的财政与货币政策将调整社会总供给和总需求，促进我国经济继续保持在合理区间运行。与此同时，2015 年中央推出一系列重大改革措施，2016 年还将实施一批重大改革，改革红利将逐步释放。

4. 新型城镇化将保障未来经济的适速增长

预计未来几年，中国仍将处于城镇化快速发展阶段，到 2020 年城镇化率将达到 60%左右。中国的城镇化建设，能释放出庞大的市场需求能量。据测算，我国城镇化率每增加 1 个百分点，能带来7 万亿人民币的投资和消费需求。这将是未来促进内需和促进经济发展的战略着眼点。

五、国内港口发展态势

(一) 港口货物吞吐量增速总体趋缓，新兴港口增长快速

1. 吞吐总量连续 13 年稳居世界首位

2015 年全球 10 大港口货物吞吐量统计排名显示，除第 3 名、第 9 名及第 10 名外，中国港口包揽其余全部座次(见表 2 - 6)。同年，中国港口所完成的货物吞吐量在全球 10 大货港中所占的比重呈现下降趋势，由 2014 年的 81.51%下跌至 73.69%，反映出在经济结构转型升级和去产能等供给侧改革的大背景下，中国港口货物吞吐量增长受到影响，出现相应结构性变化。截至 2015 年，中国港口的货物吞吐总量已连续 13 年稳居世界首位。

表 2 - 6 2015 年全球货物吞吐量前 10 位港口排名

排名	港口名称	走势	排名	港口名称	走势
1	宁波-舟山港	→	6	广州港	→
2	上海港	→	7	唐山港	↓
3	新加坡港	→	8	青岛港	→
4	天津港	→	9	鹿特丹港	→
5	苏州港	↑	10	黑德兰港	↑
数据来源：中港网统计数据					

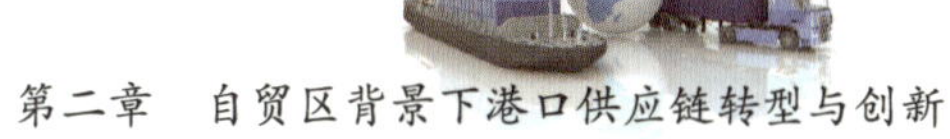

从排序上看，与2014年相比，苏州港与唐山港互换位置，苏州港从2014年的第7名跃升2位，居第5名，其港口货物吞吐量增速居全球10大港口之首，达到13.4%；而2014年排名第5的唐山港则下滑2位，落座第7位，其港口货物吞吐量呈现负增长，由2014年增速排名第1，跌落至2015年倒数第2。

2. 总体增速下滑

2009—2015年中国港口内外贸货物吞吐量情况、2011—2015中国港口集装箱吞吐量同比情况分别如图2-14和图2-15所示。2015年，中国沿海主要港口完成货物吞吐量77.79亿t，同比增长2%，增幅虽较上年度回落4个百分点，但各月表现相对稳定，增幅波动明显小于往年同期。其中，上半年港口吞吐量增长动力主要源自进出口贸易的良好发展，而下半年由于汇率波动加剧和国际市场需求萎靡，外贸驱动力逐渐减弱，转而由内贸提供支撑。

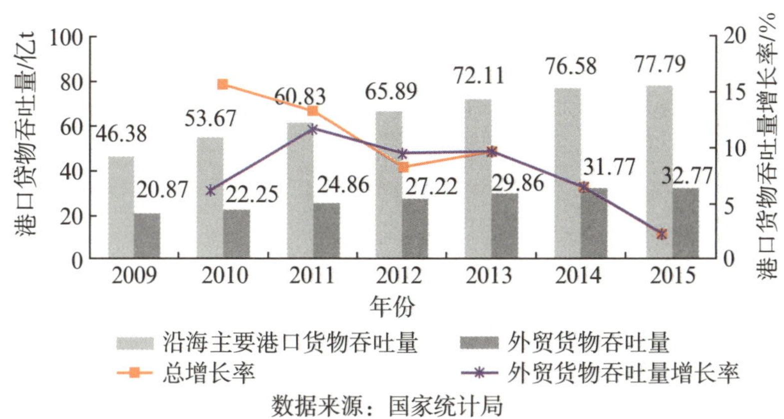

图2-14　2009—2015年中国港口内外贸货物吞吐量情况

(二) 多数港口服务功能单一，主要港口日趋重视增值服务

1. 多数港口服务功能单一，盈利空间受到压缩

随着规模效用的日益减弱，服务功能主要集中在装卸业务上，服务作业收费偏低以及维修财务成本、人工成本的增加(见图2-16)，使得港口的盈利空间开始受到挤压，盈利能力减弱，如图2-17和图2-18所示。

2. 主要港口日趋重视增值服务，增值服务成效开始显现

上海、天津、厦门等港口增值收入增速大体呈现增长趋势，且增值收入所占比重有所上升。我国港口正在由传统的装卸、转运业务向包装、加工、仓储、配送、提供信息服务等高附加值的供应链管理延伸和发展。

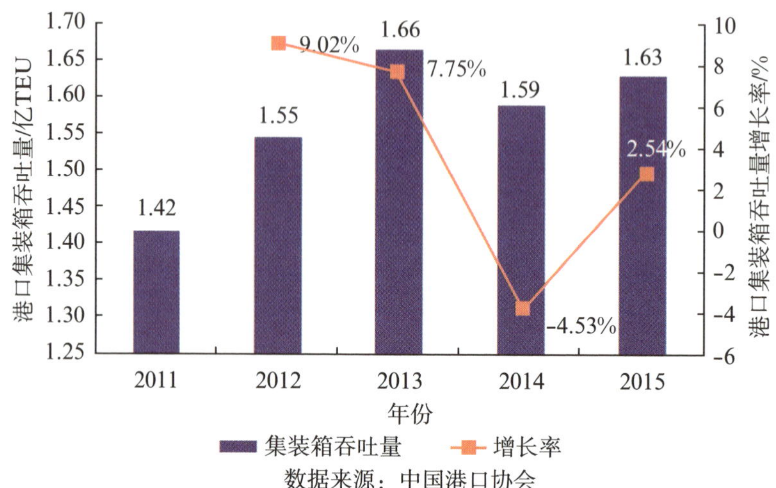

图 2-15　2011—2015 年中国港口集装箱吞吐量同比情况

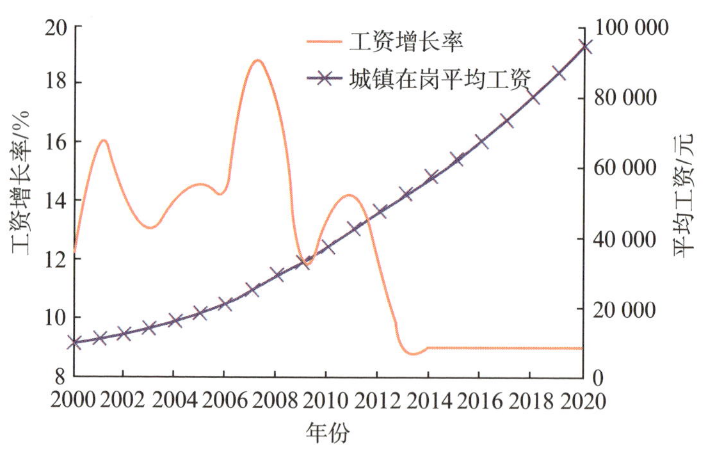

图 2-16　近年劳动人员成本及走势

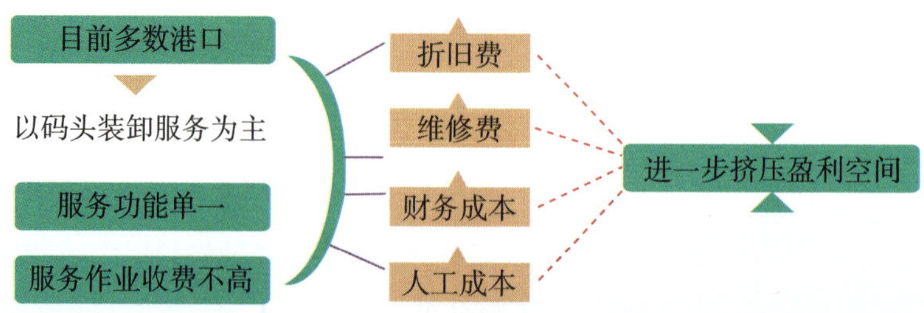

图 2-17　港口盈利空间示意

数据来源：Wind数据库

图 2－18　2001—2015 年港口业净资产收益率

(三) 港产城一体化发展进一步加速

依托港口的良好发展态势，临港经济成为区域发展的热点，全国很多沿海省市如上海、天津、辽宁等都已经建立临港产业区，还有很多省市的临港开发区正在规划之中。“以港聚产、以产兴城、以城育港、港产城一体化发展”是港口城市实现繁荣发展的基本规律和趋势，这种趋势仍在进一步的强化之中。

(四) 港口竞争、能力过剩、环境保护成为港口发展的新挑战

1. 不同港口群之间的竞争日益激烈

1) 国内五大港口群规划

中华人民共和国交通运输部 2006 年 11 月 20 日正式发布的《全国沿海港口布局规划》[24]一文指出：将全国沿海港口划分为环渤海、长江三角洲、东南沿海、珠江三角洲和西南沿海 5 个港口群体，强化群体内综合性、大型港口的主体作用，形成煤炭、石油、铁矿石、集装箱、粮食、商品汽车、陆岛滚装和旅客运输等 8 个运输系统的布局。我国沿海港口群布局如图 2－19 所示。

(1) 环渤海港口群。环渤海地区港口群由辽宁、津冀和山东沿海港口群组成，服务于我国北方沿海和内陆地区的社会经济发展(见图 2－20)。

辽宁沿海港口群以大连东北亚国际航运中心和营口港为主，包括丹东、锦州等港口，主要服务于东北三省和内蒙古东部地区。辽宁沿海港口群以大连、营口港为主布局大型、专业化的石油(特别是原油及其储备)、液化天然气、铁矿石和粮食等大宗散货的中转储运设施，相应布局锦州等港口；以大连港为主布局集装箱干线

港，相应布局营口、锦州、丹东等支线或喂给港口；以大连港为主布局陆岛滚装、旅客运输、商品汽车中转储运等设施。

津冀沿海港口群以天津北方国际航运中心和秦皇岛港为主，包括唐山、黄骅等港口，主要服务于京津、华北及其西向延伸的部分地区。津冀沿海港口群以秦皇岛、天津、黄骅、唐山等港口为主布局专业化煤炭装船港；以秦皇岛、天津、唐山等港口为主布局大型、专业化的石油(特别是原油及其储备)、天然气、铁矿石和粮食等大宗散货的中转储运设施；以天津港为主布局集装箱干线港，相应布局秦皇岛、黄骅、唐山等支线或喂给港口；以天津港为主布局旅客运输及商品汽车中转储运等设施。

山东沿海港口群以青岛、烟台、日照港为主，包括威海等港口，主要服务于山东半岛及其西向延伸的部分地区。山东沿海港口群以青岛、日照港为主布局专业化煤炭装船港，相应布局烟台等港口；以青岛、日照、烟台港为主布局大型、专业化的石油(特别是原油及其储备)、天然气、铁矿石和粮食等大宗散货的中转储运设施，相应布局威海等港口；以青岛港为主布局集装箱干线港，相应布局烟台、日照、威海等支线或喂给港口；以青岛、烟台、威海港为主布局陆岛滚装、旅客运输设施。

(2) 长三角港口群。长江三角洲地区港口群依托上海国际航运中心，以上海、宁波、连云港港为主，充分发挥舟山、温州、南京、镇江、南通、苏州等沿海和长江下游港口的作用，服务于长江三角洲以及长江沿线地区的经济社会发展(见图 2-21)。

图 2-19 我国沿海港口群布局

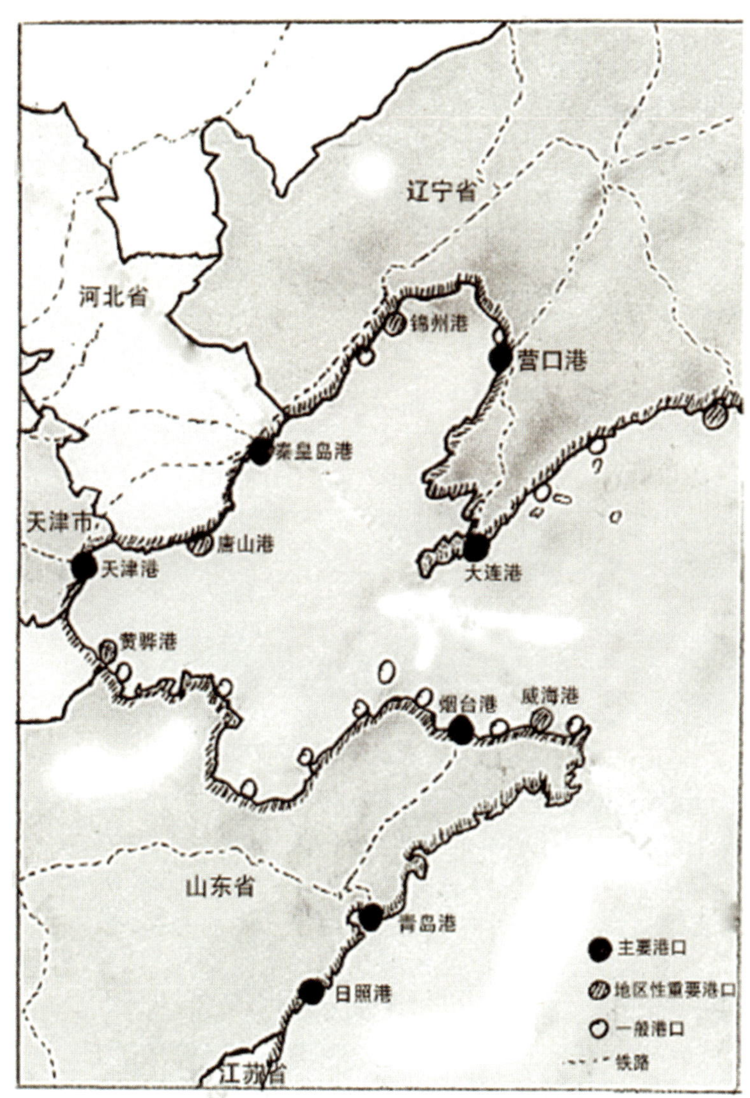

图 2－20　环渤海港口群布局

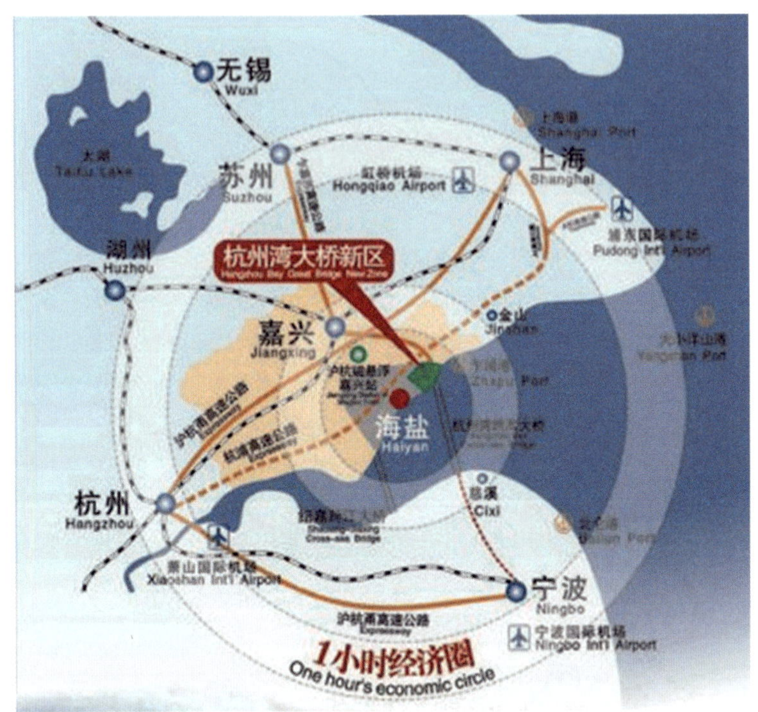

图 2-21　长三角港口群布局

长江三角洲地区港口群集装箱运输布局以上海、宁波、苏州港为干线港，与南京、南通、镇江等长江下游港口共同组成上海国际航运中心集装箱运输系统，相应布局连云港、嘉兴、温州、台州等支线和喂给港口；进口石油、天然气接卸中转储运系统以上海、南通、宁波、舟山港为主，相应布局南京等港口；进口铁矿石中转运输系统以宁波、舟山、连云港港为主，相应布局上海、苏州、南通、镇江、南京等港口；煤炭接卸及转运系统以连云港港为主，由该地区公用码头、能源等企业自用码头共同组成；粮食中转储运系统以上海、南通、连云港、舟山和嘉兴等港口组成；以上海、南京等港口为主布局商品汽车运输系统；以宁波、舟山、温州等港口为主布局陆岛滚装运输系统；以上海港为主布局国内外旅客中转及邮轮运输设施。根据地区经济发展需要，在连云港港适当布局进口原油接卸设施。

(3) 东南沿海港口群。东南沿海港口群以厦门、福州港为主，包括泉州、莆田、漳州等港口，服务于福建、江西等内陆省份部分地区的经济社会发展和对台“三通”的需要(见图 2-22)。

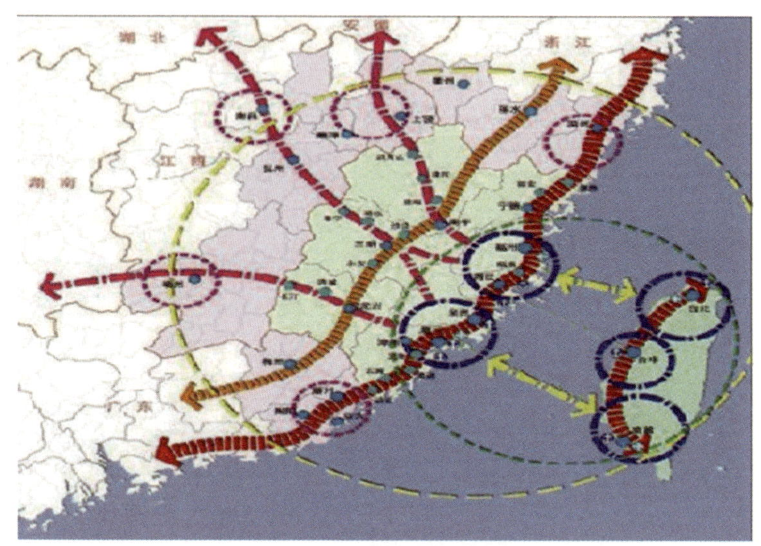

图 2－22　东南沿海港口群布局

福建沿海地区港口群煤炭专业化接卸设施布局以沿海大型电厂建设为主；进口石油、天然气接卸储运系统以泉州港为主；集装箱运输系统布局以厦门港为干线港，相应布局福州、泉州、莆田、漳州等支线港；粮食中转储运设施布局由福州、厦门和莆田等港口组成；以宁德、福州、厦门、泉州、莆田、漳州等港口为主布局陆岛滚装运输系统；以厦门港为主布局国内外旅客中转运输设施。

(4) 珠三角港口群。珠江三角洲地区港口群由粤东和珠江三角洲地区港口组成。珠江三角洲地区港口群依托香港经济、贸易、金融、信息和国际航运中心的优势，在巩固香港国际航运中心地位的同时，以广州、深圳、珠海、汕头港为主，相应发展汕尾、惠州、虎门、茂名、阳江等港口，服务于华南、西南部分地区，加强广东省和内陆地区与港澳地区的交流(见图 2－23)。

珠江三角洲地区港口群煤炭接卸及转运系统由广州等港口的公用码头和电力企业自用码头共同组成；集装箱运输系统以深圳、广州港为干线港，相应布局汕头、惠州、虎门、珠海、中山、阳江、茂名等为支线或喂给港；进口石油、天然气接卸中转储运系统由广州、深圳、珠海、惠州、茂名、虎门等港口组成；以广州、珠海港为主布局进口铁矿石中转运输系统；以广州、深圳港为主布局粮食中转储运系统；以广州港为主布局商品汽车运输系统；以深圳、广州、珠海等港口为主布局国内外旅客中转及邮轮运输设施。

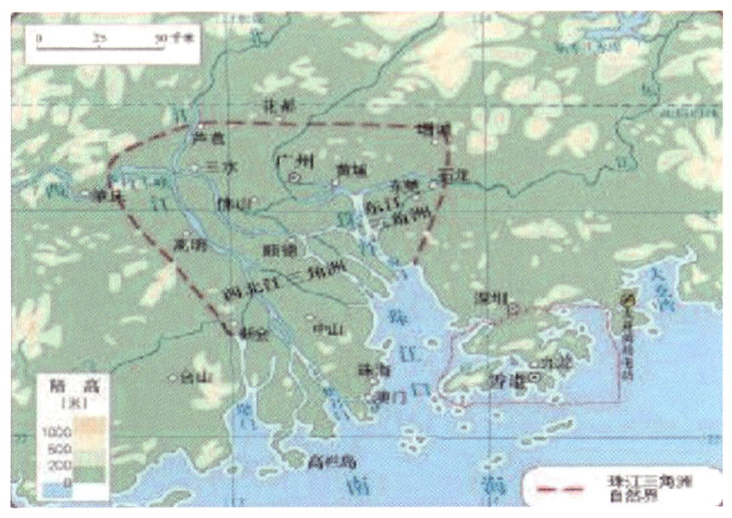

图 2-23　珠江三角洲港口群布局

（5）西南沿海港口群。西南沿海地区港口群由粤西、广西沿海和海南省的港口组成。西南沿海地区港口群的布局以湛江、防城、海口港为主，相应发展北海、钦州、洋浦、八所、三亚等港口，服务于西部地区开发，为海南省扩大与岛外的物资交流提供运输保障（见图 2-24）。

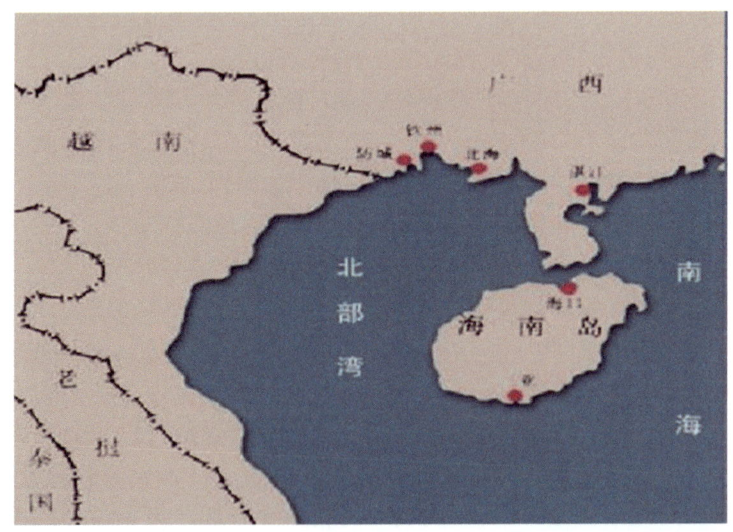

图 2-24　西南沿海港口群布局

西南沿海港口群集装箱运输系统以湛江、防城、海口港为主，相应布局北海、钦州、洋浦、三亚等港口为支线或喂给港；进口石油、天然气中转储运系统由湛江、海口、洋浦及广西沿海等港口组成；进出口矿石中转运输系统由湛江、防城和八所等港口组成；以湛江、防城等港口为主布局粮食中转储运系统；以湛江、海口、三亚等港口为主布局国内外旅客中转及邮轮运输设施。

2）国内五大港口群之间竞争加剧

随着内陆运输条件的不断改善，尤其是国际集装箱多式联运的不断发展，港口群与服务腹地的距离已大大缩短，港口群原有经济腹地的界限正逐步被打破，交叉重叠的经济腹地促使港口群之间为争夺腹地货源而竞争。例如，我国华北地区的国际贸易运输，既可以通过以天津港、青岛港和大连港为核心的环渤海港口群完成，又能通过以上海港、苏州港和宁波-舟山港为核心的长三角港口群完成。

2. 同一港口群内不同港口间竞争同质化、白热化

目前，我国环渤海、长江三角洲、东南沿海、珠江三角洲和西南沿海等五大港口群内的不同港口间竞争均出现了同质化、白热化趋势。港口间竞相通过歧视性价格政策、加大基础设施建设力度等手段，争夺腹地资源、中转货源、靠港船舶等，从而影响港口企业的经济效益。

1）港口货源争抢愈发激烈

由于同一港口群内各个港口在地域上十分接近，其陆向腹地基本相同或存在交叉重叠，而且港口的服务干线往往较为相似，服务功能没有较大差异。大部分港口失去了优越地理位置对货源的吸引力，为求得生存和发展，各港口之间就有可能发生争夺腹地货源的竞争。此外，伴随对港口在地区经济发展中重要性认识的不断深化，各地政府为加速本地经济发展都树立了“以港兴市”的发展战略，并不断加大对港口政策、资金、税收等的扶植力度，在一定程度上使得港口之间对于货源的竞争变得更加激烈。

2）港口能力竞争日趋白热化

单一港口群的能力竞争通常选取赫芬达尔-赫希曼指数（Herfindahl-Hirschman Index，HHI）进行评价。HHI是测量产业集中度的综合指数，显示同一港口群内各港口规模的离散程度，其表达式为

$$D=\frac{\sum_{i=1}^{n}TEU_i^2}{\left(\sum_{i=1}^{n}TEU_i\right)^2}$$

式中：D 表示集装箱港口体系的集中程度（$1/n<D<1$）；TEU_i 表示 i 港口的集装箱吞吐量；n 表示同一集装箱港口群内含有的港口数。若一个集装箱港口群完全由一个集装箱港口支配，则 HHI 指数为 1；若集装箱港口群内所有港口的集装箱吞吐量都相同，则不存在拥有支配能力的港口，此时 HHI 指数为 $1/n$。一般来说，当 HHI 指数大于 0.1 时表示该港口群存在“集中化”的现象，而当 HHI 指数大于 0.8 时则表示该港口群已经“高度集中化”。

中国港口群 HHI 指数如图 2－25 所示。除了大型港口外，许多中小港口也不甘落后，纷纷加大投入，提高软硬件设施水平，以扩大港口吞吐能力，同时在服务方面也愈发同质，以吸引客户。

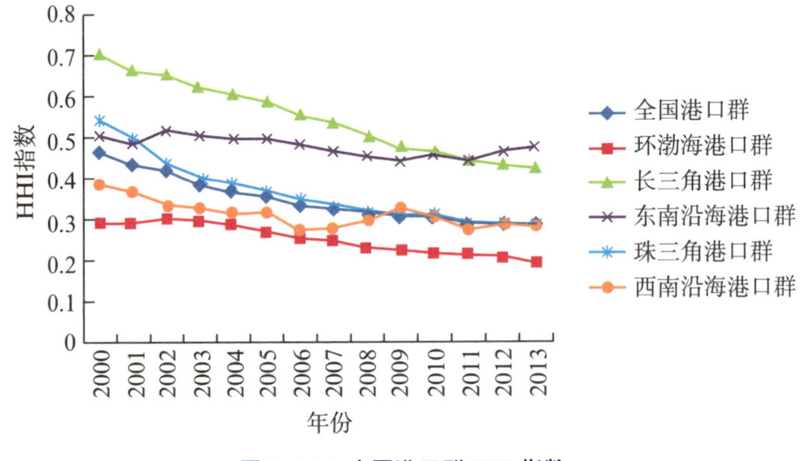

图 2－25　中国港口群 HHI 指数

3. 港口基础设施结构性产能过剩与区域性布局不合理并存

1）区域布局不尽合理，结构性失衡仍在继续

按主要货类运输系统对码头建设进行分类，我国集装箱码头、北方煤炭码头、外贸原油接卸码头等建设均存在过剩现象，而南方煤炭接卸码头、外贸铁矿石接卸码头建设相对不足，不同区域、不同货类码头通过能力出现不平衡现象，存在结构性失衡情况。

2）总体产能过剩

我国沿海平均每 50 km 建有 1 个 1 000 吨级以上规模港口的密度，远大于美国、欧洲等国家和地区每 200 km 建有 1 个大型港口的密度。长江三角洲地区港口平均产能过剩达两成，珠江三角洲地区港口产能过剩约三成。在过去 10 年中，港口行业年均投资增速达到 23%，而年均需求（吞吐量）增速只有 15%。随着国内沿海港口建设的不断推进，码头资源稀缺性已不复存在。有关数据显示，2013 年我国港口吞吐能力与吞吐量的比值为 1.21∶1，2014 年达到 1.22∶1(见图 2－26)。

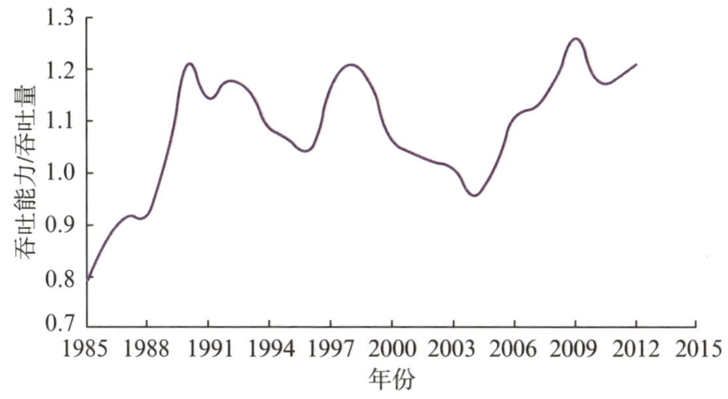

图 2－26　港口吞吐能力与吞吐量比值

4. 集疏运体系不尽合理

传统集疏运模式与点-线式集疏运模式对比如图 2－27 所示。

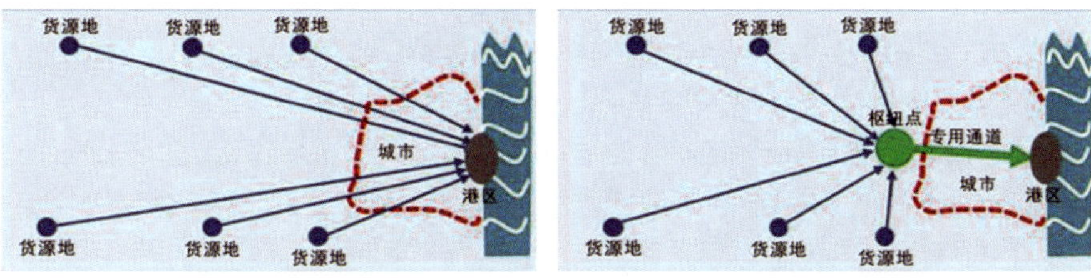

a）传统集疏运模式　　b）点-线式集疏运模式

图 2－27　集疏运模式对比

1）尚未形成完善的干支网络

一方面，尚未形成大、中、小港口相互配套及干线港、支线港和喂给港相互协调发展的现代化运输网络系统；另一方面，在重视港口规划建设的同时，未能相应重视港口集疏运通道的规划建设，港区拥堵状况时有发生。

2）运输结构失衡

大型集装箱港口的集疏运主要依靠公路运输完成，相对于水路运输和铁路运输，大量集装箱卡车挤占城市交通道路，对城市环境造成严重污染，具有较强的负外部性。我国港口公路集疏港比重约 84％，水路集疏港比重约 14％，铁路尚不足 2％。

3）缺乏规划管理

港口集疏运系统涉及的铁路、公路、内河、港口、航空等行业均独立运作，各自

有自己的发展规划和管理制度，由于缺乏统一的、科学的、跨系统的综合性、整体性规划，运输资源被极大浪费且分配不尽合理。

4）港口配套设施不足，管理水平和服务质量不高

国内一些港口的物流经营场所分散，缺乏大型综合停车场，造成车辆大量积压；没有建立集中的配货市场和集疏运信息平台，致使汽车空载率居高不下，提高运输成本；港口生产和车辆组织进出港缺乏整体联动，集疏运作业环节复杂、繁琐，管理和服务效率较低。

5. 临港产业与港口环保矛盾加剧

目前，中国石化、钢铁工业呈现出由内陆地区向临港（包括沿海和沿江港口）城市布局的演化态势；大连、天津、青岛、上海、宁波、茂名等临港城市正逐步成为中国石化工业新的空间格局下的中心城市，临港产业的发展也带来港口的污染问题。

1）临港产业发展与环境保护矛盾日益显现

黄海、渤海、东海、南海沿岸区域石化、钢铁等项目密集，与近岸海域环境保护矛盾日益突出。石油化工沿海仓储的密集布局和船舶运量的大幅增加使得环境事故急剧上升，航道、港口码头、仓储罐区和靠近海域的石化企业等对海域存在着潜在的溢油风险，一旦发生陆域溢油大量入海或重大船舶溢油事故，将严重威胁海湾的生态安全，近岸海域水环境质量面临进一步恶化的巨大压力。

2）港口及临港产业过度发展会威胁沿海地区生态环境

港口规模的粗放扩张会损害沿海地区生态文明，特别是煤炭、铁矿石等大宗干散货种的数量增加会在邻近区域造成严重的粉尘污染。

3）生态环境遭到破坏会影响港口及临港产业的发展

遭到破坏的生态环境不能持续为港口及临港产业提供所需的资源环境。生态环境水平的下降需要投入巨额治理费用，这会损伤港口城市的经济实力，减慢临港产业的发展速度。

第二节　港口向供应链转型与创新的核心能力

一、港口核心能力的内涵

港口在国民经济中的作用越来越重要，已经成为全球供应链的一个重要节点。随着现代供应链的发展，客户对港口提供供应链一体化服务的要求越来越迫切，为了能够实现港口供应链一体化的服务，除了提高港口软硬件的基础建设水平之外，还需要加强资源控制能力、提高客户服务水平，以及加强对经济新常态和激烈竞争

的适应能力。

(一) 传统理论模式下的港口核心能力内涵

对于港口核心能力的内涵，传统理论模式主要基于港口企业的视角，从成长性、盈利性、竞争性等3个因素进行评判，其体系如图2-28所示。

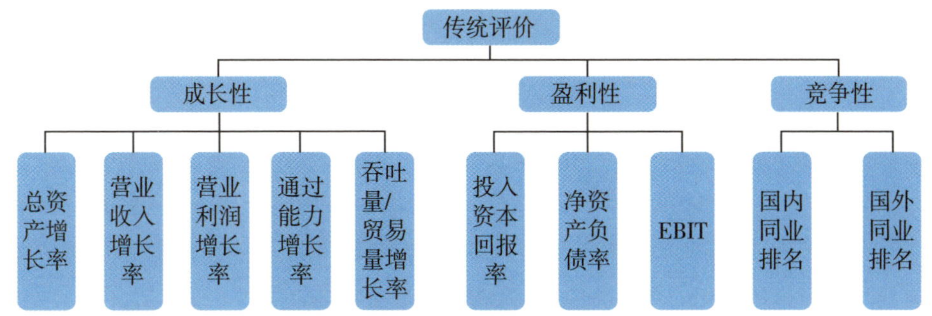

图2-28　传统港口评价体系

从供应链转型与创新的角度来看，传统港口评价体系主要存在以下问题。

1. 关注自身

成长性、盈利性、竞争性指标仅从港口本身进行了评判，忽略了港口对其所处的港口供应链价值提升的影响，不能有效地反映港口在全球供应链中的地位和作用。

2. 关注规模

成长性、盈利性指标主要用于评价港口规模与收入的增长，不能有效体现资源的结构和品质，不能如实反映对外部资源、客户和市场的掌控能力，对港口服务的结构与质量难以进行有效评价，不利于促进港口向发展供应链服务转型。例如，营业收入增长率、营业利润增长率等无法真实反映供应链服务、增值服务的效果。

3. 缺乏系统性

目前，竞争性指标主要基于港口的成长性和盈利性指标进行评价，难以评价港口对宏观环境的适应性，难以全面评价港口的服务水平。

(二) 供应链转型与创新模式下的港口核心能力内涵

实现港口传统业务的转型与创新，港口企业应具备相应的四大能力(拥有能力、控制能力、服务能力和创新能力)[25]。港口根据其所处自然环境、拥有的基础设施和腹地经济等资源，控制上下游各种要素，并对各种资源进行优化配置，通过创新港口供应链服务模式，为客户提供融货物流、商流、信息流和资金流于一体的综合服务，实现港口的可持续发展(见图2-29)。四大能力是港口竞争力、创新能力的体现。

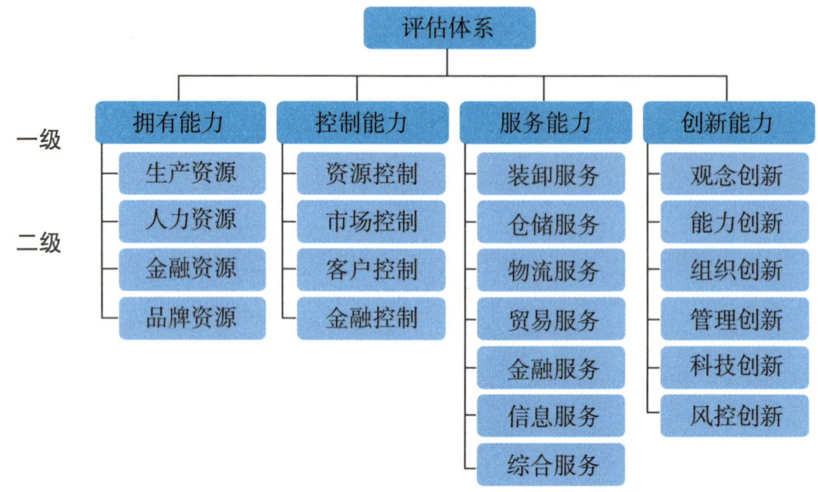

图 2－29　供应链转型与创新模式下的港口评价体系

1. 拥有能力

拥有能力主要是指港口企业对资源的拥有，包括生产资源、人力资源、金融资源、品牌资源等。一个港口企业并不是拥有越多越好，拥有规模过大，将形成资产的大量闲置，造成资金周转缓慢，并且会给企业带来沉重的负担；相反，拥有规模过小，将无法满足港口生产经营的需要，部分生产经营活动难以正常进行。港口企业要在注重拥有的数量与规模的基础上，更加注重拥有的质量。

2. 控制能力

控制能力主要是指港口企业对资源的控制与协调，包括资源控制与整合、市场控制与整合、客户控制与整合、金融控制与整合等，如港口对铁路、公路的控制以及对货源的控制等。港口企业如果既能纵向控制供应链上下游的货源，又能横向控制其他企业的资源，则能在不增加大规模投入的情况下，为客户提供更好的服务，实现企业的可持续发展。港口企业必须不断加强自身的控制能力，否则即使拥有大规模的资源，也会被其他上下游企业控制。港口企业需实现物流、资金流、信息流和贸易流的有效统一，不断提升在供应链体系中的影响力和话语权，最终实现对供应链全过程的控制，使供应链运作达到最优，从而降低经营风险，转变盈利模式，提高利润水平。

3. 服务能力

服务能力主要是指港口企业为客户提供服务的水平，包括传统的装卸服务、物流服务、贸易服务、金融服务、信息服务以及供应链一体化服务。港口企业需改变传统“坐地收钱”的服务模式，以客户为中心，大力发展物流＋金融、物流＋贸易、物流＋信息的服务模式，扩大高端增值服务的发展，进一步提高服务客户的能力。

4. 创新能力

创新能力主要是指港口企业为适应社会、经济、政治、科技、环保等外部环境变化和全球供应链理念下的客户需求，以创新意识为引领，为客户提供融货物流、商流、信息流和资金流于一体的综合服务。创新能力包括观念创新、能力创新、组织创新、管理创新、科技创新、风控创新等。港口提升创新能力不仅能令企业适应国内外的宏观经济环境，还能主动引领行业发展的趋势，促进企业竞争力的提升。

二、基于四大能力的港口核心能力评价指标体系

（一）评价指标体系设计基础和设计原则

1. 设计基础

根据供应链转型与创新模式下的港口四大核心能力内涵，在设计港口核心能力指标体系时，着重采用三级评价指标体系方法，选取拥有能力、控制能力、服务能力和创新能力等 4 个方面为一级指标，同时综合分析 4 个一级指标所涵盖的若干二、三级指标，其中：拥有能力评估企业对各种资源的拥有情况；控制能力评估企业对资源、市场、客户以及资源的控制能力；服务能力评估涉及物流、贸易、金融、信息、主业以及综合服务；创新能力评估企业不断为客户提供具有经济价值、社会价值、生态价值的新思想、新理论、新方法、新模式的能力。

2. 设计原则

（1）科学性。科学性是构建基于四大能力的港口核心能力评价指标体系的首要原则。该原则坚持科学发展、统筹兼顾的原则，要求把握港口竞争与发展规律，根据港口四大核心能力的内涵，采取观测、评议等科学方式确立定性或定量指标，客观地反映港口向供应链转型与创新的核心能力所具备的状态，结合国内外港口核心能力的定性调查研究，从多个侧面进行港口四大核心能力的衡量，不夸大亦不压缩指标体系，以便得出高效用的评价指标体系。

（2）系统性。系统性是港口向供应链转型与创新的核心能力评价指标体系的核心原则。该原则要求在实际制定港口核心能力评价体系时，坚持整体意识、全局理念，紧密围绕港口供应链这一整体系统，综合显示港口企业的上下游各要素相互影响、作用的方式、方向和强度等全方面的内容。港口核心能力的评价指标体系是基于物流、商流、信息流和资金流等多因素的综合评估。

（3）可行性。可行性是港口向供应链转型与创新的核心能力评价指标体系的基本原则。该原则是研究理论与实践操作的结合点，有些指标虽然很合适，但是不

容易获取，实践操作和研究资料的采集就不切实可行，缺乏可操作性，因此指标体系的设计、编制必须确认是否具有简单、有效、系统、整体、实用以及能够重复检验等特性。

(4) 定性与定量相结合。定性与定量指标都是基于四大能力的港口核心能力评价指标体系的评判工具，两类指标交互使用能最大程度地评估反映港口的核心能力。当然，为了便于数据处理、运算以及量化关键因素指标，可适当使用较多的定量指标并辅以较少的定性指标。对于统计数据缺乏连续性的重要指标，应及时向港口供应链领域的有关专家咨询。

(二) 评价指标体系的指标选取

依据科学性、系统性、可行性、定性与定量相结合原则，参照供应链转型与创新模式下的二级评价体系，收集相关资料，借鉴发达国家经验，参考国内先进港口实例以及咨询港口、航运、经济、物流等相关领域专家，通过单项综合分析、咨询反馈等方式，筛选内涵丰富且相对独立的指标构成具体评价指标体系，拓宽二级评价指标体系至三级评价指标体系，详细阐述二级指标下涵盖的各因素(三级指标)的影响。

1. 拥有能力指标

1) 生产资源指标

港口生产资源指标主要由港口基础设施指标、港口设备指标和港口作业指标等 3 个指标构成，适宜于描述港口企业对资源拥有的程度，其中以定量指标为主，辅以少量的定性指标。

(1) 港口基础设施指标。港口基础设施指标由港口数量、港区面积、港区岸线长度等 9 个定量指标和码头种类这 1 个定性指标构成，主要考查港口企业对于港口、码头、泊位等基础设施的拥有量和设计能力(见表 2-7)[26]。

表 2-7　港口基础设施指标一览

指标	单位	意　　义
港口数量	个	报告期末港口的实际数量
港区面积	km^2	报告期末港区的实际面积，包括水域和陆域面积
港区岸线长度	m	报告期末港区陆域和水域毗邻地段的实际长度，包括码头、护岸和自然岸坡等
码头个数	个	报告期末投入使用的位于江、河、湖、海边，供船舶系靠、装卸货物和上下旅客的构筑物的实际数量
深水码头个数	个	报告期末深水码头的实际数量

(续表)

指标	单位	意　　义
码头通过能力	万 t(万 TEU,万人次,万辆次)/年	一个码头在报告期内可供靠泊船舶所载货物(旅客)的额定数量,即设计或核定通过能力
泊位个数	个	报告期末泊位的实际数量
靠泊能力	万 t	在当地设计低水位时,泊位所能靠泊并进行装卸货物、上下旅客等正常作业的最大满载船舶的载重吨级
泊位通过能力	万 t(万 TEU,万人次,万辆次)/年	一个泊位在报告期内可供靠泊船舶所载货物(旅客)的额定数量,即设计或核定通过能力
码头种类		按货物种类分为集装箱码头、件杂货码头、液体石化码头、原油码头、散货码头和多用途码头等

(2) 港口设备指标。港口设备指标是基于港口机械、港务船舶、装卸机械运用以及机车和车辆等 4 个方面综合考虑的,选取装卸机械数量、港务船舶数量、机车数量和日历台时等 10 个指标,定量考查港口企业于报告期末拥有的港口设备(见表 2－8)[27]。

表 2－8　港口设备指标一览

指标	单位	意　　义
装卸机械数量	台(辆)、负荷能力(t,t/h)	报告期末带有动力的装卸机械的实际数量
装卸机械负荷能力	万 t	报告期末装卸机械中单机的最大负荷能力
输油臂数量	台、组	报告期末港口用于装卸散装原油、成品油、石油气等输油臂的实际数量
港务船舶数量	艘、吨位、功率	报告期末港务船舶的实际数量
港务船舶登记总吨	吨位	报告期末按船舶总容积吨计算的吨位数量
港务船舶总载质量	万 t	报告期末港务船舶达到设计满载吃水时可载运的质量,包括货物、船用燃料及淡水等
机车数量	台	报告期末港口拥有的铁路机车数量
日历台时	台时	报告期内装卸机械在册日历小时数,包括完好台时和非完好台时
工作台时	台时	报告期内装卸机械在完好台时中实际进行装卸作业及其辅助作业的台时数
台时产量	t/台时、TEU/台时	报告期内装卸机械单位装卸作业台时的作业量

(3) 港口作业指标。港口作业指标反映货物装卸、集疏运、货物(旅客)吞吐量等 3 个方面的生产情况,包含装卸量、集疏运量、货物吞吐量、集装箱吞吐量等 11 个指标,考查报告期内港口作业的各个环节(见表 2-9)[28]。

表 2-9 港口作业指标一览

指标	单位	意 义
装卸量	万 t,万 TEU	报告期内进、出港区范围并经过装卸的货物数量
操作量	万 t	报告期内完成“一个完整操作过程”的货物数量
装卸自然吨数	万 t	报告期内进、出港区范围并经过装卸的货物自然吨数量
操作系数		报告期内货物的操作量与装卸自然吨数的比值
疏运量	万 t,万 TEU	报告期内离港货物的实际装货数量
集运量	万 t,万 TEU	报告期内到港货物的实际卸货数量
集装箱海铁联运运量	TEU	报告期内集装箱海铁联运的总量
集装箱海铁联运比例	%	报告期内集装箱海铁联运运量占港口集装箱吞吐量的比例
货物吞吐量	万 t	报告期内经由水路进、出港区范围并经过装卸的货物数量
集装箱吞吐量	箱,TEU,t	报告期内经由水路进、出港区范围并经过装卸的集装箱数量
旅客吞吐量	人次	报告期内经由水路乘船进、出港区范围的旅客数量

2) 人力资源指标

人力资源是港口企业赖以存在、发展的重要资源,针对该类资源的评价指标以定性为主,基于基层员工、管理层员工的学历、技术职称、管理职称等情况,辅以从业人数、在册人数、人均创收、员工流动性等 4 个指标,定性考查报告期末港口企业人力资源的详细态势(见表 2-10)。

表 2-10 人力资源指标一览

指标	单位	意 义
从业人数	人	报告期末从事港口生产经营活动的人员数量
在册人数	人	报告期末港口企业登记在册的企业员工数量
学历		报告期末港口企业从业人员的受教育程度,包括初中、高中、中专、大专、本科、硕士及以上

（续表）

指标	单位	意　　义
技术职称		报告期末从业人员的技术职称结构，包括初级工、中级工、高级工、技师和高级技师
管理职称		报告期末港口企业从业人员的职称结构，包括初级、中级和高级
年龄		报告期末港口企业员工的年龄层次，包括30岁以下、29～39岁、40～49岁、50～54岁、55岁以上
人均创收	万元/人	报告期内港口企业在册人员平均每人创造的收入数额
员工流动性	%	报告期内港口企业员工（离职或新进）与港口企业在册人数的比率

3）金融资源指标

金融资源指标主要分析港口供应链中从事金融业务的机构数和金融规模，通过航运金融机构数量、船舶融资额、授信总额、航运基金数量等8个定量指标进行具体研究（见表2-11）。

表2-11　金融资源指标一览

指标	单位	意　　义
航运金融机构数量	个	报告期末从事航运金融活动的机构数量
从业人数	人	报告期末从事航运金融活动的人员数量
船舶融资额	万元	报告期内造船企业或船舶所有人通过政府贷款、商业银行贷款、债权融资和股权融资等途径所获得的船舶融资金额
融资租赁公司企业数	个	报告期内具有融资租赁资格并从事融资租赁活动的企业数
船舶融资租赁额	万元	报告期内从事融资租赁所获得的船舶融资金额，按融资方式分为经营租赁、融资租赁等
授信总额	万元	报告期内从事融资租赁所获得的授信金额，按融资方式分为经营租赁、融资租赁等
航运基金数量	个	报告期内已投资设立的航运基金的数量
航运基金融资规模	万元	报告期内通过航运基金融资所筹集的金额

4）品牌资源指标

品牌资源指标是衡量港口企业市场份额和营销能力2个维度的指标，选取市场占有率、市场渗透率、市场覆盖率和品牌忠诚度等4个定量指标，同时考虑品牌知名度、品牌美誉度、品牌传播能力等3个定性指标，综合分析港口企业品牌资源状况(见表 2 - 12)。

表 2 - 12 品牌资源指标一览

指标	单位	意　　义
市场占有率	%	报告期内港口企业产值与港口群内所有港口企业总产值的比率
市场渗透率	%	报告期内选择该港口企业的客户数与选择所有港口企业的客户总数的比率
市场覆盖率	%	报告期内港口企业提供服务的密度
品牌知名度		报告期内客户对港口企业的熟悉程度,包括未提示状态下的知名度(a_1)和提示状态下的知名度(a_2),$a=na_1+(1-n)a_2$
品牌美誉度		报告期内客户对港口企业服务在品质上的整体印象,按照品牌美誉度档次分为最好、较好、一般、较差以及最差
品牌忠诚度	%	报告期内港口企业频繁提供服务的客户数量与港口企业的所有客户数量的比率
品牌传播能力		报告期内港口企业广告投入费用、公共关系影响力

2. 控制能力指标

1) 资源控制指标

资源控制是指港口企业合理、有效地控制、利用每一项现有的内部资源,以最少资源获取利润最大化。为了分析港口企业对资产投资的理性程度和企业资源效用程度,选取总资产周转率、流动资产周转率等内部资源控制指标进行评判(见表 2 - 13)。

表 2 - 13 资源控制指标一览

指标	单位	意　　义
公司规模	万元	报告期内港口企业总资产的数量
总资产周转率	%	报告期末港口企业收入净额与平均资产总额的比率
流动资产周转率	%	报告期末港口企业收入净额与流动资产平均余额的比率
营运资金周转率	%	报告期末港口企业收入净额与营运资金平均余额的比率

2) 市场控制指标

市场控制是指港口企业合理、有效地利用资金、平台等优势,同时避免国家政策、法律法规等外部因素对于港口企业的不利影响,从而达到对于同一行业市场的控制程度，以获取港口企业自身利润的最大化。选取参(控)股港口数量、物流资源集中度、税收政策、信息平台整合能力等7个市场控制指标进行评析(见表2-14)。

表2-14　市场控制指标一览

指标	单位	意　义
参(控)股港口数量	个	报告期末港口企业参(控)股周边港口、企业的数量
参(控)股比例	%	报告期末港口企业参(控)股周边港口、企业的比例
物流资源集中度		报告期内港口物流资源的分散或集中程度
税收政策		报告期内国家(地方)税收政策对港口企业影响的强弱程度
法律法规		报告期内法律法规对港口企业影响的强弱程度
产业政策		报告期内国家产业政策对港口企业影响的强弱程度
信息平台整合能力		报告期内信息平台整合能力对港口企业市场控制影响的强弱程度

3) 客户控制指标

客户控制指标由港口企业的国内客户数、国外客户数、客户性质、客户意见处理率、客户满意度以及客户投诉数量等6个指标构成，其为港口企业用于维护客户的关键评判指标。该指标的重点在于衡量客户对于港口企业提供的服务的建议(包括满意与不满意)以及对于客户投诉的处理效率和处理数量(见表2-15)。

表2-15　客户控制指标一览

指标	单位	意　义
国内客户数	个	报告期末与港口企业有合作项目的国内客户企业数量
国外客户数	个	报告期末与港口企业有合作项目的国外客户企业数量
客户性质		报告期末与港口企业有合作项目的企业，按照供应链环节分为贸易流、物流、信息流和资金流企业
客户意见处理率	%	报告期内已处理的客户意见件数占收到的客户意见总件数的比率
客户满意度		报告期末客户对港口企业提供的产品(服务)的满意程度
客户投诉数量	件	报告期内客户提出对港口企业提供的产品(服务)不满意的次数

4) 金融控制指标

金融控制指标由公司信用、公司网站的建立与更新、股东大会以及信息披露等4个定性指标构成，用以评判港口企业在报告期内通过金融即股票融资方式构建与投资者的关系活动(见表2-16)。

表 2-16　金融控制指标一览

指标	意　　义
公司信用	报告期内港口企业的信用可靠程度，采用可持续增长率公式计算，即港口企业收入变化额与报告期内公司收入的比率
公司网站的建立与更新	报告期内港口企业建立网站开展投资者关系活动，及时更新网站，保障与投资者流畅的沟通
股东大会	报告期内股东、投资者参与公司决策的主要方式
信息披露	报告期内港口企业为投资者提供及时、有效的信息，减少信息不对称

3. 服务能力指标

1）装卸服务指标

装卸服务指标主要考量装卸设备数和装卸效率，由集装箱装卸岸桥台数、装卸机械效率、船箱位准确率、作业辆次数、到港车辆数、日均装卸车数以及平均每作业辆次装卸货物数量等 7 个定量指标构成(见表 2-17)。

表 2-17　装卸服务指标一览

指标	单位	意　　义
集装箱装卸岸桥台数	台	报告期末集装箱码头上的岸桥数量
装卸机械效率	TEU/h	报告期内装卸机械平均每小时装卸的集装箱换算箱数
船箱位准确率	%	报告期内港口码头企业装船的优劣，即出口装船中堆位准确的重箱箱数占总重箱箱数的比例
作业辆次数	辆次	报告期内货车装车和卸车的实际数量
到港车辆数	辆次	报告期内由铁路局送至港口铁路专用线的货车车辆的数量
日均装卸车数	辆次/天	报告期内平均每天装卸的车辆数，即作业车辆数与日历天数的比率
平均每作业辆次装卸货物数量	t/辆次	报告期内平均每辆在港作业车辆装卸货物的数量

2）仓储服务指标

仓储服务指标主要衡量港口企业的仓储服务能力和效率，从库场面积、库场有效面积、库场容量、平均堆存能力、库场通过能力、库场利用率、容量周转次数等 7 个定量指标进行考查(见表 2-18)。

表 2-18 仓储服务指标一览

指标	单位	意 义
库场面积	m^2	报告期末库场内部的总面积
库场有效面积	m^2	报告期末库场面积中实际可用于堆存货物的面积
库场容量	t,TEU	报告期末库场最大安全堆存货物的数量
平均堆存能力	t/天,TEU/天	报告期内平均每天拥有的仓库、堆场的货物堆存能力
库场通过能力	t,TEU	报告期内库场所能堆存的货物数量
库场利用率	%	报告期内平均每天堆存货物数量与库场平均堆存能力之比
容量周转次数	次	报告期内仓库、堆场容量平均堆存货物的次数

3）物流服务指标

物流服务指标主要衡量港口企业所在港区的从事物流服务的单位、人员数量以及物流服务业务量，具体包含8个定量指标，即企业数量、港口物流从业人数、保税港区个数、保税港区封关面积、保税港区从业人员、出口集拼业务量、中转集拼业务量以及采购配送量（见表2-19）。

表 2-19 物流服务指标一览

指标	单位	意 义
企业数量	个	报告期内从事港口物流活动的企业数量
港口物流从业人数	人	报告期内从事港口物流活动的从业人员数量
保税港区个数	个	报告期内经国务院批准，设立在国家对外开放的口岸港区和与之相连的特定区域内，具有口岸、物流、加工等功能的海关特殊监管区域的数量
保税港区封关面积	m^2	报告期内保税港区所达到的封关面积
保税港区从业人员	人	报告期内保税港区企业的从业人员数量
出口集拼业务量	万元	报告期内在保税港区开展集装箱出口集拼业务的数量
中转集拼业务量	万元	报告期内在保税港区对水水中转的货物开展集装箱装卸、堆存、拆拼、多式联运等活动的业务量
采购配送量	万元	报告期内在保税港区运用“保税-滞后纳税”为特征的分拨运作模式，将区内商品销售到国内和国际市场的数量

4）贸易服务指标

贸易服务指标主要衡量港口企业所在港区的从事贸易服务的单位、贸易结构以及贸易商品数量，具体包含8个指标，即企业数量、贸易从业人数、贸易金额、贸易商品数、贸易结构、货船种类、营运船舶数以及货物堆存数量，其中贸易结构和货船种类为定性指标(见表2-20)。

表2-20　贸易服务指标一览

指标	单位	意　　义
企业数量	个	报告期内从事国际、国内贸易活动的企业数量
贸易从业人数	人	报告期内从事国际、国内贸易活动的从业人员数量
贸易金额	万元	报告期内国际、国内贸易活动的数额
贸易商品数	万t,万TEU	报告期内国际、国内贸易活动的商品数量
贸易结构		报告期内国际、国内贸易的具体贸易种类，包括商品贸易和服务贸易
货船种类		报告期内按船舶运输的货物分为杂货船、散货船、集装箱船、滚装船和液货船等
营运船舶数	艘	报告期末技术状况完好可以为国际、国内贸易服务提供运输工作的船舶数
货物堆存数量	TEU	报告期内在集装箱场站中的集装箱所存储货物的实际数量

5) 金融服务指标

金融服务指标主要衡量港口企业所在港区的从事金融服务的单位、融资数额以及金融产品数量，具体包含8个定量指标，即企业数量、金融从业人数、期货保税交割量、保税交割仓库运营商数量、港口物流融资额、外汇试点单位个数、航运交易产品数以及航运保险公司数(见表2-21)。

表2-21　金融服务指标一览

指标	单位	意　　义
企业数量	个	报告期内从事港口供应链金融服务的企业数量
金融从业人数	人	报告期内从事港口供应链金融服务的从业人员数量
期货保税交割量	万元	报告期内在保税港区将处于保税状态下的货物纳入交割系统的数量
保税交割仓库运营商数量	个	报告期内对保税交割仓库进行管理、操作的企业数量
港口物流融资额	万元	报告期内金融机构为港口物流企业提供的融资金额

（续表）

指标	单位	意　　义
外汇试点单位个数	个	报告期内探索组合型转口贸易模式下的外汇收付、结算、开展跨国企业资金收付集中管理试点单位数
航运交易产品数	个	报告期内可供交易的航运产品数量
航运保险公司数	个	报告期内从事航运保险经营活动的航运保险公司的数量

6）信息服务指标

信息服务指标主要衡量港口企业所在港区的从事信息服务的机构以及信息服务产品，具体包含6个定量指标，即航运信息与咨询机构数量、信息服务从业人数、承接项目数、航运期刊数、航运期刊发行量以及航运网站（见表2－22）。

表2－22　信息服务指标一览

指标	单位	意　　义
航运信息与咨询机构数量	个	报告期内从事航运信息与咨询经营活动的企业数量
信息服务从业人数	人	报告期内从事航运信息与咨询经营活动的从业人员数量
承接项目数	项	报告期内航运信息与咨询机构承接的咨询项目数
航运期刊数	种	报告期内发行的反映航运动态的期刊数
航运期刊发行量	份	报告期内所发行的航运期刊的数量
航运网站	个	报告期内与航运业密切相关的网站数量

7）综合服务指标

综合服务指标主要衡量港口企业所在港区的从事综合服务的机构数量，具体包含7个指标，即解决海事争议机构数、受理一审案件数、平均审理天数、航运科研机构数量、技术成果转让收入、教育机构数以及航运培训机构数（见表2－23）。

表2－23　综合服务指标一览

指标	单位	意　　义
解决海事争议机构数	个	报告期内处理海事争议的机构数
受理一审案件数	件	报告期内法院受理的一审案件数量
平均审理天数	天	报告期内法院从案件受理到案件审结需要的平均时间
航运科研机构数量	个	报告期内从事航运科研活动的企业数量

(续表)

指标	单位	意　　义
技术成果转让收入	万元	报告期内科研单位通过技术成果转让获得的收入
教育机构数	个	报告期内在教育部注册从事航运教育活动的教育机构
航运培训机构数	个	报告期末从事航运培训活动的机构数量

4. 创新能力指标

1) 观念创新指标

观念创新指标是衡量港口企业创新能力的指标，主要由港口企业家创新观念、港口企业员工创新观念以及观念交流会等 3 个指标构成，其中港口企业家创新观念和港口企业员工创新观念是定性指标，量化较为不易(见表 2-24)。

表 2-24　观念创新指标一览

指标	单位	意　　义
港口企业家创新观念		报告期内港口企业家所具有的创新观念
港口企业员工创新观念		报告期内港口企业员工所具有的创新观念
观念交流会	次	报告期内港口企业举办的创新思维研讨交流会的次数

2) 能力创新指标

能力创新指标由港口企业所获专利数、获奖成果数以及学术会议数等 3 个定量指标构成，主要衡量港口企业的创新能力(见表 2-25)。

表 2-25　能力创新指标一览

指标	单位	意　　义
所获专利数	项	报告期内港口企业科研人员在科研过程中所获取的专利数量
获奖成果数	项	报告期内科研单位从事科研活动获奖的数量
学术会议数	场次	报告期内科研单位主办的学术会议数量

3) 组织创新指标

组织创新指标由港口企业管理层素质、现代企业制度接受度、港口企业文化凝聚力以及港口企业各部门计算机普及率等 4 个定性指标构成，主要衡量港口企业于组织层面的创新能力(见表 2-26)。

表 2-26　组织创新指标一览

指标	意　　义
港口企业管理层素质	报告期内港口企业管理层的素质，代表企业进行组织创新的可能性
现代企业制度接受度	报告期内港口企业员工对建立现代化企业制度的认可程度
港口企业文化凝聚力	报告期内港口企业的文化对员工的凝聚程度
港口企业各部门计算机普及率	报告期内港口企业组织信息化的重要衡量依据

4）管理创新指标

管理创新指标由知识产权的管理能力、信息管理能力、港口企业协调能力以及创新平台等 4 个指标构成，主要衡量港口企业于管理层面的创新能力，其中创新平台是定量指标，以港口相关的产、学、研的合作比率表示（见表 2-27）。

表 2-27　管理创新指标一览

指标	单位	意　　义
知识产权的管理能力		报告期内港口企业对知识产权的管理能力，特别是对无形资产的管理能力
信息管理能力		报告期内港口企业员工对信息的获取和处理能力
港口企业协调能力		报告期内港口企业对内、对外的协调能力和应对机制
创新平台	%	报告期内港口相关的产、学、研的合作比率

5）科技创新指标

科技创新指标由港口企业科研人员比重、港口企业研发投入比、港口企业产品附加值以及港口科研成果转化率等 4 个定量指标构成，主要衡量港口企业于科技层面的创新能力（见表 2-28）。

表 2-28　科技创新指标一览

指标	单位	意　　义
港口企业科研人员比重	%	报告期末港口企业科研人员对港口企业在册人数的占比
港口企业研发投入比	%	报告期末港口企业投入科研经费与收入的比率
港口企业产品附加值	万元	报告期内港口企业提供的产品成本与售价的差值
港口科研成果转化率	%	报告期内投入港口生产的科研成果与总科研成果的比值

(6) 风控创新指标

风控创新指标由风险管控从业人数、风险管控课程培训以及风险回避能力等3个指标构成,主要衡量港口企业于风险管控层面的创新能力(见表2-29)。

表2-29 风控创新指标一览

指标	单位	意　义
风险管控从业人数	人	报告期末港口企业从事风险管控的员工人数
风险管控课程培训	次	报告期内港口企业对港口员工进行的风险管控课程培训数量
风险回避能力		报告期内港口企业对风险回避的能力

(三) 评价方法综述

核心竞争力评价是国内外的研究热点之一,主要利用模糊综合评价法、主成分分析法、灰色关联度分析法、结构方程模型以及综合指数分析法等定量方法加以深入研究。

1. 模糊综合评价法

1) 基本思想

模糊综合评价法是指运用模糊集合论对具有多重属性或其总体受多种因素影响的事物,给出科学合理评判的方法。影响事物的属性或者因素具有多层次、模糊性、定量性的特征,因此可选用模糊综合评价法进行评价。

2) 操作步骤

(1) 建立评价因素集或指标集,即以影响评判对象的各因素为元素组成的集合。

(2) 建立评价等级(评判集),即评判者对评判对象可能作出的各种评判结果,如优、良、中、一般、差。

(3) 确定指标权重集。

(4) 建立模糊评价矩阵,即由因素集到评判集的模糊映射。

(5) 建立模糊综合评价模型,得到定量的模糊综合评价结果。

2. 主成分分析法与因子分析法

主成分分析法的实质是降维,其通常运用于评价指标过多或存在信息重叠的情况,即指标间存在着多重共线性问题。该方法通过对解释变量提取互不相关的主成分,将多个指标综合为少数几个指标,达到消除多重共线性的目的。

因子分析法是主成分分析法的推广和发展。该法将具有错综复杂关系的变量综合为数量较少的几个因子,并且选取不同因子进一步对变量进行分类。因子分析法把相关性较强的自变量综合在一起,各因子彼此独立,尽可能取小残差绝对值和大累计方差百分比，使之既克服共线性的干扰，又能够充分利用原有的信息。

3. 灰色关联度分析法

1）基本思想

灰色关联度分析法是指根据因素之间发展态势的相似程度来衡量因素间关联程度的方法。该方法对样本量没有严格的要求，不要求数据服从任何分布，是对灰色系统理论的深入。

存在于社会、经济等系统中的组织核心竞争力综合评价具有明显的层次功能的复杂性、结构关系的模糊性、动态变化的随机性以及指标数据的不完全性和不确定性，具备灰色系统的特征，因此可以采用灰色系统理论进行综合评价。

2）操作步骤

（1）建立综合评价指标。

（2）制定二级评价指标的分级评分标准并赋值。

（3）确定一、二级指标的权重。

（4）评价者评分并建立评价样本矩阵。

（5）确定评价灰类并计算灰色评价系数。

（6）计算灰色评价的权向量和权矩阵。

（7）对一级指标进行评价。

（8）根据一级指标评价值及对应的灰色权矩阵对组织核心竞争力进行综合评价并排序。

4. 结构方程模型

结构方程模型是20世纪70年代出现的多元统计分析方法，利用潜变量来表示心理学、社会学、管理学、行为科学以及医学等领域中不能准确或直接测量的概念，如管理学中经常遇到的个人的成就感、企业的品牌意识、某一观念的社会认同感等。通过为难以直接测量的潜变量设定可以用于统计分析的观测变量，用观测变量之间的关系来研究潜变量之间的关系，不仅可以估计测量过程中的误差，还可评价测量效度。

5. 综合指数分析法

1）基本思想

综合指数分析法是指通过一定的计算程序，综合多个指标的报告期数据（或监测数据）和基准期数据（或标准数据）的信息，定量地表达几个指标的综合平均变化程度。

2）操作步骤

（1）选择指标。

（2）确定评价指标的权重：既要求一级系统的权数之和为1，又要求各子系统内部各项目之和为 1。

（3）计算各子系统的综合平均指标：对于正指标，直接用其报告期与基准期对比；对于逆指标，先求其倒数值，然后用上述方法进行对比，算出“个体指标”并进行加权平均，得出子系统综合评价的平均指数。

（4）对各子系统的平均指数进行加权平均，求出综合平均指数，依据综合平均指数的高低进行核心竞争力的评价。

第三节　港口向供应链转型与创新的基本模式

一、港口转型与创新基本模式

港口转型在功能维度层面主要是从传统集散型港口向物流型、综合型港口转变，在范围维度层面主要是从传统腹地型港口向区域型、全球型港口转变，如图 2－30 所示。

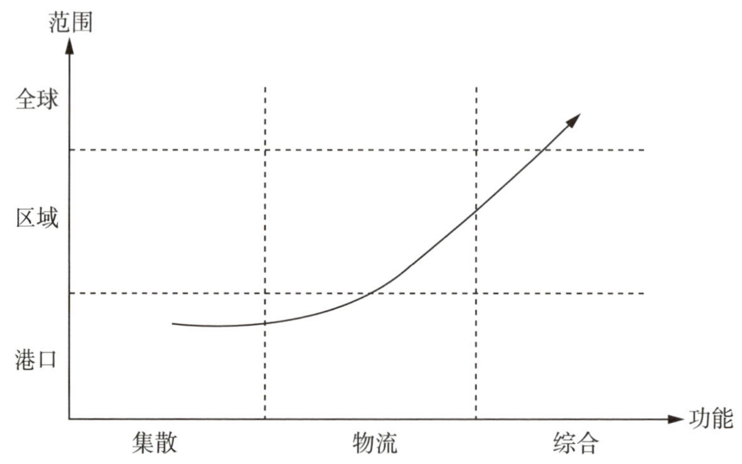

图 2－30　港口转型的维度

港口传统功能主要包括：货物集散功能，即港口最基本和核心的功能；全程物流功能，即门到门运输服务。

港口转型与创新应朝着全球供应链功能的方向发展，重点拓展全程物流功能和综合服务功能。在物流增值服务功能方面，应引入全球供应链理念，以强大的港口货物集散能力为依托，利用统一的港口物流服务平台，创新性地为客户提供基于物流链的，融货物流、信息流和资金流于一体的全方位综合服务。

港口转型与创新还应向港产城一体化方向发展，主要包括临港产业功能和自由贸易功能。临港产业功能是指港口深水岸线及后方区域的开发利用，有助于临港产业改善运输条件、降低物流成本，同时也可为临港产业的发展提供广阔的聚集发展空间。自由贸易功能是指港口与自由贸易区的结合日趋紧密。

二、全程物流模式

全程物流模式是指基于港口和内陆集疏运网络，向客户提供全方位、高时效、高质量、低成本、可订制的货物运输、储存、采购、装卸搬运、包装、流通加工、配送等方案，实现货物从供应地向接收地的实体流动。其主要发展方向：推进无水港建设，拓展港口服务区域；结合腹地区位特点，强化海铁联运；立足珠江、长江、渤海湾等水域，发展水水中转。

(一) 推进无水港建设，拓展港区服务区域

目前，集疏运网络的便利性和全程物流组织的高效性使港口腹地不断向内陆延伸，并促使部分传统的港口服务向内陆区域转移，由此出现港口区域化的发展趋势，同时也让港口经济活动和物流活动变得更加复杂。随着港口区域化的影响日趋扩大，无水港的概念逐渐受到人们的关注。所谓无水港，就是指一个在内陆进行联合运输的终端中心，与海港之间拥有足够通过能力的运输方式、高效率的铁路，以保证客户在无水港提货、送货时如同在海港一般；此外，还有一个更加广泛的定义，即无水港是一个位于内陆地区的“港口”，作为一个工业/商业区域，与一个或多个海港通过铁路、公路或内河运输进行联系，为内陆与海外目的地之间提供专业化的服务。

无水港的运作模式如图 2－31 所示[29]。

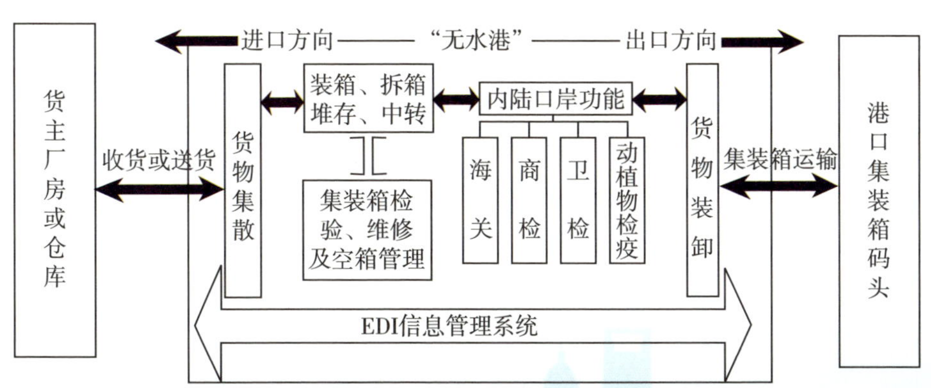

图 2－31　无水港的运作模式

实践证明，无水港在提供良好全程物流服务方面，具有以下重要作用[30]。

1. 马德里无水港成为物流平台重要组成部分

建于 2003 年的欧洲最大的无水港——马德里无水港，与阿尔赫西提斯、巴塞罗那、巴伦西亚和毕尔巴鄂等 4 个西班牙主要港口相连，通过不同的航线为货物运输提供方便的海上通道。因此，马德里无水港也成为西班牙马德里物流平台的重要组成部分。

2. 弗吉尼亚无水港修建分销中心

为了进一步扩大货源，部分无水港在改建、扩建过程中，还吸引一些大型货主公司的参与。例如，美国的弗吉尼亚无水港就在原无水港的基础上集资修建了分销中心，供家得宝公司（美国第二大零售公司）和西斯科公司（美国最大食品公司）使用，以保证稳定的集装箱货源。

3. 伊萨卡无水港提供海铁联运

伊萨卡无水港，由于其为卢旺达和布隆迪的内陆货主提供了海铁联运的综合运输方式，降低了运输时间，节约了综合物流成本。

4. 弗吉尼亚无水港设有专列

弗吉尼亚无水港每周 5 天都有专列，朝发夕至或夕发朝至地往来于无水港与弗吉尼亚港口之间，使弗吉尼亚港口码头平均排队时间由 85 min 降至 13 min，平均等候车辆由 23 辆降低至 5 辆。

5. 无水港促进环保型交通运输

由于环境恶化和能源紧张带来的压力，各国政府在寻找能够整合现有交通网络资源，更高效、更环保地完成货物运输的途径时，将无水港作为促进交通运输方式向环境友好型发展的有效途径之一。例如：俄罗斯的卡卢加无水港就是为了将公路运输转移至铁路而修建的；在瑞典、德国等欧洲国家，无水港也因为能够有效缓解空气污染和节约能源而受到大力支持；澳大利亚则希望通过无水港的建设使其港口的 30%～40%的货物运输由公路转移至铁路。

（二）结合腹地区位特点，强化海铁联运

海铁联运是指进出口货物由铁路运到沿海港口直接由船舶运出，或是货物由船舶运到沿海港口之后由铁路运出的一种运输方式。

海铁联运运作模式如图 2－32 所示[31]。

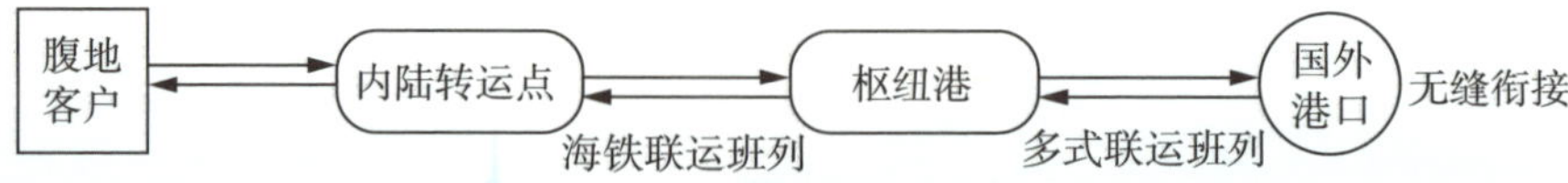

图 2－32　海铁联运运作模式

海铁联运是一种低成本、低能耗的运输方式。在等量运输情况下，铁路、公路、航空的能耗比为1∶9.3∶18.6，而超出公路300 km的经济运距后，铁路较公路运输具有明显的时间和成本优势。以欧美较为成熟的海铁联运模式为例，不计各环节信息共享、电子单证等所节省的行政费用，单就不同集散方式平均节约运输成本便可达三成。因此，海铁联运深受欧美等发达国家和地区的欢迎。

1. 美国

随着与亚太地区(尤其是远东地区)贸易的快速升温，在美国西海岸装卸再转运中、东部地区的货物大幅增长。19世纪80年代美国通过一系列法案消除或缓解了多式联运中的各种操作限制，但巴拿马运河的存在使得美国形成了东西分隔的铁路运输市场。历经多番兼并后，目前由4家实力较强的企业控制全美货运铁路网，并以芝加哥、堪萨斯城、孟菲斯和新奥尔良等内陆点为界，分别提供美国东、西部海港至腹地的运输服务。

1) 洛杉矶港

洛杉矶港是美国最大的集装箱港，位于加利福尼亚州南部的圣佩德罗湾洛杉矶市区南32 km处，是西海岸与亚洲国家贸易活动的重要口岸之一，是美国距离巴拿马运河最近的港口，具有重要的战略地位。洛杉矶是美国3条横贯大陆的铁路干线的起点，并通过南北向铁路与太平洋沿岸各大城市相连，洛杉矶港区内的主要集装箱码头都有铁路线。为将港区与多式联运站及国家铁路网连接起来，洛杉矶长滩港投资24亿美元，采用PPP模式建设阿拉米达通道(2002年4月建成)，长达32 km的铁路线从地下穿越港区，减少200个交叉点，缓解公路的拥堵，降低卡车和列车停留造成的废气排放，使铁路运输时间从数小时缩短到40 min。集装箱在港区卸下后，通过铁路5天可以到达纽约。为提高运输效率，均采用双层集装箱列车，班列使用4辆机车，每列可装载300 TEU。

2) 纽约-新泽西港

纽约-新泽西港有12个铁路车站用于装卸集装箱、汽车等传统货物，车站由加拿大太平洋铁路公司、CSX和Norfolk Southern经营，提供到美国东部和加拿大重要市场的运输服务。港口主要提供完善的码头铁路网络——Express Rail System，服务于主要的集装箱码头。作为美国东海岸最大的集装箱港口，纽约-新泽西港目前的铁路集疏运比例仅为10%左右，集装箱海铁联运的发展主要受铁路基础设施和运输能力的限制。因此，从2003年起，港口当局制订一系列改善铁路集疏运状况的发展计划，力争使铁路集疏运比例增加到25%，以降低高速公路卡车运输的增长，缓解当地高速公路的压力。例如：耗资7 000万美元在伊丽莎白港

区建设多式联运铁路设施，占地面积为 0.7 km^2，年装卸能力为 100 万 TEU，为纽约-新泽西港成为东海岸国际大港奠定坚实基础；新泽西交通部还提出议案准备投资 8 000 万美元以改善当地铁路集疏港设施，提高铁路集疏运比例；在纽瓦克港区半岛建设海铁联运铁路和车站。

2. 欧洲

泛欧洲跨境交通网络（TEN－T）逐渐成形，加强不同运输方式的衔接将显著提升欧洲货运交通的可达性，也为实现覆盖欧洲全境主要城市的海铁联运创造机遇。2013 年，欧盟重新修订了计划至 2030 年建成的核心运输网络，将配有铁路运输线的核心港口数量由 86 个提升至 94 个，并计划将 1.5 万 km 的铁路线升级为高速铁路，进而打造安全、快速、无拥堵的港口铁路集疏运体系。

1）鹿特丹港

鹿特丹港是欧洲最大的集装箱港口，处于欧洲中心的战略性地理位置，有着整个欧洲广阔的内陆腹地，是西欧的商品集散中心，也是世界货运体系的重要枢纽之一。2009 年，鹿特丹港集装箱吞吐量 1 000 万 TEU，铁路集疏运占总吞吐量的 10%。鹿特丹港拥有可以连接大约 30 个目的地的集装箱班列服务，主要有意大利米兰、瑞士巴塞尔、德国法兰克福、瑞典哥德堡、捷克布拉格、波兰霍茹夫等，铁路直接进入码头，港区内有 2 个铁路中转站。2007 年建成的 160 km 长的贝突威铁路货运专线（Betuwe Line）使荷兰鹿特丹港、阿姆斯特丹港与德国西部城市杜伊斯堡紧密连接，集装箱班列可以实现每周 7 天、每天 24 h 的连续运行，货运专线按双层班列设计，年运量可以达到 700 万 TEU，运至比利时和德国只需 12 h，运至捷克、意大利和波兰需要 48 h。

2）汉堡港

德国大力发展多式联运中心站，用于集约化运输组织。汉堡港是欧洲第 2 大集装箱港口，位于德国北部易北河下游、阿尔斯特河与比勒河汇合处，距北海出海口约 120 km。汉堡港港区面积 74 km^2，自由港面积 16.7 km^2，自由港仓储面积超过 100 万 m^2，是世界上最大的自由港。汉堡是德国北部最重要的铁路枢纽之一。汉堡港是传统的铁路港口，长距离运输基本依靠铁路，是欧洲最大的铁路集装箱转运中心。汉堡港所有码头都有铁路，铁路在进出汉堡的长距离运输竞争中占据超过 70%的市场份额，每天大约有 160 列国际国内集装箱班列进出港口，成为欧洲最大的集装箱铁路转运中心。汉堡港成立专门部门负责港区铁路车站、线路的建设和运营，大力加强与码头配套的铁路基础设施建设，在 Maschen 地区建设的编组站，编组能力为每天大约 1 万节车厢，专门服务于汉堡港的集装箱海铁联运。汉堡港 EDI（电子数据交换）中心联接海关、铁路、港口、货代、码头等 200 多家用户，可

以处理200多种与海运有关的电子单证，并用于多种运输方式之间的协作，供货主选择最佳运输方案。

3）安特卫普港

安特卫普港位于汉堡-勒拉佛尔地区港口群最中心的位置，与其他港口相比，几乎所有的欧洲消费和生产中心都在其最短距离范围之内，比利时、荷兰、德国以及法国的阿尔萨斯和洛林等都是它的腹地。安特卫普港是欧洲第2大铁路港口，是多条国际铁路线的终点站，列车1日内可到达欧洲主要经济中心。每天的发、到列车数分别为120列和100列。比利时国家铁路公司下属的B-Cargo公司提供Eurail Cargo定时到发班列运输服务，列车可到达法国南部、西班牙、瑞士、奥地利、意大利和德国南部。近年来，在欧盟的领导下欧洲铁路运输逐步开放，越来越多的私营铁路运营商提供安特卫普港至欧洲各地的铁路运输服务，如DLC，Conliner，Hupac，IRP等公司。激烈的竞争对铁路运输服务质量和运输价格产生积极的影响。超过1 000 km的铁路线将所有的码头与工业区连接起来，占地面积5 km^2 的全自动化铁路货运编组站Antwerp-North是欧洲最大的编组站之一。港区内有多个铁路集装箱中心站，2001年建成的MainHub站年吞吐能力为35万TEU，并预留65万TEU的吞吐能力。

（三）立足珠江、长江、渤海湾等水域，发展水水中转

1. 水水中转成为全程物流模式的重要支撑

水路集疏运已发展成为集装箱运输的重要集疏运方式，而且具有很大的发展潜力。与其他运输方式相比，水路运输具有成本低、安全高效、运能充足、易于扩展以及有利于环境保护等优势。

集装箱水水中转模式的快速发展得益于水路集疏运基础设施的完善和相关技术的进步，如干支相连、四通八达的深水航道网以及集装箱支线运输船舶的专业化、快速化等。

集装箱水水中转集疏运系统的开展有赖于良好的运输服务软环境以及定期的支线港直达海港的集装箱航线。

2. 以港口为核心的运输组织平台形式

港口作为全程物流的重要节点，依托一流的基础设施、先进的信息技术和有效的协调组织，实现整体物流运作组织的一体化（见图2-33）。其主要方向：以港口企业为主体，采取多种方式，控制港口内陆公路和内河集疏运运力，保障港口内陆集疏运体系的顺畅，同时与铁路运输企业合作，强化海铁联运；以打造港口全程物流服务集成平台为依托，以资本运作、信息整合和组织创新为手段，形成全程物流服务相关资源的系统整合，实现全程物流服务链的一体化运营。

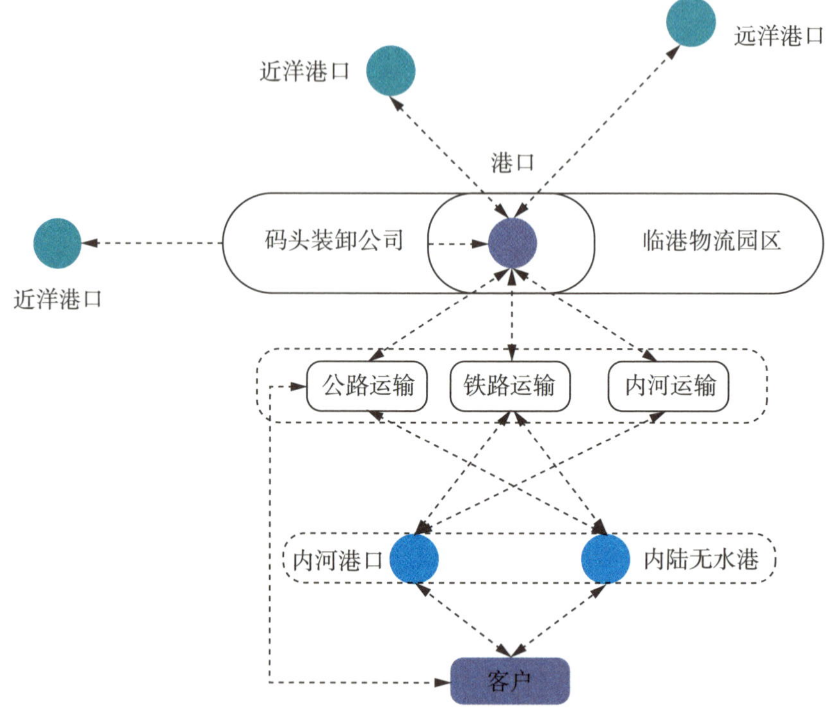

图 2-33 基于港口节点的全程物流服务

三、供应链综合服务模式

(一)“港口+贸易”发展模式

广义的港口物流贸易服务是指依托港口良好的运输条件和便利的口岸环境,设立各种类型的贸易便利区,大力开展转口贸易、加工贸易、分拨配送、保税仓储、中转集拼等国际贸易业务,充分发挥港口作为国际贸易集散中心和全球供应链采购中心的功能,通过“以港孵贸”来凸显现代港口对区域经济和国际贸易的促进作用。

狭义的港口物流贸易服务是指港口企业基于物流链,本着“以贸促流”和“以贸增效”的宗旨,在提供贸易物流服务的同时,通过自主经营、与其他企业合作等途径,开展直营贸易、平台贸易等各类贸易业务,实现传统的物流业务与贸易业务的结合,从而达到扩大企业经营规模、增强企业竞争实力和寻求新的效益增长点的发展目标。

青岛保税港区建有包括青岛国际商品交易所、青岛国际棉花交易市场、青岛国际橡胶交易市场、青岛国际有色金属市场、青岛国金贵金属交易中心、青岛华银贵金属交易中心、青岛集美客国际商品交易中心、山东北方盐化交易市场等在内的

10余家国际交易市场，其中：青岛国际橡胶交易市场发展成为世界第三大天然橡胶交易中心和中国进口橡胶定价中心，橡胶交易价格被海关总署确定为进口胶的一级价格参数；青岛国际棉花交易市场成为华东地区最大的进口棉花交易基地，棉花检测实验室年检进口棉占到全国75%以上[32]。各类市场初步形成了以橡胶、棉花为主的大宗原材料国际贸易市场交易中心，先后推出20#标胶、3#烟片胶、棉花、农产品、尿素、纸浆、白银等交易品种，注册资本累计达6.36亿元，吸引全球超过1万家会员入市交易。2013年，各类市场实现交易量达5 709万t，交易额2 000亿元。

天津最大的国有生产资料流通企业天津物产集团与河北曹妃甸港集团联手，在曹妃甸建立大宗商品交易中心。该交易中心通过天津物产集团大宗电商平台，以钢材贸易为主，引入矿石等品种的交易，扩大完善商流、物流、资金流、信息流的聚合服务功能，助力钢铁行业转型升级，促进京津冀一体化发展。天津物产集团大宗电商平台运行2年以来，交易规模直线上升，截至目前平台已实现交易额960亿元，注册会员已达12 980家，授信总额达300亿元，全国指定交割仓库265个。

由宁波港集团有限公司、宁波开发投资集团有限公司、宁波市国际贸易投资发展有限公司等3家国有企业共同出资组建的甬商所，于2011年8月成立，注册资本为2亿元。

（二）“港口＋信息”发展模式

以信息技术为支撑，通过开发港口综合信息服务平台，在开展港口物流电子商务的同时，实现物流服务资源的组织与整合。

1. 港口综合信息服务平台模式

以港口为信息传送的核心节点，通过整合制造企业、货主、物流企业（码头、船公司、船代、货代、堆场、运输企业、报关行、仓储等）、金融、保险、口岸监管等单位的各种数据和信息资源，建立一体化的供应链电子商务运营平台，在实现商业交易电子化的同时，提供物流服务的网上组织功能。

青岛港配货网为口岸用户建立船期、货盘、运价、仓储、配送、租船等类型信息的发布和检索平台，从而为用户提供更多的交易机会。

厦门港海峡快线平台可以使用户从事与港口物流相关的业务及商务数据的交互处理、费用结算等业务。

营口港电子商务平台包括交易中心、配送中心、金融中心、数据中心、咨询中心、管理中心等六大中心板块，可以为整个东北地区提供综合物流服务及相关信息支持，同时向港口企业、海运船舶、公路车辆实时发布物流配送需求信息并提供对接服务[33]。

宁波的航运电子交易网将船公司的运价、舱位服务、增值服务等信息以电子橱

窗的形式进行展示，提供给有订舱需求的货主；货主可以通过该平台发布的运价、信用资质和评价排名找到能够满足自身需求的服务商。同时，该平台还提供后续交易、结算、查询等一条龙服务[34]。

2. 港口跨境电商服务模式

港口跨境电商服务模式是指线下的港口传统服务功能与线上的跨境电商企业运作的有机融合。

天津港创立了“跨境电商＋国际商品量贩仓＋北美生活体验馆”的 O2O 商业模式，其带来的保税仓直销模式，具有线上电商销售平台和线下实体仓储式电子商务卖场的功能。

宁波保税区跨境电子商务进口业务，积极打造热门海淘商品的集散地和仓储基地，截至 2014 年 12 月，已获海关审批通过的跨境试点电商企业达 117 家(其中有 71 家已实单运行)，商品备案 7 238 条，物流企业 4 家(EMS、顺丰、中通、中国邮政)，仓储企业 2 家(富立、中海贸)。宁波海关累计审批通过跨境贸易电子商务进口申报单 120.8 万票，货值 3.01 亿元，共有来自全国各地 71.6 万名消费者通过跨境平台消费。

唐山曹妃甸中购电子商务有限公司整合电子商务、物流、仓储等多个供应链环节，提供“点到点、门到门”服务，为企业提供电子商务后勤保障服务，服务内容遍及员工的衣食住行到办公所需，依靠其国际国内自由货运船队、大型临港仓储基地，以及现代化的网络平台，为客户提供代运、代储、代销、代发货等服务[35]。

3. 港口物流网上协同服务模式

港口物流网上协同服务模式是指基于规范的信息标准，以港口信息系统为纽带，将货主、船公司、代理、内陆集疏运及口岸单位有机地集成在一起，实现整个港口物流信息的互动、系统集成和数据共享。

青岛港物流业务管理依托于各单位的基础业务系统，实现各业务系统间的信息互动，主要有船舶一站式申报系统、危险品申报系统、国检快速查验系统、集装箱箱体鉴定系统、危险品监管系统、网上对账系统、网上支付系统、在线订舱系统和集中采购系统等。

日照港研发的物流信息电子商务平台具有车辆、条形码、派车单等项目管理和系统管理的功能。货主单位用户可通过平台从日照港生产系统中读取有关货物集疏运计划，并根据计划进行数据查询、网上派车和派车单打印作业；各生产单位用户可以通过平台查询计划来港车辆，并以此为依据提前安排作业机械。同时，该平台具有灵活的权限分配功能，可由系统管理员根据需要实时定义用户权限，以确保信息安全。

(三)"港口＋金融"发展模式

根据物流服务现实需要,设计并提供各类物流金融产品,实现货物流与资金流的有机结合。创新"港口＋金融"的服务模式,重点发展物流仓单金融、物流授信金融、金融信息、贸易融资等业务。深化与金融机构的合作,创新设计具有行业个性化的物流金融产品,拓宽和创新融资渠道。争取银行、信托、金融租赁、第三方支付、基金、证券、期货、保险等金融"全牌照";加快打造以港航为特色的银行、航运保险公司、全国性担保公司等物流综合金融平台;加大对客户的信贷支持力度,打造以物流运作为基础、资金融通服务为保障的特色服务模式。

2010年5月,作为全国港口率先涉足物流金融业务的天津港散货交易市场,组建2年多以来已与77家物流企业建立紧密物流金融业务关系,累计为客商获得近48亿元的融资贷款,监管电煤、焦炭、矿石和木材等大宗商品逾400万t,实现收入1 100万元,为天津港稳固吞吐量850万t。

2011年,龙口港联合当地银行通过打造物流融资支持平台以支持进出口外贸公司,先后获得银行授信55亿元,培育出龙强贸易、淄博天泽燃料油有限公司、南金兆集团、烟台翔宇物资有限公司等近30个客户。港口与各方合作共同开展港口货权质押监管业务,增加港口码头的服务费收入,拓宽盈利渠道。良好的供应链金融生态环境赢得多方的满意,实现多赢、共赢。

2013年,青岛港大宗商品交易中心与中信银行青岛分行合作进一步深化,已经就监管合作、担保模式、系统对接形成了较为完善的方案,将在平台客户批量开发、资金归集等方面探求更多创新,在电子银行、网络银行业务领域与青岛港充分对接,不断实现港口金融的创新。

四、港产城一体化发展模式

依托良好的港口基础设施和港口后方区域的开发利用,重点培育和发展临港工业,使之成为推动区域经济和城市发展的核心增长极,实现对区域经济、城市发展、产业结构和劳动力就业的巨大贡献。大力延伸物流产业链条,推动现代物流业与临港制造业、商贸业、金融业、信息业等相关产业联动发展,推动港产城一体化发展,形成多元产业互相支撑、互相作用、互动促进的良性发展局面。港产城一体化发展模式如图2－34所示。

港产城一体化发展的方向:"港口＋自贸区"发展模式,依托宽松自由的贸易口岸环境,发展高端航运服务产业形态,建设以仓储设施为抓手的贸易便利区;"港口＋产业"发展模式,依托物流服务链,提供与物流服务链密切相关的装备组装、物料加工等产业延伸服务。

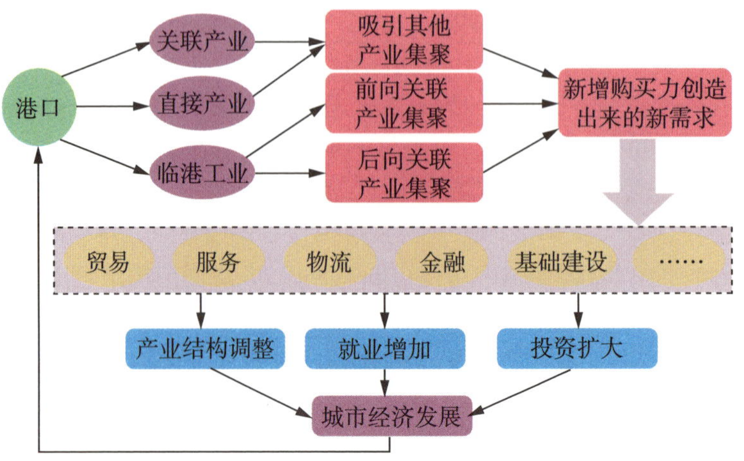

图 2 - 34　港产城一体化发展模式

(一) "港口＋自贸区"发展模式

实践表明：无论是腹地型港口，还是中转型港口，宽松自由的贸易口岸环境是影响港口发展非常重要的因素之一。目前，世界上绝大多数知名港口均采取自由港政策，其具有通关手续与货物进出口程序简便、货物可以在转运口岸自由拆装、转运行政事权统一、货物不需抽查、无海关规费和中转储存免费等优点。此外，从地理区位来看，传统自由港和各类自由贸易区大多处于靠近国际海运航线，基础设施发达，具有一流综合物流服务功能的港口。国内外部分自由港的功能和优惠政策见表 2 - 30。

表 2 - 30　国内外部分自由港的功能和优惠政策

国家/港口	功能和类型	优惠政策	监管方式
中国/香港港	综合性自由港城	资金、商品、人员进出自由，企业经营自由	由保税库授权人管理
新加坡/新加坡港	综合性自由港城	低关税，资金、人员进出自由，没有海关附加税	海关监管，但手续简单
德国/汉堡港	自由港，允许设厂加工	免增值税	由市政府部门管理
荷兰/鹿特丹港	保税港(实际上是自由港)，允许简单加工，货物可无限期存储	资金流动与国外投资没有限制，海关对转口货物通过报关单进行监管	海关不干预，对私人账目定期检查

（续表）

国家/港口	功能和类型	优惠政策	监管方式
也门/亚丁港	自由区或自由港	免15年工商税，资金进出自由，免境外职员收入税，可自由雇佣境外人员	设立管理机构，其具有法人地位
韩国/釜山港	关税自由区，提供适合外国人经营和生活的环境，区内生活供应品免税	免土地占用费（地价10%），对主要产业及3 000万美元以上投资企业免税，简化入境手续	过境货物不必申报
中国/台湾高雄港	自由贸易区，允许经营制造业、物流业	降低增值税率，聘用境外人员比例在60%以内，对境外人员工资不限制	港口自行报关，简化通关手续
英国/利物浦港	自有企业区，允许简单加工，货物可无限期存储	免增值税和其他费用	港口自行管理
阿联酋/迪拜港	自由港区，允许仓储物流、贸易、加工制造业及相关服务业的发展	货物在区内存储、贸易、加工制造，均不征收关税等税收	可随时抽查区内货物，货物从海上进出需向海关申报

在我国，依托港口设立各类自由贸易区，对促进港口发展和实现港口服务功能的转型升级具有重要的推动作用。以上海自贸区为例，成立1年来，区内企业已由设区前的8 000多家猛增到21 233家。2014年1—9月，区内企业完成经营总收入11 680亿元，同比增长11.2%，其中：商品销售额达到10 050亿元，增长11.5%；航运物流服务收入完成880亿元，增长17%；完成进出口额5 661.11亿元，同比增长8.3%，整体增速高于全国平均值8.6个百分点，高于上海4.6个百分点，企业实现利润总额同比增长超过20%。

天津东疆保税港区已成为租赁类企业和涉及汽车、橡胶、快速消费品等商品进出口贸易企业落户的首选之地，产业聚集效应不断扩大，特别是航运、物流、租赁、贸易等4大主导产业项目聚集明显。截至2015年底，东疆保税港区累计注册企业已达1 706家，航运、物流、租赁、贸易及市场类企业占东疆已注册企业的76.9%，税收收入20.23亿元，同比增长119%，外贸进出口额完成119.5亿美元，同比增长124%。

（二）“港口＋产业”发展模式

现代港口在经历了航运中转型、加工增值型、综合资源配置型等阶段后，已经发展成为集商品、资本、技术和信息等要素于一体的世界再生产活动的综合资源配置中心。其中，现代航运服务产业链的培育正日趋成为现代港口服务功能转型升级的重要标志。

新加坡是世界著名的集装箱枢纽港，2011 年集装箱吞吐量达 2 993.7 万 TEU，航线网络遍布全球 123 个国家和地区的 600 多个港口。目前，新加坡的运输和物流产业产值达到 127 亿新币，占全国 GDP 总量的 9.4%；物流企业 9 000 多家，从业人员约 18 万人；全球最大的 40 家航运公司、名列前 25 位的跨国物流企业中 17 家在新加坡设立总部或地区总部。此外，新加坡还成功吸引了波交所、百力马、豪尔·罗宾逊等国际知名航运服务机构的进驻。据统计，新加坡海外航运设立机构达到 120 家，航运保险机构 16 家，航运金融机构 20 家，船舶经纪机构 20 家，法律服务机构 30 家，海事保险金额达 3.2 亿美元；新加坡船舶注册数量 2 667 艘，注册载重吨位 6 728.7 万 t。

香港作为世界著名的集装箱枢纽港，依托宽松的自由贸易政策和低税率的税制政策，大力发展现代航运服务业，并形成以船舶所有人、船舶管理者、船级社和船舶检验局、海事保险、海事法律、船舶融资、船舶经纪、区域/国际性团体和组织、支持性服务机构、船舶注册机构、海事设备和船舶代理机构为构成要素的海事服务中心。据统计，香港海外航运设立机构达 192 家，航运保险机构 92 家，航运金融机构 15 家，船舶经纪机构 50 家，法律服务机构 26 家，船舶经纪从业人员 285 人，船舶经纪交易金额 0.9 亿美元，海事保险金额 2.1 亿美元；香港船舶注册数量达 1 736 艘，注册载重吨位 9 173.3 万 t。

汉堡港作为欧洲重要的枢纽港，与全球 177 个国家和地区的 900 多个港口保持航线联系，全球 35 家大中型集装箱班轮公司在汉堡港设立办事处或航运分公司，1 700 余家小型船公司则在汉堡港派驻航运代表；依托自由港政策，汉堡也逐渐成为欧洲最重要的航运金融城市之一。据统计，汉堡航运融资金额达 1 544.4 亿美元，海事保险金额 14 亿美元；汉堡船舶注册数量为 931 艘，注册载重吨位 1 756.6 万 t。

政 策 篇

◎第三章　港口供应链转型与创新的自贸区政策利用

第三章　港口供应链转型与创新的自贸区政策利用

随着全球自由贸易进程的加快，港口已不再是被动地提供服务的场所，而是货物流动的组织者和策划者。在现代物流发展过程中，港口物流经历了传统港口物流阶段和现代港口物流阶段，目前正向港口供应链阶段发展。港口在国际贸易和物流方面的作用正不断凸显，功能也日益广泛，已从单一的货运生产转变为综合运输体系网络中的核心节点，成为商品流、资金流、技术流、信息流与人才流汇聚的中心，成为全球供应链的重要枢纽。港口应对接自贸试验区制度、政策和平台，通过在投资、贸易、物流、航运、金融、服务等方面进行更加便利化、高水平开放的先行先试，加快港口内商品贸易结构、货物吞吐量和国际中转量、航运系统多方面实力的建设、航运经济和航运服务等领域的发展步伐，促进港口企业向全球供应链企业升级。

第一节　港口供应链转型与创新的自贸区供应链政策体系

自上海自贸区成立以来，海关、国检以及政府其他部门相继出台了多项改革措施，其中与港口供应链发展相关的政策措施主要包括投资开放、贸易便利化和金融创新等 3 个领域，具体政策体系如图 3－1 所示。

一、投资开放领域政策

(一) 投资开放措施

2013 年 9 月，上海自贸区正式开启对外商投资的负面清单管理实践。负面清单管理模式体现了“放权”和“市场化”的改革思路，是在全面深化改革中实施的一项重大改革举措，对于处理好政府与市场关系具有突破性价值和意义。2015 版自贸区负面清单涵盖交通运输、仓储和邮政业等 7 个领域，共有特别管理措施 19 条(见表 3－1)。目前，自贸区服务业进一步扩大开放，开始在物流领域放宽部分行业的外资股比限制，允许外商以独资形式从事国际海运货物装卸、国际海运集装箱站和堆场业务，允许外商独资从事航空运输销售代理业务等。

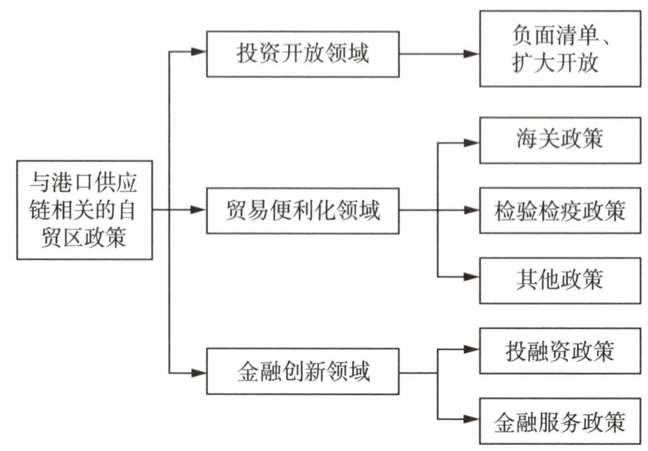

图 3－1　自贸区政策体系框架

表 3－1　2015 版自贸区负面清单对交通运输、仓储和邮政业市场准入的限制[36]

领域	特别管理措施
道路运输	公路旅客运输公司属于限制类
铁路运输	铁路干线路网的建设、经营须由中方控股
	铁路旅客运输公司属于限制类，须由中方控股
水上运输	水上运输公司（上海自贸区内设立的国际船舶运输企业除外）属于限制类，须由中方控股，且不得经营以下业务：①中国国内水路运输业务，包括以租用中国籍船舶或者舱位等方式变相经营水路运输业务；②国内船舶管理、水路旅客运输代理和水路货物运输代理业务
	船舶代理外资比例不超过 51%
	外轮理货属于限制类，限于合资、合作
	水路运输经营者不得使用外国籍船舶经营国内水路运输业务，经中国政府许可的特殊情形除外
	中国港口之间的海上运输和拖航，由悬挂中华人民共和国国旗的船舶经营。外国籍船舶经营中国港口之间的海上运输和拖航，须经中国政府批准
公共航空运输	公共航空运输企业须由中方控股，单一外国投资者（包括其关联企业）投资比例不超过 25%
	公共航空运输企业董事长和法定代表人须由中国籍公民担任
	外国航空器经营人不得经营中国境内两点之间的运输
	只有中国指定承运人可以经营中国与其他缔约方签订的双边运输协议确定的双边航空运输市场

(续表)

领域	特别管理措施
通用航空	允许以合资方式投资专门从事农、林、渔作业的通用航空企业,其他通用航空企业须由中方控股
	通用航空企业法定代表人须由中国籍公民担任
	禁止外籍航空器或者外籍人员从事航空摄影、遥感测绘、矿产资源勘查等重要专业领域的通用航空飞行
民用机场与空中交通管制	禁止投资和经营空中交通管制系统
	民用机场的建设、经营,须由中方相对控股
邮政	禁止投资邮政企业和经营邮政服务
	禁止经营信件的国内快递业务

(二)投资开放措施对港口供应链的影响

自贸区的投资管理措施可促进船舶交易、船舶管理、航运经纪、航运咨询、船舶技术、航运保险等各类航运服务机构在港口区域内扎根集聚,促进物流金融、航运物流、物流贸易、供应链物流等高端物流业态的拓展,推进港口供应链的转型与创新。自贸区的建设将拓展港口服务产业链,延伸发展现代物流等关联产业,不断完善港口的航运服务功能。自贸区的发展将促使港口服务发生历史性和革命性的改变,除了港航企业的货物、运输工具会发生变化外,相关海事法律、法规也会发生变化。高端港口物流要素的集聚可促进物流金融、物流贸易、供应链物流等高端物流业态的拓展,自贸区未来的产业发展必然是以供应链为主导的。为此,大型港口可借机积极在产业联动发展、企业改革转型等方面实现联动推进,积极培育与金融、航运和贸易中心建设紧密结合的供应链服务,进一步发挥港口作为供应链枢纽的集聚辐射功能,提升供应链资源配置能力。

二、贸易便利化领域政策

(一)海关监管政策梳理

自贸区海关作为自贸区内重要的国家监督管理机构,依据简政放权、通关便利、功能拓展和安全高效的指导思想,近年来制定并实施了大量的监管新政策。作为自贸区制度试验的先行者,上海海关在海关总署的领导下,先后推出了 39 项海关监管改革政策,其中:2014 年上海海关出台了包括先进区、后报关,区内自行运输等在内的 23 项监管创新政策;2015 年上海海关再次推出 2 套各 8 项举措,分别支持上海科创中心建设和深化上海自贸区改革。

全国海关特殊监管区范围内已经推广复制的海关监管政策有 14 项，与物流直接相关的占 12 项，如表 3－2 所示。

表 3－2 全国海关特殊监管区范围内推广复制的海关监管政策[37]

序号	类别	政策	效果
1	税收征管改革（2 项）	**内销选择性征税**	达到减少税负、降低成本的目的，有利于企业扩大内销，提升试验区内生产企业的竞争力，吸引更多生产企业入区
2		**集中汇总纳税**	促进货物高效通关，缓解企业资金压力，降低企业纳税成本
3	功能拓展改革（4 项）	**保税展示交易**	企业可按照经营需要先行进行物流配送，已销售货物在规定时限内进行集中申报并完税，帮助企业降低物流成本和终端售价，加快物流运作速度
4		**境内外维修**	拓展区内维修业务范围，促进高技术境内维修业务的发展，推动加工制造向研发及检测、维修等生产链高附加值的前后两端延伸，促进加工贸易转型升级
5		**期货保税交割**	进一步促进中国期货贸易的发展，促进形成中国大宗商品定价机制，降低企业成本
6		融资租赁制度	吸引融资企业入区发展，降低承租企业的资金占用成本
7	通关便利化改革（6 项）	**先进区、后报关**	进境货物从港区进入区内仓库的时间将大幅缩短，企业物流成本将显著降低
8		**区内自行运输**	大幅降低企业物流成本、缩短通关时间
9		**统一备案清单**	实现规范简捷申报，减轻企业负担，提高一线进出境通关效率，促进海关特殊监管区域一体化运作
10		**批次进出、集中申报**	扩大企业申报自主权，大幅减少企业申报次数，加快企业物流速度，有效降低通关成本
11		**简化无纸通关随附单证**	简化企业报关手续，提高通关作业自动化率，大幅提升通关效率
12		**智能化卡口验放**	缩短车辆过卡时间，提升通关效率
13	保税监管改革（2 项）	加工贸易工单式核销	实现海关动态实时准确核算、即时计算核销结果，节省企业申报时间
14		**仓储企业联网监管**	简化企业申报流程，便于企业实现不同状态货物的同库仓储经营，提高物流运作效率，降低企业运营成本，适应企业内外贸一体化的需求
注：具体政策中，字体加粗的是与物流直接相关的政策			

在海关39项改革措施中已在上海关区推广复制的政策共有8项，与物流相关的占3项，如表3-3所示。

表3-3　上海关区内推广复制的海关监管政策[38]

序号	类别	政策	效　　果
1	企业管理改革（6项）	**推进海关AEO互认**	自贸区内AEO企业同时享有国内和协议国或地区最高等级的通关便利化待遇
2		企业信用信息公开	通过对社会公开信用信息，利用社会监督进一步强化“事中、事后监督”，形成他律倒逼自律的氛围，促进全社会诚信体系的建设进程
3		企业自律管理	企业以年度报告或自查报告的形式，主动向海关稽查部门提交，通过审核（必要时通过稽查）确认企业违反规定的行为，据此海关作出不同惩罚
4		企业协调员制度	企业可以通过线上汇总提交疑难问题，海关协调员专人督办有关事项，一口反馈处理结果
5		授权试验区内海关办理企业适用A类管理事项	方便企业申请高资信级别的评定，提高企业自律诚信的积极性
6		引入社会中介机构辅助开展海关保税监管和企业稽查	将海关监管、企业自管、中介协管和社会共管统一起来，引导企业自律，形成第三方社会中介对关企之间公平公正关系的有效保障
7	通关便利化改革（1项）	**自动审放，重点复核**	改变“人工、实时、逐票”审单模式，以电子自动审放为主、纸质单证人工重点审核为辅，报关单自动验放比率超过70%
8	保税监管改革（1项）	**一次备案、多次使用**	企业办理一次备案，即可满足区内保税加工、保税物流、保税服务贸易等多元化业务的需求
注：具体政策中，字体加粗的是与物流直接相关的政策			

仅在上海自贸区内实施的海关监管改革政策共有9项，与物流直接相关的占5项，如表3-4所示。

表3-4　上海自贸区内实施的海关监管政策

序号	类别	政策	效果
1	税收征管改革（1项）	**自主报税、自助通关、自动审放、重点稽核**	将海关审核把关为主转变为企业自主申报为主，将海关事前监管为主转变为事前、事中、事后监管联动，降低企业通关成本

（续表）

序号	类别	政策	效果
2	简政放权（1项）	海关执法清单式管理制度	通过编制公布自贸区海关行政权力和行政责任"两张清单"，进一步明晰权力与职责，实现海关行政执法的制度化、透明化和规范化
3	功能拓展改革（2项）	离岸服务外包全程保税监管制度	吸引产业链高端的研发设计业向国内转移聚集，改变服务外包"国外研发、国内加工"的低端产业模式，向完整产业价值链转变。打破原有离岸服务外包保税监管政策企业资质限定，降低企业准入门槛，创业门槛更低
4		**大宗商品现货市场保税交易制度**	允许大宗商品现货以保税方式进行多次交易、实施交割，有效对接国内外两个市场。实现海关与交收仓库、第三方仓单公示机构的三方信息联网，推进协同监管
5	通关便利化改革（5项）	**"一站式"申报查验作业制度**	简化进出口企业和进出境商船的申报和检查放行流程，减少货物在不同检查场地之间的搬运与等候，大大缩短报关报检时间
6		**"一区注册、四区经营"制度**	使跨区运作的企业可以享受到空间上的便利，企业在进出口、仓储和发货环节都可以就地办理海关业务
7		美术品便利通关制度	在进出境备案环节，转为二线实际进出口或区内外展览展示时验核。美术品批准文件改为一证多批。对分批出区参加同一展览会的展览品，海关一次审核
8		归类行政裁定全国适用制度	归类行政裁定将疑难商品归类判例化，相同商品适用同一归类行政裁定有以下作用：①法律效力高，对企业和海关具有同等约束力；②进出口前申请，有助于企业预估通关成本，提高贸易可预知性；③解决归类疑难问题，提高通关效率
9		**商品易归类服务制度**	搭建电子信息化平台，提供海关归类信息查询和专业服务渠道，帮助企业便捷、高效、准确归类申报，从而提高贸易可预知性，提高企业归类守法自律能力
注：具体政策中，字体加粗的是与物流直接相关的政策			

（二）检验检疫政策梳理

上海国检局共推出了8项可用于推广复制的检验检疫政策，其中与物流相关

的占5项，如表3-5所示。

表3-5　全国推广复制的自贸区检验检疫政策[39]

序号	政　　策	复制范围
1	**检验检疫通关无纸化**	全国
2	**检验检疫分线监管机制**	特殊监管区
3	**进口货物预检验及核销**	特殊监管区
4	**第三方检验结果采信**	全国
5	**中转货物产地来源证管理**	全国
6	全球维修产业监管	全国
7	动植物及其产品检疫审批负面清单管理	特殊监管区
8	入出境生物材料(制品)风险管理制度	全国
注：具体政策中，字体加粗的是与物流直接相关的政策		

1. 检验检疫通关无纸化

改革内容：通过实行“企业信用管理、商品风险分类”方式，对符合条件的区内企业实现申报、计收费、检验、签证放行等各环节的无纸化运作，实现试验区检验检疫作业全过程无纸化。

2. 检验检疫分线监管机制

改革内容：区内检验检疫机构在一线主要实施进出境检疫和重点敏感货物检验工作，在二线主要实施进出口货物检验和监管工作。

3. 进口货物预检验及核销

改革内容：根据企业申请，检验检疫部门对区内货物实施集中检验，分批核销出区的工作模式。企业可在货物入境进区或在区仓储时申请预检验，检验检疫部门对预检合格的货物实施核销放行，免于检验。预检验后，货物从进境到进口通关的整个流程时间至少缩短50%，提高物流效率，为货主节约通关时间。

4. 第三方检验结果采信

改革内容：进口商品的收货人或者其代理人在报检时，可以向自贸区检验检疫机构提出采信申请，并在规定的时限内提交采信依据。自贸试验区检验检疫机构将对采信依据进行符合性评估，符合要求的实行“即报即放”。进口商品的收货人或者其代理人可在货物进境前先行取得采信依据，无须等待货物进口后再做检验，使得进口货物的检验时间由原来的7天缩短至几分钟。

5. 中转货物产地来源证管理

改革内容：在自贸区签发的“转口证书”和“加工装配证书”，对于在自贸区进行转口、集拼等运作的货物，能够继续享受原出口国到进口国的税收优惠，是一份含金量极高的证明文件。对于自贸区推进中转、集拼贸易发展是一项重要的政策保障。

6. 全球维修产业监管

改革内容：对企业的资质进行评估，对区内评估通过的维修企业的一般风险入境维修的进境旧机电产品提供免于海外装运前检验，简易备案，以不定期监督检查代替批批产品检验等优惠措施。

7. 动植物及其产品检疫审批负面清单管理

改革内容：除活动物、水果、粮食等列入负面清单的高风险货物外，其他动植物产品及动植物源性食品，国家质检总局均授权上海出入境检验检疫局完成所有检疫审批程序。相关产品的审批流程时限由过去的 20 个工作日大幅缩减为 7 个工作日，许可证有效期由 6 个月延长至 12 个月。

8. 入出境生物材料(制品)风险管理制度

改革内容：对自贸区出入境特殊物品企业的入出境特殊物品进行卫生检疫监管，从逐批审批原则调整为企业日常监管配合行政审批原则，同时建立区内企业考核监管、分批核销、指定地点查验等制度，以缩短审批流程、提高通检速度、降低企业成本，从而促进生物产业的发展。相关卫生检疫审批流程缩短至 3 个工作日，并且 3 个月有效期内企业入出境相同产品，审批单可以重复使用。

仅在上海自贸区实施的检验检疫政策主要为《上海国检局支持上海自贸试验区发展 24 条意见》，其中与物流直接相关的占 7 条，如表 3－6 所示。

表 3－6　仅在上海自贸区实施的检验检疫政策[40]

序号	政　　策
1	深化进出境货物监管模式改革
2	全面推广“快检快放”便捷化监管措施
3	深化第三方检验结果采信制度
4	推进进境空箱查验便捷化监管措施
5	简化中转货物检验检疫手续
6	推行“先进区、后报检”新模式
7	支持跨境电子商务发展

1. 深化进出境货物监管模式改革

改革内容：实施以“先检后放、通检通放、即检即放、少检多放、快检快放、空检海放、外检内放、他检我放、边检边放、不检就放”等“十检十放”为基础的分类监管模式，更好地服务外贸发展。

2. 全面推广“快检快放”便捷化监管措施

改革内容：扩大“快检快放”便捷化监管措施受惠生产企业范围和实施“快检快放”进口工业产品目录，强化“企业是产品质量安全第一责任人”的理念，积极引入第一方和第二方采信，切实减少口岸检验批次。

3. 深化第三方检验结果采信制度

改革内容：扩大进出口工业产品第三方检验结果采信的产品范围，根据进出口商品风险预警情况，建立第三方采信项目动态调整机制。将试点商品范围扩展至进口机械加工设备及其零部件与部分进口医疗器械等产品；启动木材等产品检验的第三方结果采信试点工作。

4. 推进进境空箱查验便捷化监管措施

改革内容：试点对空箱运输经营人的分级评定和港外备案堆场的准入考核，对符合条件并主动提出申请的企业给予减少抽检比例、允许港外查验等。

5. 简化中转货物检验检疫手续

改革内容：完善国际中转集拼检验检疫管理办法，推进简化中转动植物审批手续，制定中转检疫审批负面清单，提供便捷化中转动植检证书和原产地证书签发服务。

6. 推进“先进区、后报检”新模式

改革内容：调整原有“先报检、后入区”方式，对自贸试验区拟入境进区货物，允许区内企业向检验检疫机构提交申报，按照指令至入境口岸提货后直接入区，并在规定时限内向驻区检验检疫机构办理入境货物报检、交单或查验，进一步优化一线验放流程。

7. 支持跨境电子商务发展

改革内容：建立跨境电子商务清单管理制度，构建跨境电子商务风险监控体系和质量追溯体系，创新跨境电子商务监管模式，实施跨境电子商务备案管理。

(三) 其他贸易便利化政策

其他贸易便利化政策主要包括“三个一”、“三个互”、国际贸易“单一窗口”和各类货物交易平台等。

“三个一”：指海关与检验检疫部门合作全面推进“一次申报、一次查验、一次放行”模式，使得申报项目录入项数减少 45%，企业办单候查时间减少 50%以上，对货物查验时间减少5%，减少货物受损减值概率，降低企业通过成本[41]。

"三个互"：指口岸管理相关部门信息互换、监管互认、执法互助，建立跨部门、跨区域的内陆沿海沿边大通关协作机制，优化通关流程。港口方面应争取率先开展"三个互"试点，提升客户服务的品质。

国际贸易"单一窗口"：国际贸易"单一窗口"1.0版覆盖6个功能模块，涉及17个口岸和贸易监管部门，利用国际贸易"单一窗口"，可降低港口物流成本，减少单证重复录入和数据信息差错，促进贸易程序便利化[42]。

交易平台：利用自贸区内集商品交易、结算、金融服务和物流服务于一体的交易平台，简化港口物流环节，提升效率，降低成本。

启运港退税：由启运港运抵离境港中转至境外的出口货物，一经离港，企业就可以在当地办理出口退税手续。该政策缩短了企业出口退税时间，降低了资金占压成本。港口方面应争取试点该政策，以吸引客户。

自贸区贸易便利化政策对提升港口供应链效率、降低成本、汇聚货源、开发产品等方面具有重要影响。

1. 提升港口供应链效率

贸易便利化措施大多与海关和检验检疫部门等口岸监管有关，主要措施是减少货物在口岸通关的环节、时间，优化流程，有助于提升港口物流的效率。

2. 降低港口供应链成本

税收征管、监管措施、第三方采信等方面的改革有助于降低港口物流的通关成本，缓解企业资金压力，提升客户服务的品质。

3. 促进港口货源汇聚

通过在港口口岸中复制推广贸易便利化政策，可以进一步提高港口供应链对客户的吸引力，促进货源在港口口岸中汇聚。

4. 促进港口供应链产品的开发

利用贸易便利化政策，可促进港口与其他供应链企业的合作，探索并推出更多更好的港口供应链服务产品。

三、金融创新领域政策

(一) 自贸区金融创新政策梳理

自贸区金融改革的核心就是围绕为实体经济服务、促进贸易和投资便利化的目标，在风险可控的前提下，创新金融制度。我国自贸区出台金融政策主要根据上海自贸区的金融改革试点效果来确定，目前上海自贸区的金融改革大致可以划为以下4步。

第一步，金改 1.0。在国务院总体改革方案框架下，“一行三会”出台 51 条办法，确定了金改的方向。

第二步，金改 2.0。从 2014 年 2 月份开始，央行上海总部相继出台了《关于支持中国（上海）自由贸易试验区扩大人民币跨境使用的通知》《中国（上海）自由贸易试验区分账核算业务实施细则》《中国（上海）自由贸易试验区分账核算业务风险审慎管理细则》，形成了金改的实施路径。

第三步，金改 3.0。2015 年 2 月，央行上海总部发布了《中国（上海）自由贸易试验区分账核算业务境外融资与跨境资金流动宏观审慎管理实施细则》，重点围绕着服务实体经济，避免了对虚拟经济的盲目炒作，体现了对金融风险的良好掌控。

第四步，金改 4.0。2015 年 10 月 30 日，央行会同国务院有关部门和上海市政府经过深入调研、反复论证，征求各方面意见，出台了《进一步推进中国（上海）自由贸易试验区金融开放创新试点、加快上海国际金融中心建设方案》（新 40 条），加快推进资本项目可兑换、人民币跨境使用、金融服务业开放和建设面向国际的金融市场。

上海自贸区金改新 40 条政策的主要内容包括：率先实现人民币资本项目可兑换、进一步扩大人民币跨境使用、不断扩大金融服务业对内对外开放、加快建设面向国际的金融市场以及不断加强金融监管和风险防范等 5 个方面。上海自贸区金改新 40 条政策的主要内容及其核心要求如图 3 - 2 所示。

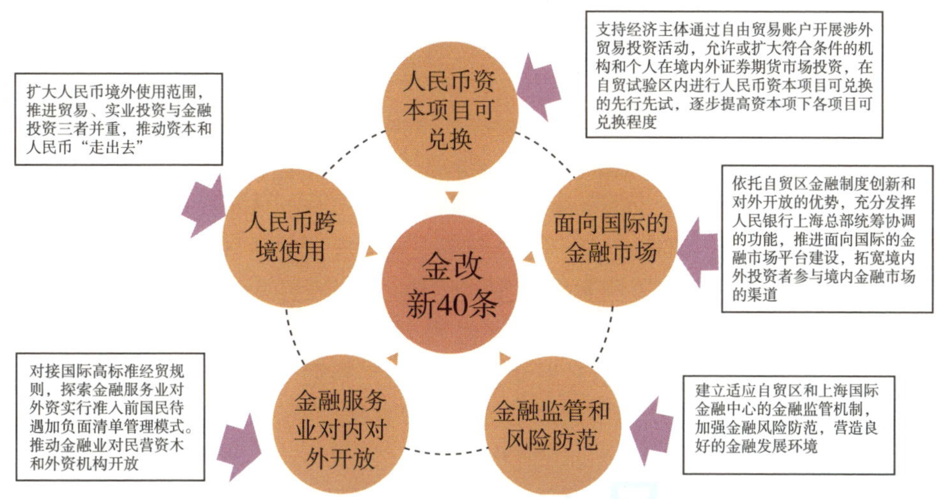

图 3 - 2　上海自贸区金改新 40 条政策的主要内容及其核心要求

(二)自贸区金融创新政策对港口供应链的影响

金融是港口供应链顺畅运作的重要保障,具体有如下表现。

1. 拓展自由贸易账户业务功能,促进供应链金融功能提升

港口企业可通过自由贸易账户开展涉外贸易投资活动,金融机构利用自由贸易账户等开展金融创新业务,允许证券、期货交易所和结算机构利用自由贸易账户间的电子信息流和资金流,进一步提升了供应链金融的功能。

2. 加大金融业对内对外开放力度,促进港口供应链融资渠道进一步扩大

民营资本进入金融业并设立金融机构、银行业金融机构进入自贸试验区经营等政策,进一步扩大了港口供应链上下游企业的融资渠道和规模。

3. 促进港口供应链管理服务发展

自贸区内的金融服务的便利可以促进港口物流相关企业成为资金和贸易平台,为上下游提供供应链相关的资金、物流服务。

4. 促进货流量增长

经常项目下的资金的跨国流动更加便利,将极大促进进出口和转口贸易以及与此相关的物流运输服务的增长,港口企业面临机遇。

5. 加强金融监管,促进自贸区供应链的风险控制

金融信用制度、系统性风险预警体系、金融业务监管与信息共享等措施有助于从资金流的角度系统性地控制港口供应链金融业务的风险。

第二节　港口利用自贸区政策发展供应链的经验借鉴

总体来看,新加坡港、纽约港和上海港在建设和发展自由港的道路上有很多需要探讨的优势和值得借鉴的成功经验。新加坡位于世界上最繁忙国际航道的东部,并拥有天然良港,定位于国际中转枢纽港是对其自身地域特点的扬长避短。纽约港是美国东海岸最大的港口之一并位于经济较为发达的地区,通过以去政治化、企业化运作为特征的管理体制和财政模式运作,为自由贸易区的成功运营以至发展壮大提供了重要保障。新加坡港、纽约港和上海港在全球观念上具有前瞻性,时时关注世界港航产业的发展,分析并掌握发展趋势,根据全球战略更新自己的使命观和价值观,并将更新观念运用到政策、制度、科技和服务等方面,始终在全球港口经济发展中保持提前、改革和超越的步伐。

一、物流服务

新加坡的物流运作效率具有世界一流水平,拥有世界上效率最高的规模化经

营的集装箱码头。港口布局形成了一系列的物流集散仓储和物流园区，形成供应链，在各港口和园区内物流全过程运作，满足现代生产商、销售商零库存和即时运输的需求，不仅完成国际集装箱中转，而且承担物流集聚、分拨配送中心的职能。此外，还设有物流配送咨询机构，根据不同客户的不同需要，提供最佳的物流方案和全方位服务。

纽约港的物流服务模式基于自贸区的政策，具有市场导向、辐射范围广、快速通关等特点。纽约港的物流服务涵盖到内陆的广大范围，港口连接快速铁路网络和内陆河道网络。目前，在纽约港设有3个铁路站点，可以处理大量进出港口的集装箱货物。根据客户不同需要，企业可以组织运输自贸区内零件和原材料并快速生产不同型号的产品，从而贴近和满足美国庞大的消费市场[43]。

上海港以港口为依托，集中发展海运航运产业，大力发展多式联运，最大限度缩短船舶和货物的在港时间，加速船货快速周转。上海港经过多年发展，已与客户形成长期的战略联盟关系，整合不同厂商对国外相同供应商的需求，为客户集中采购、运输、存储和报关等，与客户主动合作，树立了良好的港口服务形象。

二、区港联动

新加坡港码头内外都设有自由贸易区或物流配送园区，集中提供物流服务。区内货物可按货主要求自由装卸、储存、改装和分拨，操作十分便利。自由港良好的服务环境吸引了大量船舶过境，赢得和稳定了充足的港口资源，港口不但可以收取各种增值服务费，而且带动了金融、保险、船代和货代等临港产业的发展。

纽约港自由贸易区主要功能为货物中转和自由贸易，通用区外还设有若干分区，用于发展制造业和加工服务业。通用区和分区都很分散，而自贸区的优惠政策可以使产品快速通关，形成了特殊的免税运输通道，同时加强区间联动的监管，从而提高物流水平。

上海港区联动促进了制造业的融合联动，在原材料、零部件、半成品等方面实现了供应链管理模式，形成了物资、信息、资金等方面价值增值的过程，促进了产业分工的快速发展，提高了产业链和供应链整合运作的效率。物流园区的出现也促进了制造业对物流的分离外包，使保税物流对提高制造业的生产水平所发挥的作用越发明显。

三、提升物流发展水平

新加坡港的物流增值作业包括汇集货物、储存、装配、加工、分装、包装、贴标签以及分销，形成全方位运输服务，以满足制造商、货运代理、贸易公司、运输和专业

仓储公司的需要，使新加坡成为全球性的综合物流中心。

新加坡每个港口园区都有先进的物流处理设施和电子网络信息平台，并很早就建立了全国港口网络(PortNet)和贸易网络(TradeNet)等公共信息平台，将制造商、供应商、各分销商与客户联系起来，为整个供应链提供即时咨询交流服务，以保证货物的安全以及物流的高效、便捷和准确[44]。

纽约港不断扩大港口容量，提高仓储设施的性价比，提升港口运营效率。纽约港的货物关检和进出电子数据交换深入口岸的所有环节，并建有实时货运信息系统作为一个集成化的港口信息管理平台。

上海港“单一窗口”船舶离口岸业务系统上线测试，该系统将统筹检验检疫、海关、海事、边检等口岸联检部门，对上海港离口岸船舶开展查验放行工作，取代原有的纸质出口岸联系单，实现口岸信息互换、监管互认、执法互助，可大大提高船舶的通关速度。在推行口岸查验电子化、便利船方的同时，口岸查验的审核标准并未降低，而是对船舶的申报行为进行事中事后监管，对存在不良记录的船舶或其代理将给予严格惩戒，从而引导和促进船舶及其代理等企业的自律。

四、物流金融服务

新加坡非常重视航运金融服务的发展，如在航运融资、航运保险、资本运作与兼并收购、航运基金、船舶租赁与融资、航运金融信息服务、航运信托、航运金融期货、航运会计服务、海事仲裁与法律服务和航运教育与培训等方面都有涉及。在新加坡港和周围自由贸易区内，设立了大量的航运金融保险机构、航运辅助企业和航运服务设施，为航运中心的建设提供了必需、方便、坚实的金融服务保障。

纽约的金融市场健全，金融机构集聚，同时也是美国商业贸易中心，实体经济支撑力量强，金融衍生品品种非常丰富。纽约港在区内放松金融管制，实行金融自由化，具体包括：放宽或取消对银行存款利率的限制；减少或取消对银行贷款规模的直接控制；允许更广泛的业务交叉；允许更多新金融工具的使用和新金融市场的设立；放宽对外国金融机构经营活动的限制及对本国金融机构进入国际市场的限制，减少外汇管制等。宽松的金融政策可以使本地公司在美国商业的心脏地带享受优质的离岸金融运营环境。

上海港以自贸区为依托，可以享受更加自由宽松的金融环境，侧重于风险可控的金融监管吸引更多金融机构的设立。健全金融方式和服务手段，提升金融服务质量，为金融机构提供更大的发展机会，更充分地利用境内外资源和市场，实现跨境融资自由化和便利化，建立综合金融服务平台。上海港在船舶租赁、航运交易、航运信息咨询、海事培训教育等服务领域皆有突破，并正在加强与大型银行或保险

公司的战略合作伙伴关系。

五、临港商贸

新加坡港十分注重港口与临港加工业的互动发展。例如，在推进港口园区建设过程中，将部分临港土地和泊位出租给跨国公司，专门作为中转基地使用，同时制定出台优惠政策鼓励跨国公司在园区内建设物流中心、配送中心等。一方面，使港口为临港工业发展提供专业和高效的物流服务，提升其加工工业水平；另一方面，有利于培育港口物流链，提高港口的经营效益。

纽约港是典型的商业带动物流的港口，周围庞大的消费市场和高度发达的腹地经济是促进纽约港发展的主要动力和引擎。

上海临港产业区已经基本形成了汽车整车及零部件、大型船舶关键件、发电及输变电设备、海洋工程设备、航空零部件配套等五大装备产业制造基地。物流园区依托洋山保税港，作为建设上海国际航运中心的重要组成部分，大力发展保税物流和非保税物流。上海港利用其贸易便利化的优势，可开展仓储物流业务，发挥贸易分拨中心的功能。

第三节　自贸区视角下港口供应链转型与创新的体系框架

一、自贸区视角下港口供应链转型与创新的思路

港口对接自贸区的目标是向自由贸易港区发展，其目的在于吸引国际船舶和货物的进出与过境，吸收国外资金、先进技术和管理经验，促使外商兴办各种经济和金融产业，以获取运费、装卸费、港务费、堆栈费和加工费等收益，并带动当地及邻近地区经济的迅速发展。

自由贸易港区是一种特定的港口或港区的概念，以减免关税和自由出入等优惠待遇为手段，从而达到一定的经济目的。与此相关的还有自由港，也是自由贸易区，并且是开放程度最高、容纳层次最多、设立条件要求最为严格的一种自由贸易区。自由贸易区、自由港和自由贸易港区，都以不受主权国海关监督，享有免征关税等优惠待遇为其共同特征。自由贸易港区准许外国船舶自由出入，外国货物进出、装卸、分选加工、重新包装、储存与过境中转，以及专门进口原材料进行外贸加工再出口等，均可享受免征全部或部分关税等优惠待遇。

自由贸易港区是指设在国家与地区境内、海关管理关卡之外的，允许境外货物、资金自由进出的港口区。对进出港区的全部或部分货物免征关税，并且准许在

自由港内，开展货物自由储存、展览、拆散、改装、重新包装、整理、加工和制造等业务活动。目前，排名世界集装箱港口中转量第一、第二位的新加坡港和中国香港港，均实施自由港政策，吸引大量集装箱前去中转，奠定其世界集装箱中心枢纽的地位。

港口对接自贸区发展供应链可利用现有资源优势，促进供应链四流合一，寻求制度突破、释放制度红利，推动由传统装卸、运输、仓储等物流业务向港口供应链综合服务方向发展，完善制度创新、国际规范、区域联动，服务自由贸易发展。

港口对接自贸区的总体思路如图 3－3 所示。利用自贸区各项便利化政策，创新港口供应链服务模式，向客户提供货物到达、发运、仓储、接取、配送、装卸等功能性服务，促进港口“点到点”运输与“门到门”服务的有机融合。根据公路、铁路、水路等不同运输方式，在多式联运物流服务供应链模式下，根据客户需求为客户定制个性产品，如仓储、流通加工、代收款，以及加工贸易、进出口保税业务等物流增值服务。整合上下游，积极培育“港口＋物流”“港口＋金融”“港口＋贸易”“港口＋信息”等业务，为客户提供基于港口的供应链一体化服务，构建港口供应链、延伸港口产业链、提升港口价值链。

图 3－3　港口对接自贸区的总体思路

二、自贸区视角下港口供应链转型与创新的发展策略

（一）物流便利化

加强多式联运的基础设施建设，实现无缝对接的物流方式，改善通关条件，实施提前报关、无纸通关、空运直通式通关、便捷通关等快速通关措施。改变港口以货物装卸为主的营运模式，向供应链整合、综合性交通枢纽一体化的港口模式转型发展。

主动对接国内各自由贸易试验区以及双边、多边自由贸易协定的创新制度与平台。围绕港口服务区域经济发展的重点领域，主动实践自贸区可复制、可推广的

创新制度;结合各地国际航运中心、国际物流中心建设,采取多个自贸区与港口现有政策优势叠加策略,释放制度红利和溢出效应。

加强与海关、质检等口岸监管部门的合作,对接期货保税交割海关监管制度、境内外维修海关监管制度、融资租赁海关监管制度、进口货物预检验、分线监督管理制度、动植物及其产品检疫审批负面清单管理制度等贸易便利化制度,推进港口完善一体化监管方式,营造有利于港口口岸服务监管发展的配套环境。加强与当地口岸部门的合作,完善"一次申报、一次查验、一次放行"模式,实现口岸信息互换、监管互认、执法互助,实现区域通关一体化和检验检疫一体化,构建港口大通关体制。积极配合政府部门对监管和执法流程进行改造,提高港口口岸服务效率。

统筹规划、合理布局,积极推进海关特殊监管区域和保税监管场所建设,进一步扩大港口辐射区域,延伸港口物流服务功能。改进港口物流服务模式,为客户提供物流运输、报关报检、流通加工等全方位服务,形成一个开放型、互通型的物流服务平台。对接自贸试验区新型贸易形势,积极培育融资租赁、船舶注册、第三方检验等服务新业态,提高国际货物的中转能力,加快发展适应国际中转、采购、加工配送、转口贸易业务要求的物流服务模式。

(二)运营国际化

鼓励港口"走出去"参与国外重点港口的建设、运营,积极融入全球航运体系,满足我国进出口贸易及能源资源进口需求,排除海运通道安全隐患,为国际贸易提供物流支点。依托于全球产业链,组织以港口为代表的全球运输网络、全价值链的产业分工网络、城市群的空间网络,形成港城集聚效应,利用港口带动城市发展,提高城市吸引力,促进人才集聚,服务港口及临港产业发展,参与全球航运竞争。

对接自贸区建设,优化全球网络布局,打通国际物流通道,加快港口企业"走出去"的步伐,开拓国际市场,积极构建服务于全球贸易和营销网络、跨境电子商务的物流支撑体系,为国内企业"走出去"和开展全球业务提供服务保障。以"一带一路"、多边与双边自贸协定为重要契机,充分利用国际、国内两个市场、两种资源,在着力提高利用外资质量和水平的同时,全面实施"引进来"和"走出去"战略,加大对内开放力度,积极吸引国内其他地区各类生产要素和不同所有制企业参与港口的发展建设。

(三)区域一体化

加强与腹地产业的联动,实现货物中转功能,形成快速直达的物流条件,发挥资源叠加的物流优势,构建与腹地联动的物流网络体系,为产业发展创造便利条件。

港口企业应依托港口与铁路、航运、公路、腹地企业、战略伙伴等较为密切的合

作关系，提高其系统整合能力。加深与航运企业的联结与合作，结成经营和利益共同体，形成战略联盟，共同服务于区域物流的发展；必须加强与周边港口的分工合作，与腹地的物流基地相联结，形成一体化的物流运作体系。

以供应链为纽带，对接国内外市场，加强对外合作，改善港口口岸和国际通道设施条件，提高通关效率，大力发展国际物流，提高港口物流服务国际化水平。利用自贸区创新港口与周边其他港口之间的合作机制，打破行政区域划分，促进港口合理布局，加强分工合作，推进专业化、规模化和现代化物流建设，实现区域共同合作、错位发展，优化区域资源配置，扩大港口物流辐射面和服务范围，提升港口物流服务功能。通过整合海事、航道、口岸、水上安全等各项管理资源，加强港口物流发展政策合作。

三、港口对接自贸区的实施路径

港口应主动适应“一带一路”倡议，以及区域协同发展、“互联网＋”等国家战略，复制先进经验、叠加区位优势、创新服务体系，推动转型创新发展。港口应结合自身所在区域的定位与特色，主动对接国内自贸区可复制、可推广的创新制度，与现有政策联动、叠加，采取“N＋1”策略，释放制度红利和溢出效应。港口对接自贸区需按照政策直接利用、先进经验复制、传统优势叠加、服务体系创新的模式进行，如图 3－4 所示。

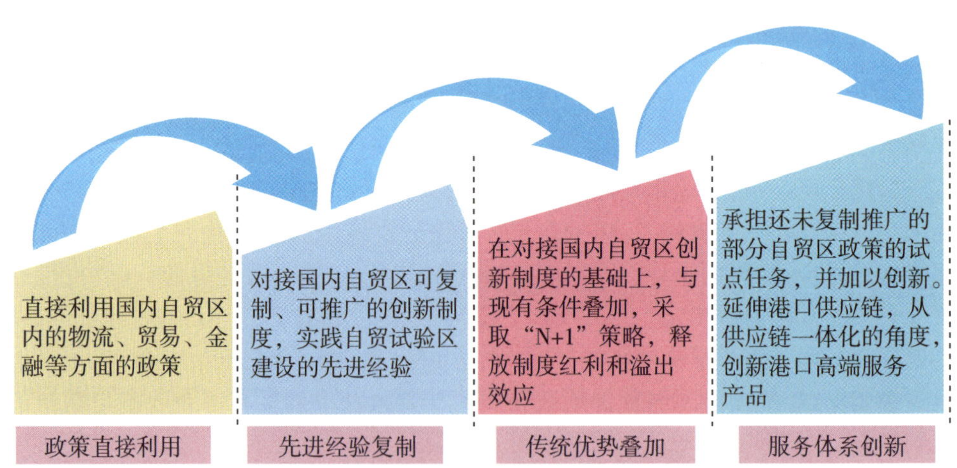

图 3－4　港口供应链对接自贸区的途径

港口对接自贸区发展供应链具有如下可行性：客户需求强，客户对于港口供应链服务效率及成本要求越来越高，港口需在保税物流、两端物流、跨境物流、海铁联运、供应链金融、大宗商品现货与期货交易、保税交割、国际中转等方面尽量提高

效率，减少成本；可操作性强，口岸单位的物流便利化政策推广速度较快，并且具有很强的可操作性；政策优势强，港口一般作为大型国企，承担着保证关系国计民生的重点物资的物流任务，在争取中央和地方政策方面具有较强的优势。

（一）政策直接利用

目前，自贸区相关政策有：涉及投资管理体制改革共 13 项，包括注册资本认缴制、境外投资项目备案管理制度、企业年报公示制度、经营异常名录制度等；涉及贸易便利化改革共 10 项，包括“先进区、后报关”、保税展示交易、集中汇总纳税等；涉及金融改革开放举措共 4 项，包括取消境外融资租赁债权审批、取消对外担保行政审批等。

港口企业可直接利用自贸区在物流、贸易、金融方面的政策，与铁路、公路、航运企业成立物流联盟，积极参与疏港工作，保障货物到港堆存和及时疏运。利用自贸区贸易便利化措施，取得海关、国家质量监督检验检疫部门的支持，以便有效配合地方政府加强各地区间的协调。在具体运作上，通过设置铁公水联运监管机构，与内陆及沿海各大城市海关、国家质量监督检验检疫部门签订合作协议，减少异地海关、国家质量监督检验检疫部门查验环节，提高通关、转关效率。场站、港区内设置多式联运产品监管区，落实一关一检，实现一次报关，一票到底，为进出口转运货物做好物流及“属地报关、口岸验放”通关保障。

（二）先进经验复制

围绕港口服务区域经济发展的重点领域，对接国内自贸区可复制、可推广的创新制度，实践自贸试验区建设的先进经验，促进港口供应链综合服务能力的进一步提升。

自贸区作为中国改革开放的试验田，承担着形成可复制、可推广经验的国家战略。自贸区的改革开放要为国家的改革深化和开放升级，发挥先行先试和突破口作用，并为中国打造经济升级版作出贡献。上海自贸试验区已经形成一定的经验成果：①以负面清单管理为核心的外商投资管理制度基本建立；②以贸易便利化为重点的贸易监管制度有效运行；③以资本项目可兑换和金融服务业开放为目标的金融制度创新有序推进；④以政府职能转变为核心的事中事后监管制度初步形成，并且这些经验已经可以复制推广。

可复制、可推广是党中央、国务院对自贸试验区建设的基本要求。上海自贸试验区的试点经验复制推广工作分为 2 个步骤：第一步，在上海自贸试验区运行 1 周年之前，有关部门对看得准、效果好的试点事项，陆续在全国或部分地区复制推广；第二步，在上海自贸试验区运行 1 周年后，国务院有关部门和上海市进行了全面的总结评估，在此基础上党中央、国务院统一作出复制推广的部署。

（三）传统优势叠加

在复制自贸区政策基础上，与现有客户、货源、设施、模式、政策等优势联动、叠加，采取“N+1”策略，释放制度红利和溢出效应。

港口企业一般作为大型国企，承担着保证关系国计民生的重点物资的物流任务和促进区域经济发展的任务，在争取中央和地方政策方面具有较强的优势。同时，港口企业的传统优势服务主要体现在港口资源优势，航线优势，与海关、海事、检验检疫等部门的合作优势以及其他专业物流相关服务等方面，通过自贸区政策与现有优势的叠加，有助于实现港口端供应链要素向上下游以及客户端延伸和集聚，加强与周边港口、货主、第三方物流企业之间要素资源的协调、整合、共享和优化，实现资源要素的优化配置。

港口企业可在充分利用原有供应链资源优势的基础上，通过兼并和收购的方式快速进入高端供应链领域。叠加传统物流在仓储、装卸与搬运、配送、包装、短途运输和信息服务等方面的优势，加强物流设计、仓储与订货管理，开辟新的物流增值服务，包括质押、担保、融资、代收货款等。在保持吞吐量稳中求进的基础上，实现港口整体素质和能力的提升，推动港口装卸升级至全程物流服务，再升级至供应链经营服务，打造完整的港口产业体系，冲破低层次、同质化竞争的“红海”，不断开创具有广阔市场空间的“蓝海”。

（四）服务体系创新

我国港口企业突出供应链发展对企业转型发展的基础地位，从围绕港口发展物流到围绕客户发展物流、贸易、金融、港航信息服务，实现港口物流与贸易、金融、信息全供应链要素的集成和整合，不断创新业务产品、商业模式和合作模式，打造供应链一体化服务平台，实现港口端到全程物流体系再到供应链系统的转型升级。

在具体实践中，需要转变传统思维，实现以客户为中心的服务体系创新。随着全球一体化的持续深入，客户对于物流服务效率及成本要求越来越高，港口企业需要将全程物流、全球供应链、跨境物流、海铁联运与自贸区相结合，开展服务体系创新，提高供应链效率，降低供应链成本。根据客户要求，融入客户供应链，适时切入客户部分采购、分销职能，提高履约水平，加强与客户的合作，与客户结成共同体。

第四节　港口供应链转型与创新的自贸区政策利用

一、港口供应链转型与创新的自贸区政策利用体系

港口向供应链转型与创新可以从便利化、一体化、国际化、产业联动的角度对

自贸区政策进行利用。

(一) 利用自贸区便利化措施,打造港口供应链服务优势(便利化)

自贸区物流与贸易便利化是国际规则重要的组成部分,也是最先实现复制推广的自贸区措施,达到提高物流效率、降低物流成本的目的,例如:海关推出了“先进区、后报关”“批次进出、集中申报”等60项监管服务创新举措;检验检疫部门推出了“通关无纸化”“第三方检验结果采信”“十检十放”等47项改革措施。港口的主要客户中有大量的进出口贸易业务,对物流与贸易便利化措施有较强的需求。港口企业可利用作为大型国企的优势,积极与各自贸区、海关特殊监管区、口岸合作,争取应用便利化措施,特别是将自贸区的相关政策复制到所在口岸中,为客户提供货物通关的一揽子服务,提高国际物流效率,提升客户黏度。

(二) 构建港口一体化服务平台,开展全球供应链业务(一体化)

利用自贸区内的政策和平台,与铁路、公路、海运、空运开展资本合作、项目合作,依托已有的物流服务网络,成立港口集团层面的供应链服务公司,重点以港口物流需求为导向,凸出港口集散、商贸货流、金融资本、信息平台对港口物流的推动和支撑作用,为客户提供以全程物流服务为核心,以金融、贸易、信息等多元化服务为支撑的全球供应链服务。

(三) 对接自贸区跨境电商平台,建设跨境电商港口供应链服务平台,提升港口国际物流服务能级(国际化)

目前,“一带一路”沿线国家普遍处于经济发展的上升期,与我国企业开展互利合作、扩大经贸合作的前景十分广阔,随着“一带一路”为国内企业开辟出更为便利的贸易环境,作为未来国际贸易的重要载体,跨境电商发展前景光明。现阶段,自贸区正在试点多项跨境电商政策,港口企业应抓住政策机遇,聚焦大宗商品、工业原材料与制造业、小商品,与关、检、税、汇等机构加强合作,参与打造面向“一带一路”的高效物流体系,建设跨境电商港口供应链服务平台,布局海外网点,为中国企业在“一带一路”沿线国家发展提供符合跨境贸易要求的综合供应链解决方案。

(四) 加强物流与产业联动,控制货源,促进港口传统业务的发展(产业联动)

港口传统业务市场竞争非常激烈,港口企业必须在稳定大客户、老客户的基础上不断发展新客户,充分了解客户需求和市场变化,以差异化的服务能力等综合优势吸引客户。港口方面可通过相互协议参股、持股等资本纽带的方式,与上游的货物供应商、中游的物流企业以及下游的货主企业等建立紧密的供应链联盟,控制上下游客户,吸引稳定的货源,提升港口对货源、客户、物流资源的掌控力度。同时,可凭借庞大的上下游客户和路网资源,借助自贸区物流与贸易便利

化的优势和大宗商品交易平台，加大与各自贸区、海关特殊监管区的合作力度，介入大宗商品贸易业务，通过贸易与物流联动，带动港口传统业务的发展，促进港口经营的多元化。

二、自贸区物流与贸易便利化领域的政策利用

（一）自贸区海关政策的利用

1. 已复制推广政策的利用

在自贸区海关出台的政策中，通关便利化改革、税收征管改革、功能拓展改革和保税监管改革等 4 类可与港口进行对接。

1）通关便利化改革

从效果来看，通关便利化改革可以使进境货物入区时间得到大幅缩短，进境货物从港区到区内仓库所经历的时间平均从 2～3 天缩短至 0.5 天；此外，企业物流成本显著降低，物流成本平均降低 10%，在部分案例中企业甚至报告其物流成本降低了 50%。以上海元初国际物流有限公司（元初国际）为例，“先进区、后报关”制度施行之前，由于客户预报的货物信息不详细，入关资料的整理费时，加上进境备案申报、单证放行和港区的放箱、提货过程，货物入区历时约 15 天；“先进区、后报关”新政施行后，元初国际在收到客户预报后就可进行换单申报，凭舱单信息 5 min就可以收到放行信息，后续凭提货通知书及提货单至港区提货，整个流程缩短到仅 2 个工作日。因此，元初国际在港区和船公司所发生的费用大大降低，不会再产生额外的港区堆存费以及船公司的滞箱费等，显著降低了物流成本[45]。

港口企业应加强与海关总署、当地海关的合作，争取在全国的海关监管区成为通关便利化措施的试点单位。争取海关总署和当地海关的支持，逐步复制推广各项措施到港口所在的口岸和自身的内陆无水港，实现通关便利化政策在港口口岸内的落实。

2）税收征管改革

集中汇总纳税政策允许进出口企业在获得有效担保的前提下，实行“先放行、后征税”，从而实现货物的快速通关。以进口多种原材料的某汽车制造企业为例，集中汇总纳税政策施行之前，每一票进口货物都需要在规定时间内逐票纳税，速度缓慢，容易引发原料短缺，与企业实行的零库存生产模式不匹配；集中汇总纳税政策施行之后，关税从“一票一结”变为“一月一结”，直接导致该企业税单打印量下降七成，并且每月可为该企业增加活期存款利息 8 万多元[46]。

港口方面可汇总主要客户的需求，牵头向财政部、国税总局、海关申请使用“内销选择性征税”“集中汇总纳税”等措施，降低客户成本。将“集中汇总纳税”复制到

港口口岸，降低客户成本、提高物流效率、打造客户黏度。

3）功能拓展改革

境内外维修政策实施以前，保税区外加工贸易企业开展全球维修业务面临很多障碍；境内外维修政策实施以后，周边国家市场的产品，无论原产地在哪里，都可以在试点地点进行检修，形成了很大便利。期货保税交割业务的开展，可以促进国际与国内市场进行更好的衔接，进一步完善货场服务功能，有助于钢铁企业和贸易商在实现原材料采购的套期保值，在实现价格风险防控的同时，有效降低物流成本。

港口企业应争取复制推广利用“境内外维修”政策，在口岸和海关监管场所合作开展高端装备的相关维修业务，降低维修成本，提高物流效率。期货交易所应申请在港口海关监管场所设立期货交割仓库，复制“期货保税交割”政策，增强港口对大宗商品物流的吸引力。

4）保税监管改革

保税监管改革可实现对货物进、出、转、存情况的实时掌控和动态核查，提升对不同性质、不同类别货物仓储管理的精细化、精准化程度，提高物流运作效率，降低企业运营成本；同时，也适应了企业内外贸一体化运作的需求，可全面提升自贸区的物流仓储服务能级。港口企业应争取海关的支持，复制推广“仓储企业联网监管”政策，提高物流效率。

2. 未复制推广政策的利用

1）通关便利化政策

在自贸区内注册港口物流类企业，重点利用自贸区内的“一站式”申报查验作业制度、“一区注册、四区经营”制度、商品易归类服务制度，以及上海关区的“自动审放、重点复核”制度，为自贸区内的物流客户提供高质量的服务。

2）企业管理改革

利用“推进海关 AEO 互认”政策，实现港口物流企业自身的 AEO 互认，同时协助客户实现 AEO 互认，实现在境外享受最高等级的通关便利。

3）税收征管改革

利用“自主报税、自助通关、自动审放、重点稽核”政策，帮助港口物流客户提高通关效率，降低通关成本。

4）保税监管改革

争取政策支持，复制推广“一次备案、多次使用”政策，避免港口客户在开展“批次进出、集中申报”“保税展示交易”“境内外维修”“期货保税交割”“融资租赁”等需要海关核准业务时的重复备案。

5）功能拓展改革

争取政策支持，复制推广"大宗商品现货市场保税交易制度"，在港口的监管场所内开展大宗商品现货以保税方式进行多次交易、实时交割的业务，有效对接国内外两个市场，增强港口对大宗商品物流的吸引力。

（二）自贸区检验检疫政策的利用

1. 自贸区检验检疫政策实施案例分析

上海出入境检验检疫局出台了各种相关政策，有效地促进了贸易便利化程度的提升。以上海外高桥国际机床展示贸易中心为例，依托出入境检验检疫部门的新政策，机床中心首创了进口机床现场法定检验及采信第三方检测报告。以往在机床销售给客户后，需要在客户所在地进行商检，从区内到交付客户的过程中出现问题责任难以界定，但新的政策使得机床中心可以在销售前就完成商检。2014 年 3 月，上海出入境检验检疫局出台了面向区内企业，针对动物源样品的便利政策，放宽了对动物源样品的审批，实施负面清单外的样品由此前的国家和地方二级审批直接下放到地方。上海药明康德新药开发有限公司（以下简称药明康德）在研发生物材料过程中便应用此项便利政策，使样品审批时间由 1 个月缩短到 3～5 个工作日，样品许可证有效期也从 6 个月延长到 1 年；其间，药明康德已实现进口实验用生物材料超过 900 批次，98%的动物源样品能够在预定时间内进口到研发实验室中，满足了生物样品对时效性的较高要求[47]。

2. 已复制推广政策的利用

对于自贸区出台的已复制推广的检验检疫政策，港口企业可按照如下方案进行有针对性的政策对接。

1）检验检疫通关便利化

与检验检疫部门合作，在港口口岸和海关监管区试点检验检疫通检无纸化、快检快放、"先进区、后报检"、以"十检十放"为基础的分类监管模式等便利化措施，提高港口物流效率，打造港口吸引货源和客户的服务优势。

2）检验检疫分线监管机制

港口企业申请在所在口岸试点一线、二线分线监管机制，减少口岸检验批次和时间，提高港口物流效率，吸引进出口货源。

3）进口货物预检验及核销

与检验检疫部门合作，申请在港口口岸中承接预检验及核销制度，通过实现预检验及核销制度，将刚性的进口现场检验和实验室检测时间前置到货物在区仓储期间，实现货物出区时"零等待"，有利于提高港口的服务水平，吸引更多的货源。

4）第三方检验结果采信

港口企业可协助客户先期取得采信依据，提高通关效率。同时，利用自身的货源优势，以资本纽带的方式与具备第三方检验资质的企业进行合资，开拓第三方检验市场。

5）中转货物产地来源证管理

与检验检疫部门合作，选择适合港口中转的国际物流业务的货种落实中转原产地证书，促进港口国际中转、集拼、过境运输的发展，打造港口吸引国际货源和客户的服务优势。

3. 未复制推广政策的利用

1）深化进出境货物监管模式改革

对港口物流的主要货种进行分类，并与检验检疫部门的分类监管模式进行对应，分类向检验检疫部门报检，尽可能减少货物的口岸查验时间。

2）全面推广“快检快放”便捷化监管措施

根据“快检快放”的产品目录，帮助客户尽可能使用“快检快放”措施，减少货物检验批次。

3）深化第三方检验结果采信制度

与检验检疫部门合作，争取将港口客户中的产品纳入到第三方检验结果采信的产品范围内。

4）推进进境空箱查验便捷化监管措施

利用进境空箱查验便捷化监管措施，港口集装箱企业可以减少空箱的抽检比例，提高效率，降低成本。

5）简化中转货物检验检疫手续

协助港口企业的国际中转客户在区内办理中转检验检疫手续，提高中转效率。

6）推进“先进区、后报检”新模式

协助港口方面的客户在区内采用“先进区、后报检”模式，提高物流效率。

7）支持跨境电子商务发展

参与到检验检疫部门关于跨境电商政策的制定中，打造港口物流服务跨境电商的优势，成为跨境电商平台的优质物流服务供应商。

三、一体化服务领域的政策利用

（一）打造以自贸区为支撑的港口服务产业链

利用自贸区内的口岸监管、金融、贸易等政策，做精以堆存、仓储、配送、装卸、运输等为主的港口基础物流服务，做强以海铁联运、全程物流、商贸交易等为主的港口增值物流服务，做大具有技术先进性、信息密集性、高附加值、产业关联度大的

供应链金融、跨境电商、保险、法律、大数据等港口高端供应链服务。

(二) 推进港口协同服务

加强港口与铁路、水路、公路、航空、货主等企业之间的联盟,开展港口联盟协同服务。对接国内自贸试验区等高标准贸易协定,推动港口与境内外口岸、内陆与沿海、沿边口岸间的战略合作,形成紧密联通国内外口岸、具有较强增值能力的港口口岸物流服务体系。

四、国际化领域的政策利用

港口应从建设面向“一带一路”的港口国际物流体系、打造跨境电商港口供应链服务平台等 2 个方面,对接自贸区政策,推进港口国际化发展。

(一) 建设面向“一带一路”的港口国际物流体系

“一带一路”的实施,涉及欧亚非的多个沿海国家和地区,港口国际通道对“一带一路”政策的实施具有重要影响。自贸区是“一带一路”倡议的基础平台和重要节点,自贸区的投资自由化、贸易便利化、金融国际化、行政管理简化等诸多实践,可以合理运用在我国以及“一带一路”沿线国家和地区的自贸区建设之中。

港口企业应抓住“一带一路”倡议,建设国际物流体系,主动将自贸区投资自由化、贸易便利化、金融国际化等政策进行复制与创新,并运用到国际物流通道建设和国际物流运营过程中,推动建设高标准的自贸区网络。港口企业应加强与铁路总公司的合作,大力发展面向“一带一路”的海铁联运业务,打通面向中亚、欧洲的国际物流通道。加强与航运企业的合作,推动港口经济的发展,形成面向“21 世纪海上丝绸之路”的国际物流体系。争取沿线口岸监管单位的支持,利用自贸区监管便利化措施,支持国际中转集拼业务、过境业务、一般贸易业务,简化通关流程,提高通关效率。

(二) 打造跨境电商港口供应链服务平台

近两年来,我国外贸进出口贸易总额增长均在 10%以下,预计未来传统贸易的增速将继续维持在个位数水平。跨境电子商务、市场采购等新型商业模式正逐步成为外贸发展新的增长点,其中跨境电商增速高达 30%[48]。2015 年,中国电子商务交易额达到 20.8 万亿元,其中跨境电商交易额达到 5.3 万亿元,同比增长 26%,预计到 2016 年、2017 年将分别增至 6.5 万亿元和 8 万亿元,约占进出口贸易总额的 20%,远高于国内一般贸易增速,未来跨境电商占比将继续提高,从成本和效率方面显著提升我国外贸水平[49]。

目前,跨境电商发展较快,出现了多个跨境电商平台,如“跨境通”“跨境购”“贸通天下”“E 贸易”“快融通”“跨境一步达”等,港口企业若能与这些平台对接将面临

重要机遇。

(1) 跨境电商的核心之一是物流。目前，海关、检验检疫等部门的监管政策超前于进口零售产业链的形成，现状是政策引领产业，产业链还不成熟，供应链方案也不成熟，这对港口来说应是机遇，港口企业如果能率先与各跨境电商平台合作，并提出高水平的供应链解决方案，就会有先发优势。

(2) 跨境电商的市场刚刚形成，处于初级阶段，至今还未形成明显的产业格局。众多大型国有企业在考虑或者已经试点跨境业务，期望通过跨境业务这样的契机实现企业的转型发展，从而扭亏为盈。但是，传统商贸企业转型仍然需要很长的时间，原因在于缺乏电商人才以及建立跨境供应链的经验，这对具有强大物流能力的港口企业来说充满机遇。

(3) 自贸区背景下的跨境电商模式在全国范围内都处于试点阶段。以"跨境通"为例，海关、检验检疫等部门的监管政策还未全面落地，因此港口企业应关注自贸区政策及跨境电商试点，为利用政策优势快速占领制高点作准备。

港口企业在打造跨境电商供应链服务平台时可采用下列有效措施。

(1) 对接自贸试验区中的跨境电商平台。港口企业可与自贸区以及天津、上海、重庆、合肥、郑州、广州、成都、大连、宁波、青岛、深圳、苏州等跨境电商试点城市的跨境电商平台对接，为平台用户提供以港口物流服务为基础的物流与供应链解决方案，供平台上的电商企业选择。

(2) 支持传统客户开展跨境电商业务。建议港口企业与具有进出口贸易业务的客户合作，支持客户开展跨境电商业务，为客户提供跨境电商的物流服务，提升客户黏性。

(3) 打造跨境电商港口供应链服务平台。利用自贸区内各项跨境电商政策，与国内的大型央企以及快销品企业合作，进口方向重点针对来自欧洲的快销品以及中亚的大宗商品和原材料，出口方向则针对机电产品、大型装备、纺织品和原材料，打造跨境电商港口供应链服务平台，为客户的进出口业务以及第三国供应链业务提供运输、装卸、仓储、配送、交易、支付、供应链金融、信息服务等一体化电子商务服务。

五、产业联动领域的政策利用

在产业联动领域，港口企业可以考虑与大宗商品现货和期货交易的自贸区政策进行对接。

(一) 对接自贸试验区中的大宗商品现货交易平台

港口可与现有大宗商品采购商、贸易商合作，对接自贸区大宗商品现货交易平台，积极介入以大宗商品贸易为支撑的全程供应链业务，在承担传统运输与物流业务的基础上,从采购和销售执行模式着手摸索供应链延伸服务。

(二) 介入大宗商品交易,通过贸易带动物流发展

大宗商品市场需要现代金融服务、仓储物流等专业服务的支持,港口企业可利用自贸区内的金融、贸易等政策,依托自身的银行授信优势,进入大宗商品贸易领域,探索大宗商品衍生品交易,通过贸易切入货源的控制,带动传统的港口与物流业务,实现以贸促运、物流与贸易一体化的良性发展。

(三) 建设大宗商品综合交易平台

港口应与大宗商品交易机构合作,建设大型综合交易平台,在海关特殊监管区推进期货交割场库建设,形成物流与商流、实物交易与虚拟交易相结合的贸易物流体系,打造期现联动、线上线下、交易交割成熟的产业链条。

第五节　案例分析

一、自贸区中转原产地签证制度引领上海港转型发展

上海位于中国南北海上交通线的中点,也是东亚海上交通的地理中心点,拥有外高桥、洋山等优良港区,金融、运输等配套服务行业发达,是跨国公司设立区域总部,特别是物流分拨中心的理想之地。上海国际航运中心的建设要求中转货物在总吞吐量中占到一定比例,但在上海自贸试验区挂牌成立前,原产地签证政策主要是针对中国市场或者中国出口的产品,对中转货物的规则涉及甚少。上海港的国际中转业务也远不能与新加坡港、中国香港港等国际中转关键港相比。目前,上海港在集装箱吞吐量方面已超越新加坡港跃居世界第一,然而相较于 2013 年新加坡港 85%的国际中转货物比例,上海港的国际中转货物比例仅为 7%[50]。许多跨国企业因为受限于政策,无法开展真正意义上的转口贸易,而随着上海出入境检验检疫局中转货物原产地签证管理一系列便利政策的落地,将大大促进上海港的中转货物比例。

对于中转出口货物,依照对外贸易的需要,根据其实际原产地签发中转证明,并可进行换证、分证、并证操作,为中转货物分销、集拼带来便利。《中国(上海)自由贸易试验区中转货物原产地签证管理工作规范(试行)》中规定,对于国际中转货物,经确认未进行加工或装配的,自贸区签证机构可凭有关企业申请签发转口证明书。

发展转口贸易是全世界自贸区的一项基本功能,自贸区中转货物原产地签证制度必将引来越来越多的国际中转货物在自贸区进出,用改革突破限制贸易的政

策瓶颈，让上海自贸试验区真正成为政策先行先试的领头羊，让上海港不仅成为辐射中国大陆的贸易港口，而且成为辐射亚太甚至全球的国际航运中心。未来，将有更多货物通过上海的口岸进行中转分拨，形成众多产业集聚的中心。上海港以自贸区建设为契机，充分利用自贸区检验检疫政策优势，以货物自由打造贸易大港，向着转口贸易大港转型发展。

二、自贸区国际中转集拼制度提升上海港国际中转的比例

上海自贸试验区成立至今已形成一系列可复制推广的创新制度，在推进国际航运中心建设方面，布下了一枚关键的棋子——启动国际中转集拼创新业务。该业务与国际接轨，使得上海港的全球资源配置能级再次提升。

据上海浦东航运办最新统计显示，2016 年 1—5 月，洋山港国际中转箱量达到 63.8 万 TEU，国际中转占比 10%[51]。与人们熟悉的“拼车”“拼房”等类似，在国际中转集拼模式下，做的就是“拼货”业务。比如，一个从韩国出发的集装箱里有运往上海、美国、加拿大等 3 个目的地的货物，货物先到上海港，拆箱拿出部分货物后，再将需要运往美国、加拿大的货物补充进去，这个过程叫作“拆拼”，最后发往美国和加拿大。因此，该做法可以节约大量物流时间和成本。

2014 年 7 月，太平名威物流、同景国际物流成为首批两家试点国际中转集拼业务的企业。根据测算，国际中转集拼业务运转成熟后，相比新加坡港和中国香港港，上海港将为客户的中转业务节约 15%左右的运作成本和 20%左右的物流运作时间，看似简单的“一拆一拼”却具有突破性意义。上海自贸试验区成立以前，是不可以开箱进行二次拆拼的，上海港只能进行整箱中转，但这种模式与国际通行做法不同，附加值也很低，使得大量业务流失到了新加坡港、中国香港港、釜山港等枢纽港。

三、自贸区“综合查验”监管模式提升厦门港口竞争力

2016 年前三季度，厦门海沧出入境检验检疫局共受理报检进口石材 8 583 批次、质量 275.63 万 t、货值 4.87 亿美元，同比分别增长 11.79%，11.50%，4.09%[52]。海沧自贸园区进口石材总体呈增长态势。

从消费层面看，一方面，受国内房地产需求旺盛影响较大，鉴于进口石材花色、品种繁多，消费者选择余地大，建筑装饰材料使用量持续增长；另一方面，受国际石材制品需求稳中有升影响，出口石材制成品持续增长，“一带一路”沿线国家基础设施建设进一步推进，石材制品需求增加，且从传统的出口亚洲以及欧美等国家和地区，逐步转向出口中东和非洲市场。

从航运方面看，近年来海沧港区港口基础设施建设加快，港口水深、岸线长的资源优势明显，船舶大型化加快，航线不断增加，成为东南国际航运中心核心港优势凸显；同时，国际航运价格低位运行，进口石材价格稳中有降，进口货物物流成本呈下降态势，这也推动了进口石材的增长。

为促进海沧口岸进口石材的持续增长，加快进口石材通检速度，吸引更多的石材货源从海沧口岸入境，一方面，海沧出入境检验检疫局需要做好进口石材现场查验工作，规范进口石材查验工作流程，强化风险分析；另一方面，完善“集中查验”工作制度、推进“一站式查验”，探索“综合查验”监管模式，降低物流成本，提升港口综合竞争力。

四、天津港打造四大项目对接自贸区提升港口物流服务

天津港物流发展公司获悉主打“拼箱物流、海关国检、东疆汽车、东疆乳制品”四大项目，对接自贸区建设，提供专业便捷的物流服务。拼箱物流是指将分属于各企业的出口货物，在集装箱场地拼凑在一起装进集装箱出口至对方集装箱场地，既提高了出口拼箱货物的通关作业效率，又节省了企业通关成本。

在拼箱物流业务方面，物流发展公司将加强与船公司和拼箱公司的合作，争取更多的箱源和业务，着力在北疆和东疆打造具有影响力的拼箱物流中心，为开展跨境电商业务和国际拼箱中转业务创造条件，同时加快建设东疆空箱服务中心和北疆外贸空箱服务中心。

在通关查验方面，物流发展公司将利用海关、国检等口岸部门出台的系列促进政策，积极推进北疆动植物检验检疫、东疆冷链物流查验以及东疆 5.4 万 m^2 废旧查验等项目，为海关、国检联合开展“一次申报、一次查验、一次放行”的“三个一”通关查验创造条件。

随着奔驰、远大汽车等汽车进出口贸易项目在东疆开始运营并初具规模，物流发展公司将加快建设新的 40 万 m^2 东疆汽车物流基地，并积极利用新基地和华威公司，加强平行进口汽车试点政策研究，促进东疆早日具备包括汽车进口与代理、简单加工、PDI 检测、组装与改装、分拨与配送、汽车展销等在内的综合汽车物流服务功能[53]。

此外，物流发展公司还将加快推进东疆乳制品项目，加大乳制品市场开发，加快将其打造成集贸易、仓储、分拨配送以及研发为一体的专业物流项目。

实践篇

第四章　自贸区背景下港口大宗商品供应链转型与创新

第一节　港口大宗商品供应链的特点和主要内容

一、港口大宗商品供应链的基本概念

（一）大宗商品的内涵

大宗商品是指用于工农业生产和消费的大批量买卖的物质商品，进入流通领域，但非零售环节。大宗商品通常被设计为期货、期权等金融衍生工具来进行交易，从而更好地实现价格，发现和规避价格风险。因此，大宗商品同时具有实物与金融属性。在金融投资市场，大宗商品特指同质化、可交易、被广泛作为工业基础原材料的商品，如原油、有色金属、农产品、铁矿石、煤炭等。大宗商品作为工业基础原材料，处于最上游，反映其供需状况的期货、现货价格的变动会直接影响到整个经济体系[54]。

（二）大宗商品供应链的内涵

大宗商品与全球供应链（Global Supply Chain）紧密相连。全球供应链是在经济全球化的背景下出现的，围绕核心企业，通过对供应链中的资金流、信息流、价值流以及人员交往进行计划、组织和协调，进而在全球范围内寻求建立产、供、销企业与客户间的战略合作伙伴关系，最大限度地减少内耗和提高对外部环境或竞争的反应速度，实现产业链整体效率、效益最优化的过程[55]。

近年来，大宗商品的金融属性得到强化，正超越商品属性成为影响价格走势的关键因素，大宗商品避险、保值、增值的需求越来越大。在活跃大宗商品交易的同时，因为价格主要是由大宗商品市场的贸易和金融模式决定的，所以波动也越来越大，凸显了大宗商品的商品贸易金融化、贸易组织平台化、贸易需求碎片化、贸易手段网络化的特点。特别是大宗商品贸易的新形态，必然需要更为高效的物流体系来支撑，只有具有高度信息化和经过深度整合的新物流模式，才能满足企业碎片化

贸易需求，这最终仍要回归到对资金流和信息流的高效整合。然而，在大宗商品电子交易的流程中，信息流引导物流和资金流，从而实现商品的价值交换。大宗商品供应链就是更大范围内提高大宗商品物流、资金的系统竞争力，因而供应链不仅成为一个比物流具有更大效益的战略格局，而且成为一个国家、一个行业创新的重要方式[56]。

（三）港口大宗商品供应链的内涵

现代物流和供应链的发展，既是全球经济一体化的催生，又是深入发展的需要，这种时代背景强化了港口在综合运输体系以及整个供应链中的作用，也促成了港口的转变和发展。港口已经从单一的货运生产转变为综合运输体系网络中的中心节点，成为世界生产与消费的重要环节。同时，由于港口通过两端的运输商（船公司和陆上运输商），与世界各地的供应商和消费者相连，从而形成了一条集成多种运输方式和物流形态的港口供应链。港口的物流供应链主要包括 2 个层面：①港口内部物流的各种资源的整合，包括运输、装卸、搬运、仓储、货代、流通加工、包装、配送和信息处理等环节的资源，以及港口内部物流产业部门间的合作；②参与全球和国内物流供应链运作的环节，发挥港口在物流供应链中的货物集散中心、延伸内陆腹地及海域腹地的物流节点的重要作用，积极主动参与和组织与港口物流相关的货物供应商、制造商、销售商以及最终用户形成的供需网络，实现物流一体化运作的目的，港口供应链模型如图 4－1 所示。

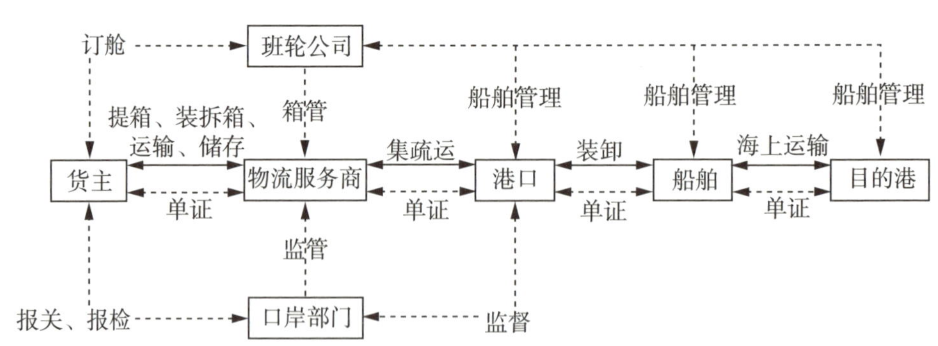

图 4－1　港口供应链模型

港口大宗商品供应链是指依托港口各种要素和资源，以矿石、煤炭、油品、粮食等大宗货物为对象，通过与上游的大宗商品供应企业、中游的生产企业和物流企业以及下游的销售企业和用户等，以资本纽带、战略合作、项目合作等方式，建立紧密的供应链联盟，上控资源，下控客户，借助互联网服务平台，实现大宗商品供应链交易过程的全程电子化，通过将供应链物流、商流、信息流、资金流四流合一，实现大

宗商品供应链的多元化拥有和控制。

随着信息科技的发展，电子商务对大宗商品供应链的影响非常大，降低了交易成本、库存水平、采购成本，缩短了循环周期，增加了收入利润。此外，大数据的应用也进一步推动了大宗商品供应链一体化。港口大宗商品供应链电子商务是指借助互联网服务平台，实现供应链交易过程的全程电子化。港口大宗商品供应链的原则是要求供应链的所有参与者完全融入供应链整体，以供应链的整体利益为最高原则，以整合资源和需求并减少供应链成本为核心，以准确的实时信息系统为主要手段，建立上下游连接和沟通的完善物流供应链体系。通过大宗商品交易平台与港口的联合优势，实现即时生产、即时销售，彻底变革传统的上下游商业协同模式，进一步降低运营成本，提升大宗商品供应链的运营效率[57]。

二、港口大宗商品供应链的基本特点

（一）港口建立大宗商品供应链的必要性

当前，单纯强调大宗商品运输等简单的物流形式已难以满足高效、低成本以及绿色物流的要求。大宗商品物流在其属地受限等特性的制约下，需要依托供应链管理方式，协调大宗商品生产、采购、运输、销售等各个环节，实现大宗商品商流、物流、信息流、资金流的整合，满足经济发展对大宗商品的要求，促进大宗商品流通过程中各环节的高效运转。

从我国港口装卸的货物来看，原油、铁矿石、煤炭、粮食等大宗商品占据较大比重。港口发展也参差不齐，大部分港口仍处在简单追求吞吐量和港口建设规模扩张的阶段，尚未完全融入全球自由贸易发展趋势下的供应链体系。港口若不进行转型与创新，主动拓展集商流、物流、资金流、信息流等功能为一体的港口供应链，则可能遭到市场洗牌。因此，港口大宗商品实现由传统装卸作业向现代综合物流、贸易服务、供应链综合服务的转型升级显得尤为迫切和重要。

(1) 延伸与整合大宗商品供应链可实现资源优势互补，实现供应链整体价值最大化，获得港口最好的控制能力。不管采用什么样的经营模式，追求价值最大化始终是港口经营的最终目标。港口及其大宗商品上下游企业都只能在某些生产或管理要素上占据资源优势，而不可能在所有的生产或管理要素上占据优势，通过整合供应链可使链上的节点企业相互间共享优势资源，做到优势互补，最终达到供应链整体价值的最大化。

(2) 大宗商品供应链延伸与整合可实现供应链上企业的规模经济效益递增。规模经济效益递增又称规模经济，简单来说就是指通过增大规模而使整体的经济效益提高。通过对供应链延伸与整合，特别是对信息资源的整合来实现信息资源的高度共享,企业能够及时地共享需求信息,从而港口能更接近供应商与市场,更了解供应商的供给与市场需求,进而确定最优的大宗商品供应链。

(3) 港口市场环境的变化决定了港口发展大宗商品供应链的必要性。目前,港口同质化竞争激烈,在这种情况下,理论上可以通过 2 种方式来寻求更大的发展: ①通过多元化经营手段来设计新产品以及开发培育新市场;②开拓新的更大的市场。但是,不论采用哪种方式进行发展,都必须通过大宗商品供应链延伸与整合来实现。

(4) 对供应链上下游延伸与整合,可以提升港口经营大宗商品抗风险的能力。目前,我国港口的整体抗风险的能力不高,需要通过上下游行业的介入与多元化经营来提高抗风险能力。有条件的港口若能积极介入大宗商品供应链综合业务,在承担传统装卸与物流业务的基础上,从采购和销售执行模式着手探索供应链延伸服务,提高大宗商品供应链的服务能力,则抗风险能力将能得到有效加强。

(二) 港口大宗商品供应链的特点

港口大宗商品供应链作为一个连接供应商与最终用户的增值链,其基本特征是复杂、动态和交互的,在港口实际运作过程中存在大量的不确定性因素,具体表现在以下 4 个方面。

(1) 协调性与复杂性。港口大宗商品供应链有货主、仓储物流企业、船公司、报检报关等多个成员,是一个互相促进的系统,但由于各种原因,港口与口岸部门以及各关系方间的利益分配机制还有待完善。同时,港口大宗商品供应链涉及企业较多,成员企业在管理、组织、技术等方面存在差异,作业流程复杂,任何一方业务出现问题,都会影响整个供应链流程的开展,不确定性较大。

(2) 灵活性与动态性。港口供应链中的合作伙伴一般都是经过科学筛选的,但随着外部环境及相互服务内容的改变,其成员企业也在不断变化和调整。供应链是一种动态的企业联盟,其动态性决定了供应链面临着随时解散、更新或重组的可能性。因此,港口大宗商品供应链属于一种动态的企业联盟。

(3) 系统性与风险性。在供应链整体利润一定的条件下,各成员企业的利润分配额是此消彼长的关系,当利润分配机制不足以体现风险分担水平或公平性时,部分成员企业会表现出消极的态度,甚至拒绝进一步合作,退出当前的供应链[58]。因此,港口大宗商品供应链管理的系统性风险依然存在,应尽可能在风险发生后快速恢复到初始状态,或是进化到更有利于供应链运行的状态,使供应链更有弹性。

(4) 国际化与全球性。在以港口为中心的供应链中,各国的货物和原材料等通过港口转运到世界各地,进行再生产和最终的消费。在这条供应链中,包括上下游的供应链实体、形态各异的货物流,信息交换和资金流通频繁,而且数量巨大。

港口大宗商品供应链与制造业供应链不同，产业链涉及的企业很多是国外企业，特别是港口外贸货物，具有显著的全球化特征。全球化经营是大宗商品贸易商发展到一定阶段的必然选择，通过实施全球化战略，可以在全球市场上进行更加高效的大宗商品资源配置，扩大市场规模，获得更多的业务机会。

三、港口大宗商品供应链的主要关系方

港口大宗商品供应链是一个整体合作、协调一致的系统，涉及多个合作者，如链条上的圆环般连接在一起，为了共同的目的或目标，协调动作、紧密配合。港口大宗商品供应链主要关系方包括货主企业（生产商、贸易商等客户）、物流企业（港口、铁路、公路、水运、航空等）、口岸监管机构（海关、检验检疫部门等）、金融保险机构等，如图 4－2 所示。

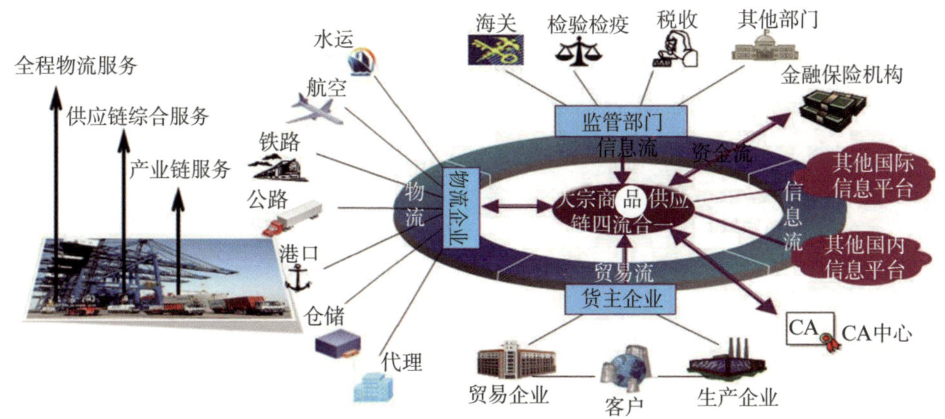

图 4－2　港口大宗商品供应链

（一）港口供应链核心企业

港口供应链核心企业由规模较大、实力较强的供应链成员担任，往往是实力较强的大型港口企业，这些企业掌握众多货源，具有较强的实力和丰富的供应链经营经验，在港口大宗商品供应链中处于主导地位。

（二）物流企业

相关物流企业包括港口和腹地的仓储、装卸、转运、配送、流通加工等物流服务商，港口与船公司的服务对象都是货主，港口与船公司联合投资码头建设已经成为适应船舶大型化发展的一种新趋势。港口与船公司之间的合作是港口发展优质服务的必然路径，可构成四通八达的集疏运网络，对于提升枢纽港经营能力和效益具有重要意义。

（三）其他运输方式提供者

除水运之外，与港口产生联系的主要运输方式还包括公路、铁路、航空等。对港口来说，凝聚与辐射功能的实现依赖于集疏运能力的大小，集疏运条件会直接影响港口功能的发挥，是港口确保供应链畅通的重要条件。

（四）口岸机构

就港口而言，顺畅的贸易渠道和信息渠道也是非常重要的，货物通关效率对整个系统的效率具有重要影响。因此，港口企业应与海关、自贸区、保税区等口岸管理单位通力合作，不断提高供应链管理效率。此外，港口企业还要与关系方紧密合作，依托港口大宗商品经营，构建四流合一的港口供应链，实现由传统装卸、物流领域向供应链与产业链一体化方向发展。

第二节　自贸区与港口大宗商品供应链互动发展

一、自贸区政策对港口大宗商品供应链的影响

（一）自贸区内经济政策的开放为港口供应链竞争力提供保障

(1) 自贸区实行金融服务全面开放，允许外资控股的金融机构进入，利率市场化、货币自由兑换，对交易采用事前备案，中期及后期采用社会信用体系记录交易双方信用，结合综合执法制度进行事中控制和事后追溯。其中，信用信息共享和金融自由化将增进港口大宗商品供应链的合作伙伴关系，减少供应链成本，增强供应链的竞争优势。

(2) 为推进贸易便利化，设立企业“单一窗口”、通关无纸化、结汇业务创新等政策提高通关效率，严格执行监管部门的“涉证涉税”相关标准。在维护资金链的同时也为企业实施供应链敏捷性战略提供方便，在确保产品质量的基础上确保了港口大宗商品供应链具有差异化的独特竞争优势。

(3) 在海关监管和检验检疫制度上，设立境内外维修等海关监管制度以及对进口货物的预检和检疫审批负面清单等管理措施。确保企业从售后服务方面维护客户关系，使供应链能够保持稳定的客户关系，增加竞争优势，促进港口大宗商品供应链的长期发展。

(4) 自贸区精简行政方式，建立有限职能、权力和规模的自贸区政府，实现资源的自由配置，区内政策对接国际化等举措促进了贸易便利化，使企业产品在供应链中的流动速度加快，提升供应链运作能力。自贸区内对于货物的监管，采用“一线逐步彻底放开、二线安全高效管住、区内货物自由流动”的创新监管服务模式，对

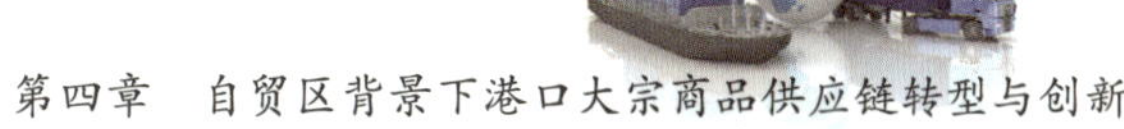

于企业的行政管理则从重事先审批转变为重事中、事后监管的模式。对于自贸区的供应链而言，新的制度显然对于提高港口大宗商品供应链的运转效率具有积极的促进作用，但同时也应当注意防范由于政策、制度放开带来的风险。“放开”“自由流动”“事后监管”等模式给予企业更大的自主权利，但要注意提防利用政策及制度的漏洞不当获利的行为，减少给整个供应链带来的损失。

(二) 自贸区是一个巨大的牵引力，有利于带动国际供应链的形成

自贸区作为我国外贸政策平台，大大促进了进出口贸易量的增长，特别是国际大宗商品交易。在自贸区背景下，各企业在降低生产成本、提高产品质量和扩大销售方面的产业拓展空间已十分有限，市场竞争是供应链与供应链的竞争，任何企业只有与别的企业结成供应链才有可能取得竞争的主动权。信息时代的供应链是建立在先进的计算机网络、远程通信技术和电子商务模式基础上的，由于互联网技术的发展和普及，供应链必须依赖现代网络信息技术支撑，执行相应的功能和程序，实现供应链的一体化和快速反应，达到商流、物流、资金流和信息流的协调通畅，以满足消费者需求。以自贸区为重要节点，吸引产业集聚，加强供应链整合，能够促进我国产业在全球价值链中向高端递进，推动产业格局重构，提升产业核心竞争力。未来，自贸区将成为布局全球供应链的重要节点，逐步形成以自贸区为核心的全球供应链体系，培育国际竞争新优势。同时，自贸区要充分发挥物流集聚和辐射效应，打造区域物流枢纽和供应链节点，加强互联互通和供应链整合，促进区域经济一体化发展。总体来看，自贸区的建设为我国物流业转型升级和创新发展以及港口大宗商品供应链功能完善提供了强大动力。

二、港口大宗商品供应链对自贸区的促进作用

(一) 港口大宗商品供应链为自贸区发展提供实践样本

在自贸区背景下，随着经济全球化和网络信息技术的发展，港口大宗商品供应链已成为自贸区企业发展的重要引擎，供应链由国内向国外延伸，涉及的环节增多。自贸区由于具有多重经济功能，可以看作是一个供应链集成平台，按照产业链、供应链、服务链的需要来运作，建设完整的“微笑曲线”。“生产＋贸易＋金融＋物流”的发展模式以及各种服务创新和制度创新，促进制造业和进出口贸易的集聚，带动各种要素市场的集聚，推动物流业的集聚，促进产品供应链、服务供应链和绿色供应链的构建。从全球自贸区发展趋势来看，自贸区与港口大宗商品供应链的有机结合，对提升自贸区产业链建设水平、促进自贸区货物贸易向服务贸易的转型发展等方面作用明显。

(二) 港口大宗商品供应链服务功能的开发和完善是自贸区发展的重要基础

港口大宗商品转型与创新是应对新时期港口转变发展方式的需要。要充分发挥先行先试的先发优势,积极完善贸易、金融、航运、物流等服务功能。要适应全球商流、物流、资金流、信息流的快速发展,培育国际物流和供应链服务能力,鼓励国际物流和供应链的服务延伸和模式创新,加快货物贸易向服务贸易转型升级。特别要重视贸易金融的平台服务功能,利用物流集聚效应,大力发展大宗商品、航运服务、分销服务等服务平台,发展新型服务贸易,促进国际物流与贸易金融的整合创新。

三、港口大宗商品供应链发展趋势

(一) 创新大宗商品供应链金融服务

互联网与金融的结合,掀起了大宗商品各行业的理财热潮,低门槛和便捷性让资金快速流动,大数据让征信更加容易,产业链条上的融资行为更为方便、快捷,成本也更低。金融服务的创新,应以供应链的核心企业作为起点,从银行传统的纵向服务向横向服务延伸,从传统的供应链线下融资向线上融资拓展,进而形成效率更高、成本更低的在线融资产品,实现资金流的电子化、集成化、高效化。平台服务商、交易市场和金融机构一起,围绕供应链环节的“应收”“预付”和“质押”等3类业务,设计创新型的“在线订单”“在线票据”“在线保理”和“在线仓单”等融资模式,形成供应链全环节的新型线上融资服务,为产业链上下游企业提供便捷、安全、高效的融资渠道,为交易市场、金融机构、仓储物流企业创造合作共赢的新局面。

(二) 创新港口大宗商品供应链信息服务

信息服务要立足于前瞻性和预判性,通过交易市场的信息集聚功能,借鉴国内主要电商的O2O成功运营经验,引入物联网和云计算等先进技术,建立综合信息资讯平台和数据中心,形成主流价格信息,及时发现和影响价格,为企业提供及时、准确、全面的综合信息服务。对于大宗商品电子交易市场决策者来说,最重要的是真正能够运用“互联网+”思维,变革传统运营模式:互联网时代“体验为王”,应不断提升线上体验,使企业用户在线高质量享受第三方质检及质量纠纷调解服务,增加交易平台公信力;“用户至上”,要深挖个性化服务,不断推出针对不同商品、不同类型企业、不同区域的个性化服务,进一步贴近市场,增加现货企业的平台使用黏性;“线上线下一体化”,要不断配合线上体验,优化线下服务,通过渠道协同实现线上线下沟通与互动。对于大宗商品交易来说,线下服务优化同样体现在仓储物流方面,要积极运用互联网技术构建信息化、智能化的第三方物流信息平台,实现仓

储物流信息的随时查询和共通，减少交易风险。

（三）大力发展港口绿色物流供应链

适应全球物流发展方向，发展港口绿色物流供应链将成为衡量港口企业综合竞争能力和持续发展能力的重要标准。随着全球环保公约的签署，绿色供应链服务不仅需要制造企业、流通企业强化绿色管理和服务协同，而且还需要港口企业提供绿色的物流服务。港口既是全程供应链中的物流枢纽，又是全程供应链中发展绿色物流的重要环节。在港口供应链的各个环节都存在着环境保护问题，从原材料获取到产品的制造、运输、使用过程都会产生废弃物，对环境造成严重的污染，威胁人类的健康和生态平衡。因此，在港口绿色供应链管理中，须加强低碳排放的发展战略规划，主要体现在以下 3 个方面：①港口对港区内的集装箱、货盘、运输包装、货物包装等处理，可满足物流环保技术装备等要求；②不同性质货物逆向物流服务功能，可满足制造业绿色物流服务的需求；③港口与多种运输方式的衔接，以水运为主，降低排放技术指标，可满足节能减排的要求。因此，我国港口需要加强绿色物流供应链管理建设，及早融入全球绿色物流供应链之中。

（四）打造供应链一体化服务平台

我国供应链发展除了需要产业链上核心制造企业牵头带动以外，还需要通过打造供应链一体化服务平台，为供应链上关联企业提供线上线下综合服务，如集中采购、分销执行、物流服务、平台交易、融资支付等，满足各类企业资源整合和功能提升的需要，这也是我国许多供应链企业的主要发展模式。港口物流企业贯穿供应链上下游，掌握各类渠道资源，向供应链一体化服务平台转型具有先天优势。未来，部分港口物流企业应加快延伸服务链条，承接企业物流业务，提供供应链增值服务，实现向供应链一体化服务商转型。

第三节　港口大宗商品供应链转型与创新典型案例

近年来，受供需关系、美元货币政策调整以及世界经济的影响，国际大宗商品供应链格局发生了前所未有的变化，国际大宗商品市场正在进入大变局时代。我国正处于经济转型升级的关键阶段，改革开放进入深水区，经济发展呈现新常态，我国经济发展对国际大宗商品供应链的波动异常敏感。港口若要建设成为大宗商品进出口的集散地和枢纽、国际大宗商品供应链中的重要一环，大宗商品供应链创新与发展将起到关键的引擎作用。

一、鹿特丹港大宗商品供应链分析

(一) 鹿特丹港概况

鹿特丹港位于荷兰西南沿海莱茵河与马斯河两大河流入海汇合处所形成的三角洲上，西依北海，东溯莱茵河、多瑙河，可通至里海，具有极为优越的地理位置，素有“欧洲门户”之称，是全球重要的物流中心。鹿特丹港始建于13世纪末，最初仅是一个小型海港和贸易中心。1600年，鹿特丹港开始发展成为荷兰第二大商港。1870年，港口直通北海的航道得到整治后发展迅速。第二次世界大战后，随着欧洲经济复兴和共同市场的建立，鹿特丹港凭借优越的地理位置，大力开展江海联运，发展成为全球重要的物流中心。1961年，鹿特丹港货物吞吐量首次超过纽约港成为世界第一大港，并保持这一优势40多年，至今仍是重要的国际航运中心之一。鹿特丹是欧洲最大的原油、石油产品、谷物等散装货物的转运地，每年进出港船舶达3.5万多艘，每天可同时停靠300多艘船舶，定期远洋班轮逾12万航次。2015年，鹿特丹港货物吞吐量达4.66亿t，居欧洲第1位，世界第9位；集装箱吞吐量达1 223万TEU，居欧洲第1位，世界第11位。

(二) 鹿特丹港大宗商品供应链的先进经验

1. 多模式集疏运体系发达

以鹿特丹为中心，半径500 km范围内，覆盖德国、瑞士、英国、比利时等国家的主要工业基地，同时覆盖1.6亿以上的高收入人群，产业密集，人口密度大，为鹿特丹港提供了十分充足的转运货源与优良的转口贸易条件。

鹿特丹港拥有500多条班轮航线，与世界上1 000多个港口通航。鹿特丹港吞吐货物80%的发货地与目的地均在荷兰以外，货物在港口通过一流的内陆运输网进行中转，运抵欧盟各成员国，其中：美国向欧洲出口货物的43%，日本向西欧市场出口货物的34%都经过鹿特丹港中转；德国经过鹿特丹港的进出口货物几乎超过了其国内港口的总吞吐量，在欧洲建立的配送中心75%位于荷兰。

鹿特丹集疏运系统连接各港区码头和港口工业区，外通欧洲内河、高速公路和铁路等综合交通网络。尤其是被称作“1 000公里长的传送带”的莱茵河与其他内河航道共同构成通达的运输网，通过驳船将货物运往荷兰、德国、比利时、法国、瑞士和奥地利。

此外，鹿特丹集疏运体系还包括铁路运输、近海运输、管道运输、公路运输、航空运输等。铁路系统每天有几十列火车进出鹿特丹港，连接欧洲100多个港口的近海，加之高频率的支线航班，在某种程度上代替了部分公路运输。鹿特丹还建有庞大的地下管道网络，形成了由港口铁路、公路、内河、管道、机场和城市交通系统

共同组成的完善的集疏运体系。

2. 航运服务产业链健全

鹿特丹是一个以贸易为主的国际海港都市，每年有逾 3 万艘船舶、4 亿 t 货物进出鹿特丹，航运服务成为鹿特丹物流服务的主要方面，而与航运服务相关的众多产业也聚集在鹿特丹及其周边地区，如船舶分级、船舶检测、船舶配件供应、船舶物资补给、船舶保养、废物处理、船舶修理和船员招募与更换等相关服务。此外，还有一批在海运界享有盛誉的银行、保险公司、律师事务所和咨询公司等都已在鹿特丹开展业务。

港区和城市周围汇聚了大量拥有专业知识和专门技能的各类人才，如船舶管理、租船经纪和货物船舶经纪等。此外，鹿特丹地区的各大高校和教育机构也都积极开展海运相关的研究和教育。

3. 港口服务功能齐全

鹿特丹借助完善的集疏运系统，建立了港口物流园区和国际航运中心，成为鹿特丹保持其在欧洲的主要港口地位、扩展城市经济实力和影响力的重要战略方针之一。

20 世纪 80 年代以来，鹿特丹一直将发展港口物流作为重要任务之一，使鹿特丹一直走在港口物流化的前列，成为当今世界上最重要的物流中心之一，并不断根据国际航运业和国际市场的发展为鹿特丹港口物流的发展扩容，提高港口集装箱的吞吐能力。同时，鹿特丹政府不断强化物流理念，发展物流必需的技术手段，从而带动鹿特丹和整个荷兰经济的发展。从鹿特丹的发展经验来看，港口物流及其相关服务的发展带动了城市经济以及区域相关产业的发展，并使荷兰政府从鹿特丹港口物流及其服务的发展中获得丰厚的回报。

鹿特丹港区及腹地建有埃姆(Eemhaven)物流园区、博特莱克(Botlek)物流园区、马斯莱可迪(Maasvlakte)物流园区和马斯莱可迪二期(Msasvlakte 2)物流园区等 4 个物流园区，园区内设有仓库、现代化的通信设施以及海关管理机构等。埃姆物流园区面积为 0.5 km^2，主要提供大宗产品如木材、钢材等的储存和配送服务；博特莱克物流园区是石油、化工产品的专业配送中心，占地 0.87 km^2，主要集中于提供仓储、配送和编组的服务；马斯莱可迪物流园区临近北海入海口，与港口腹地之间可以通过铁路、公路、水路进行连接，占地 1.25 km^2，是专为集中物流活动的欧洲配送中心而建立的，该园区入驻许多计划在欧洲建立配送中心和加强供应链控制的大型企业。这些物流中心采用最先进的通信和信息技术，并拥有充足、熟练、专业的劳动力，可提供各项增值服务以及海关的现场办公服务。2013 年竣工的马斯莱可迪二期物流园区由园区本部、铁路服务中心、驳船服务中心、立体交通、三角洲集装箱堆场、专用码头、近海和铁路支线服务、备用发展区以及内地公路发运点等 9 个不同功能部分组成，服务于整个欧盟。四大物流园区通过货物的合理配置来满足各个国家和地区顾客包括再包装、标签、称重、装配、质量监控、配送、海关等环节的要求，提供功能齐全的港口服务。

4. 临港工业体系成熟

鹿特丹利用临港优势，大力发展临港工业，形成了完整的工业综合体，临港工业已成为鹿特丹经济的重要组成部分。鹿特丹港口及相关辅助产业总产值占荷兰全国 GDP 的 12%，占荷兰所有城市 GDP 的 40%，鹿特丹已成为一个人口、产业、技术、资金高度密集的社会经济综合体和区域性商品、资本、信息、技术等资源的配置中心。

1）石化工业

鹿特丹化工园区作为世界最大的炼油和石油化工中心之一，拥有 4 个世界级的精炼厂、超过 40 家化学品和石化企业、4 家工业煤气制造企业、13 家罐装储存和配送企业，其中石油精炼和石油化工是鹿特丹临港工业中的主导产业。同时，鹿特丹化工园区几乎集聚了世界上所有著名化工公司的石油化工生产装置，埃索、科威特石油公司、阿克苏诺贝尔、伊斯特曼等都在鹿特丹港设点落户，为全世界生产所需的工业品，使得鹿特丹港成为欧洲的主要化学品港口。

2）船舶建造业

第二次世界大战以前，鹿特丹在造船和海工装备制造领域已经举世闻名。鹿特丹利用水工建筑技术、水利技术等方面的独特优势，在港区内大力发展造船工业。鹿特丹港的造船业拥有 7 个大型的造船厂和 30 多个浮船坞，用以生产和建造巨型油船、大型货船以及集装箱专用船等，同时还可以生产用于海上作业的海上拖船、挖泥船、浮吊、勘探船、海上钻井平台等有着特殊用途的工具船，以及大型闸门、桥梁构件、沉井等水工制成品等。

3）食品加工业

鹿特丹港拥有 4 个第三方食用油和油脂码头，4 个食用油和油脂生产厂，以及 1 500 km的管线。借助交通、仓储及运输优势，临港工业区集聚了许多产品加工基地，加上对产品加工程序和加工质量的严格控制，使鹿特丹成为欧洲农产品加工中心。同时，世界著名的食品公司，如联合利华、可口可乐等的出口、存储、加工以及运输等都集中在鹿特丹港区内，使其成为欧洲最大、最重要的食品加工与交易中心。

5. 贸易服务体系完整

鹿特丹港并不仅仅是国际贸易中转港，同时也是国际贸易中心。鹿特丹港是

世界最大的有色金属储运中心、石油现货市场、欧洲农产品贸易中心。鹿特丹在港区内实行“比自由港还自由”的政策，拥有大约 3 500 家国际贸易公司。

鹿特丹港发展物流园区的目的是参与国际贸易。物流园区建在港区中心地带，紧临码头和通往内陆、海外、欧洲目的地的交通设施，与码头间建设专门的运输通道，方便进行物资配送。园区内设有仓库、现代化的信息和通信设施，以及现场办公的海关。

鹿特丹港区贸易服务最大的特点是储、运、销一条龙。通过保税仓库和货物分拨中心进行储运和再加工，提高货物的附加值，然后通过公路、铁路、内河、空运、海运等多种运输路线将货物送到荷兰和欧洲的目的地。

1）石油现货市场

全球范围内主要的石油现货市场有西北欧市场、地中海市场、加勒比海市场、新加坡市场、美国市场 5 个。其中，西北欧市场分布在阿姆斯特丹—鹿特丹—安特卫普地区，主要为德国、法国、英国、荷兰等国家服务，核心在鹿特丹。鹿特丹港在石油贸易中发挥着举足轻重的作用，沙特阿拉伯等国家使用超大型油船将石油运到鹿特丹港，大部分石油和石油产品都在鹿特丹港加工制成其他石油产品，随后其中的大部分将进行再出口。

2）农产品贸易中心

鹿特丹地处欧洲温室作物农产品中心，拥有众多的食品贸易和服务公司，以及领先的食品和保健品生产物流链，鹿特丹港每年处理约 8 300 万 t 各类散装农产品，其中粮食类干散货约 1 000 万 t。在食用油及油脂货物方面，鹿特丹也引领整个欧洲市场。许多农产品贸易公司选择在鹿特丹开展业务，如 Glencore International，Bunge 和 ADM/Toepfer 等。鹿特丹港区拥有各类农产品经营的专业化公司，可为各类货物提供优质的服务。港口还有配套的粮食碾磨厂、加工厂、食品制造厂、包装公司和储运公司等供客户选择使用。此外，港口还可以提供各种辅助服务设施，如实验室、谷物代理和货运代理等。鹿特丹港的农产品仓储码头可以提供十分广泛的服务，甚至可以按照客户的要求为其提供订制化的物流链服务。

农产品通过甲板吊装或者直接利用传送带将船舶与粮食筒仓相连，码头上的筒仓和普通型仓库可以满足各类农产品的短期或长期储存的不同要求。鹿特丹地区拥有大量专门从事农产品装卸、仓储、运输和工业加工的专业人才和公司，还有实验室检验、粮食经纪、交易所和货运代理等各种提供辅助业务的服务商。

二、大连港大宗商品供应链分析

(一) 大连港概况

大连港地处东北亚经济圈中心,是我国东北地区最重要的综合性外贸口岸。大连港拥有国内最大的30万吨级原油码头(可接卸45万t油船)和国内港口规模最大的原油罐群(年通过能力达8 000万t),是东北地区重要的油品及液体化工品储转分拨基地。集装箱码头可靠泊3E级1.8万TEU集装箱船舶,是东北地区最大的集装箱枢纽港,外贸集装箱吞吐量占东北口岸的97%。大连港拥有国内水深条件最好、综合效率最高的矿石专用码头,可为东北及环渤海地区客户提供矿石装卸、保税中转及贸易混矿等全程物流服务,拥有35万t专业矿石码头和15万t转水码头和55万m^2后方堆场,一次性可堆存矿石850万t。汽车码头是国内成长最快的专业化汽车码头,可靠泊全球最大的汽车滚装船,年通过能力接近50万辆,业务量占东北地区港口市场份额的90%以上。杂货码头是东北地区重要的散杂货转运中心之一,致力于打造精品钢材、袋装粮食、煤炭转运基地。散粮码头通过打造产地、铁路、港口、海上及销区一体化的全程物流体系,成为中国东北最具竞争力的粮食转运中心。大连港按照"一核两翼"打造大连国际航运中心港口集群体系,按照"一岛三湾"港区规划发展布局,建设核心港区,包括大窑湾港区、太平湾港区、大连湾港区、长兴岛港区。2015年,大连港完成货物吞吐量3.51亿t,位居世界港口的第11位,集装箱吞吐量945万TEU,位居世界前20名。

在传统港口物流服务功能的基础上,大连港积极探索物流增值服务模式和功能拓展,打造港口供应链。集装箱物流增值服务方面,设计海铁联运、干支转运、散改集等全程物流方案,满足客户的多样化转运需求,提供增值物流服务,增加港口吞吐量;粮食物流增值服务方面,主要从事粮食期货物流、仓储、交割服务,推进粮食贸易、粮食期货和粮食物流金融服务创新以及建设粮食交易电子商务平台;油品物流增值服务方面,通过开展保税等模式提供增值服务,不断满足国内外石油贸易商的服务需求;矿石物流增值服务方面,重点推进商贸交易增值服务,建造保税混矿堆场,建设东北亚重要矿石贸易中心和矿石期(现)货交易服务平台;汽车物流增值服务方面,开展物流金融增值服务,为客户提供代开信用证、代垫关税、质押监管等物流金融增值服务;散杂物流增值服务方面,积极利用大连湾、长兴岛等港区基地,建设大件设备包装加工基地平台,探索发展简易包装、加工以及金融、贸易等新的物流增值服务。

(二) 大连港大宗商品供应链的构建

按照东北亚区域产业布局、货物流向和物流需求情况,大连港依托物流优势、

资金优势和政策优势，发展基于港口的大宗商品供应链，深耕大宗商品供应链服务市场，打磨大宗商品供应链服务品质，以粮食、汽车、矿石、油品、钢材、煤炭等大宗商品为突破口，进一步发挥现有特色货种的规模优势，带动大宗商品供应链服务全面发展。

大连港正在创新大宗商品供应链服务模式，加强与供应链上下游相关企业的合作，提高大宗商品供应链国际化、高端化的水平，促进大宗商品物流与相关产业协同发展。大连港基于大宗商品交易平台的供应链模式如图 4－3 所示。

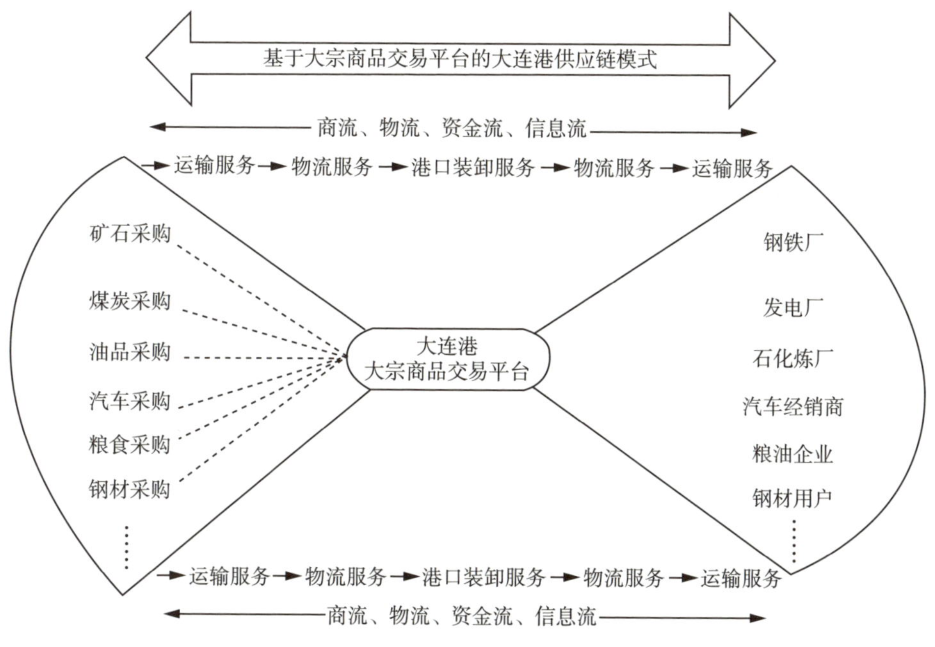

图 4－3　大连港基于大宗商品交易平台的供应链模式

（三）大连港大宗商品供应链创新发展路径

大连港依托大宗商品经营，以资本为纽带、以贸易为切入，向两端延伸，形成港口供应链发展模式，实现货源汇聚、客户集聚。通过吸引大宗商品货源、控制大宗商品港航资源，做强主业；通过贸易拓展、全球经营、增值服务，发展多元化业务。

1. 货源吸引

以资本为纽带，与上游的货物供应商，中游的物流企业、船公司，以及下游的货主企业等建立紧密的纵向供应链联盟，控制上下游客户，吸引稳定的货源。为了增强与上下游企业的合作关系，采取互相投资参股的方式，通过资本纽带增强彼此的控制能力，并建立利益分享机制。通过对大宗商品供应商的参股、控股，与上游资源型的企业合作，加强上游的货源控制能力，在供应链前端提供准时配送、优质产品、优惠价格的资源；同时，为下游市场提供资金支持，通过提供加工、物流等增值服务，与下游企业进行紧密合作，加强下游的控制力。通过资本纽带吸引货源、控制客户有利于提高大连港大宗商品供应链的市场响应速度，有利于增强对产品质量、渠道的控制能力，提升终端市场竞争力。

资本纽带能大大增强大连港大宗商品供应链节点企业之间的协同能力。企业之间的战略目标和文化趋同，基础设施和硬件系统相互配套，有较好的信任关系，更易于信息沟通和交流。由于供应链节点企业作为独立的市场主体，以追求自身利润最大化为目标，因此维持和增强以资本为纽带的上下游企业之间的协同作用的前提就是建立以整体利益最大化为目标的节点企业间的利益协调机制。在对节点企业经营者的考核机制和利益分配上，不能只考虑大连港自身的效益，而要体现整个行业供应链利益最大化的目标。通过资本纽带，大连港可以吸引具备资源互补优势的合作伙伴，快速取得关键技术、市场和渠道等有价值的资源。

2. 资源控制

以资本为纽带，与国内外其他港口进行战略合作，建立横向联盟，控制其他港航物流资源，为客户提供优质服务，吸引更多客户。港口之间通过联盟创新，实现联盟各方的资源优势整合，取长补短，达到资源共享的目的；通过协同合作，使整个物流链的工作效率大幅提高；通过规模经济和集约化运作，降低成本，减少社会重复劳动，从而降低港口方面的经营风险和竞争压力；通过减少物流的中间层次，实现多式联运的无缝对接，最终提升港航联盟的服务水平。

大连港应积极推进与地方政府、口岸单位、港口企业、铁路部门、航运企业、金融机构、客户企业的全方位战略合作。在环渤海港口、辽宁沿海港口群之间，尽快促进港口服务联盟，实现港口间资源的协同共享。加强与曹妃甸、东营、潍坊等港口的合作，通过资本输出、技术输出和管理输出，增强大连港的资源整合能力。采用交叉腹地渗透策略，主动通过合作共建、差异化服务，实现港口资源均衡运作，避免低耗同质竞争。充分发挥政府的协调机制作用，建立港际联盟，与周边港口通过合作实现优势互补、互惠共赢，提高区域港口群整体竞争实力。依托铁路网络和铁路站场，积极开展与内陆港口的合作共建，利用资本输出、技术输出和管理输出等手段，培育区域性大宗商品揽货港，共建无水港。加强与中远海、马士基、淡水河谷等船公司和代理、运输、仓储等企业的密切配合，提供货源地综合配套服务，有效整合港口、腹地、航运、第三方物流资源，实现与内陆远程客户的直接对接。

3. 加强贸易

凭借庞大的上下游客户资源，开展大宗商品贸易业务，通过贸易切入对货源的控制，带动港口传统装卸与物流业务的发展，实现以贸促运、物流与贸易一体化的良性发展。大宗商品供应链贸易是物流、资金流、信息流的整合，促进了物流业和金融业的蓬勃发展。随着经济全球化进程的不断加快以及贸易自由化的不断推进，大宗商品在国际市场上自由流动倾向将进一步显现，最终导致大宗商品市场在整个世界范围内呈现出跨越国界的集中化趋势。大宗商品市场需要现代金融、仓储物流等专业服务的支持，大连港可综合运用集团资源采购、销售、信息、金融等功能，进入大宗商品贸易领域，建设大宗商品交易和物流服务平台，或者整合类似的资源，充分利用创新政策争取与国际市场建立直接的大宗商品贸易渠道，以获取主动权，通过贸易、金融等方式控制货源。大连港应以发展大宗商品贸易为重点，为贸易客户提供商流、资金流、信息流、物流、技术流一体化的供应链解决方案和各种高附加值的服务项目。加快建设大型综合交易平台，推动交易（所）集团正式运营，推进期货交割场库建设，形成物流与商流、实物交易与虚拟交易相结合的贸易物流体系，打造期现联动、线上线下、交易交割成熟的产业链条。

4. 全球经营

抓住“一带一路”倡议，以及“中韩自贸区”等战略，依托航运企业的海外网点，拓展大宗商品全球供应链业务。大连港海外网点布局还处于起步阶段，需要加大发展力度，加快“走出去”步伐。打造大连港大宗商品供应链全球网络，提升大连港大宗商品供应链的全球影响力，发展成为具有行业影响力的大宗商品供应链国际运营商。开拓海外码头装卸、专业物流、大宗资源型商品物流等业务，并以参股、控股、兼并、联合、合资、合作等方式积极参与海外主要港口、物流中心城市的物流体系和基础设施的投资与经营，与海外相关物流企业开展合作，控制部分物流资源，提高海外网点的资源占有，增强海外网点对码头、航线、终端配送等资源的控制能力，为客户提供更加安全高效的服务，维护客户的利益，为客户创造价值。积极参与国内装备制造、基础设施建设等央企的国外项目，推动非洲、南美洲、欧洲等地区的港口开发建设和物流经营项目取得实质进展。

5. 多元化经营

大宗商品向“物流＋金融”“物流＋贸易”“物流＋信息”转变，传统物流与供应链综合服务均衡发展、互相支持，高端产业快速发展。大连港在大宗商品供应链方面应探索“物流＋”发展模式，推动符合供应链一体化趋势的大宗商品多元化产业大聚集大发展，争取形成大宗商品供应链总部经济产业带。重点培育供应链金融、大宗商品贸易、港口信息、保税仓储、流通加工、检测检验等增值服务产业，主动介入关键代理类业务、外围支持类业务等高增值业务环节，推动大连港物流产业链向高附加值领域延伸。加强大宗商品物流、贸易、金融、信息与临港产业的联动。构

建体系健全、功能完备、服务优质的大宗商品供应链金融服务体系，积极争取金融“全牌照”，发展大宗商品物流仓单金融、物流授信金融、金融信息、贸易融资等业务。深化与金融机构的合作，创新设计具有行业个性化的大宗商品供应链金融产品，拓宽和创新融资渠道。

6. 电商平台

以“互联网＋”思维，推动大宗商品供应链发展的新商业模式，构建大连港大宗商品供应链电商服务平台，为顾客提供“一站式”服务，提升大宗商品供应链信息服务能级。利用“互联网＋”等信息技术，将港口与港口、港口与海关、港口与货主、港口与承运商连接起来，形成一个开放的有机整体，通过电子商务核心功能，延伸大连港物流服务链，建立大连港物流电商服务平台，让大连港的物流业务通过网络互相连接。建立第三方物流电子商务平台，拓展货物交易、信息传递、在线交易、物流服务、口岸服务等“一站式”服务功能。推动跨境电子商务服务平台建设，利用港口与海关、检验检疫系统的数据交换优势，整合港口在进出口贸易活动中的物流综合优势、资源优势和信息优势，提供诸如交易支付、通关、物流、退税、换汇、保险、融资等信息服务，推动上下游客户与大连港在共同信息平台上高效运作，提高贸易和物流效率，打造国际物流电商平台。

第五章　自贸区背景下港口供应链金融创新

第一节　供应链金融概述

一、供应链金融的概念及构成要素

(一) 供应链金融的概念

目前,国内外相关学者对供应链金融的定义不尽相同。LAMOUREUX[60]认为供应链金融是在以核心企业为主导的企业生态圈中,对资金的可得性和成本进行系统优化的过程。杨绍辉[61]认为供应链金融是一种服务,它将资金流有效地整合到供应链管理中来,既为供应链各个环节的企业提供商业贸易资金服务,又为供应链弱势企业提供新型贷款融资服务。王婵[62]给出以下定义:供应链金融是银行从整个产业链角度出发,开展综合授信,把供应链上的相关企业作为一个整体,根据交易中构成的链条关系和行业特点设定融资方案,将资金有效注入到供应链上的相关企业,提供灵活运用的金融产品和服务的一种融资模式。原深圳发展银行副行长胡跃飞[63]根据业务实践将供应链金融定义为:银行根据特定产品供应链上的真实贸易背景和供应链主导企业①的信用水平,以企业贸易行为所产生的确定未来现金流为直接还款来源,配合银行的短期金融产品和封闭贷款操作所进行的单笔或额度授信方式的融资业务。

原深圳发展银行是我国最早进行供应链金融业务的银行,其理论与实践结合得非常密切,胡跃飞给出的定义也最具有代表性,比较全面。但是,该定义主要从银行的角度出发,仅仅是把供应链金融看作一种融资行为,稍显片面。本书编写组认为,供应链金融是一整套为企业生态圈提供的解决方案,不仅包含融资,还包含营销、生产甚至技术问题。

(1) 从广义上讲,供应链金融是对供应链金融资源的整合,是由供应链中特定的金融组织者(一般是指银行)为供应链资金流管理提供的一整套解决方案。静态

① 主导企业就是指核心企业。

层次上，供应链金融包含了供应链中参与方之间的各种错综复杂的资金关系，供应链金融服务通过整合信息、资金、物流、贸易流（商流）等资源，以达到提高资金使用效率并为各方创造价值、降低风险的目的。

（2）从银行的角度看，供应链金融具体产品主要是各类信贷类产品，包括对供应商的信贷产品，如存货质押贷款、应收账款质押贷款、应收账款保理等，也包括对分销商的信贷产品，如仓单融资、原材料质押融资、预付款融资等。此外，除了资金的融通外，金融机构还提供财务管理咨询、现金管理、应收账款清收、结算、资信调查等中间增值服务，以及直接对核心企业的系列资产、负债和中间业务提供服务。因此，供应链金融的范畴大于供应链融资或供应链授信。

（3）从供应链融资市场来看，供应链金融基本上属于短期的货币（资金）市场。尽管供应链金融有着特异化的风险控制技术、自成体系的产品系列以及特别的盈利模式，但是从融资用途和期限的角度来看，基本上可以归入广义的短期流动资金授信的范畴[64]。

（4）从供应链金融体系中的参与主体来看，大致包括以下 4 类：①资金的需求主体，即供应链上的节点企业，既包括核心企业又包括其上下游企业；②资金的供给及支付结算业务的提供主体，主要是以商业银行为代表的金融机构，如商业银行、小额贷款公司等；③供应链金融业务的支持型机构，包括物流监管公司、仓储公司、担保物权登记机构、保险公司、资产评估机构等；④监管机构，目前主要是指银监局。

（5）从供应链金融制度环境来看，主要涉及 2 个方面的内容：①相关法律法规，如动产担保物权的范围规定、设定程序、受偿的优先顺序、物权实现等相关法律，以及监管部门的业务监管相关制度；②技术环境，主要包括与产品设计相关的金融技术和信息技术，尤其是线上供应链金融的兴起，对信息技术和风险控制提出更高的要求。

以上要素结合在一起，便组成了一个完整的供应链金融体系。供应链金融作为近年来一种创新型的融资解决方案，拓展了传统专注于借款主体自身经营状况的融资思路，通过对企业供、产、销全过程的参与和了解，充分分析供应链上“四流”的运行规律，把供应链理论与金融创新相结合，并结合企业经营的实际情况推出了金融服务方案，因此从这个角度看，供应链金融是理论与实践结合的产物。

综上，供应链金融是指在对供应链内部交易结构进行分析的基础上，运用自偿性贸易融资的信贷模型，并引入核心企业、物流监管公司、资金流导引工具等的风险控制变量，对供应链的不同节点提供封闭的授信支持及其他结算、理财等综合金融服务；同时，也是物流业与金融业因各自业务发展的需要而相互结合并融合，更

好地将“四流”趋于同步的一种创新型经济服务产品。

（二）供应链金融的构成要素

供应链金融的构成要素主要包含金融机构、融资企业①、核心企业和相关服务企业，其中相关服务企业主要包括港口物流企业、担保企业、资产评估企业、审计企业等。当前，线上供应链金融业务逐步兴起，在基于第三方 B2B 的线上供应链金融中，还包括第三方电子商务企业等。

供应链金融的构成要素间的关系更加复杂。在传统融资模式中，银行对单个企业进行授信，一条供应链中的企业往往由不同的金融机构为其提供融资服务，银行间的沟通比较少，信息不对称问题比较突出。此外，资金流的流动效率和管理效率远远滞后于物流和信息流，银行处于比较被动的地位，轻易不会给供应链上的中小企业进行融资，从而造成中小企业融资难的情况。在供应链金融模式中，银行对供应链实施整体授信，充分考虑核心企业的信用状况，并沿着供应链进行营销，为供应链上多家企业提供金融服务，因此供应链金融为中小企业融资难问题提供了解决方案和思路。

金融机构通过精心设计的操作流程，在融资企业、核心企业、港口物流企业间形成物流与资金流的闭环②，在降低操作风险的同时，将供应链上各参与方融为一体，实现风险共担、利益共享，属于多方共赢[65]。

（三）供应链金融的作用

供应链金融突破了原有的融资模式，为供应链注入了新型的金融元素，使银行、中小融资企业、核心企业、港口物流企业等相关方实现共赢[66]。

1. 对供应链上中小企业的作用

供应链金融采用全新的授信理念，使供应链上的中小型企业可以凭借供应链中核心企业的信用资质，银行通过对贸易真实性的考察，为中小企业提供资金支持，在很大程度上解决了中小型企业融资难问题。

2. 对核心企业的作用

供应链上下游企业的良性发展使核心企业的生产经营环境得到进一步改善，生产周期有效缩短，生产效率有所提升，整体竞争力得以不断增强，银行通过风险控制技术，增强供应链的抗风险能力和协同竞争能力，使供应链在市场竞争中取得优势，因此未来企业间的竞争将是供应链间的竞争。

---

① 融资企业也可能是核心企业。

② 闭环是指资金从银行流出，通过流程安排，最后又回到银行的过程。

3. 对银行等金融机构的作用

供应链金融为银行开启一种新的业务模式，为商业银行带来新的利润增长点。通过供应链金融业务，银行将供应链上的中小企业进行服务绑定，使中小企业成为其稳定客户，扩大了客户量；通过供应链金融服务，银行运用有效的营销策略，中间业务势必会不断增加；由于是对供应链上企业进行服务，企业间的信息可以相互验证，极大地缓解信息不对称问题，从而大幅降低商业银行的操作风险。

4. 对港口物流企业的作用

长期以来，港口物流企业的生存环境不容乐观。据相关统计，港口物流企业的平均盈利率低于2%。供应链金融的迅速发展，使不少港口物流企业尤其是大型港口物流企业，如中远物流、中铁物流等获得了巨大的业务量。

二、供应链金融的特点及成因

（一）供应链金融的特点

从整体上来看，供应链金融具有以下几个非常突出的特点(见图5-1)。

1. 授信对象多元性

传统融资授信中，银行仅对单一企业提供资金，而供应链金融服务中，银行需要对整个供应链进行授信，然后再对有融资需求的企业进行资金支持。

2. 资金的封闭性

封闭性是指商业银行通过流程设计，确保资金专款专用、不挪作他用。

3. 自偿性

自偿性是指基于真实贸易的融资，通过对现金流的控制取得资金回收。

4. 连续性

连续性是指供应链相对稳定，贸易交易具有持续性[67]。

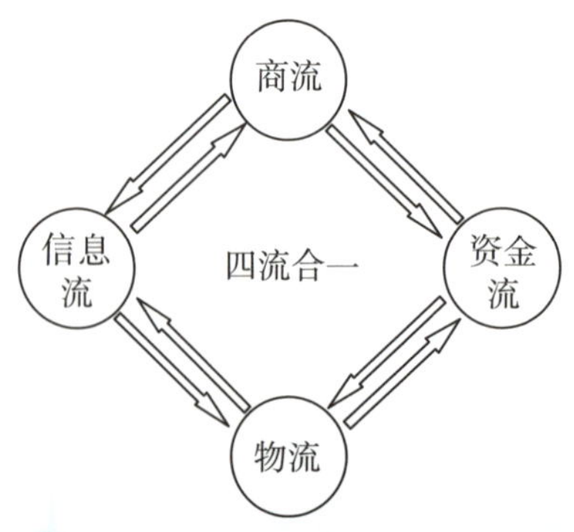

图5-1 港口供应链金融的“四流合一”

(二) 供应链金融与传统授信融资模式对比分析

供应链金融与传统融资模式对比如表 5－1 所示。

表 5－1　供应链金融与传统融资模式对比[68]

对比项目	传统融资模式	供应链金融
授信主体	单个企业	单个企业或供应链
授信条件	固定资产质押、担保	动产、流动资金质押等
评级模式	主体评级①	主体评级或债项评级②
评级范畴	企业本身	企业本身和整个供应链
服务种类	种类单一	种类多样
服务效率	手续繁琐，效率低下	效率高，有电子平台支持
服务内容	解决单一企业的融资需求	为供应链上下游提供持续性信贷支持
服务作用	缓解单一企业资金短缺	提升供应链整体竞争力
银行参与	静态关注企业本身	动态跟踪企业经营过程

(三) 供应链金融的成因

供应链金融的产生主要有以下 3 方面原因。

(1) 在供应链体系中，制造商往往处于主导地位，一般规模较大，而上下游企业一般规模小，大多处于劣势地位。制造商往往通过优势地位控制、压榨上下游中小企业，如延长账期、支付预付款等，从而导致中小企业出现资金不足的现象。中小企业资金困难肯定会传导到核心企业，并对其产生不良影响。因此，解决中小企业融资难问题是核心企业的基本诉求。

(2) 当前，商业银行间的竞争也日趋激烈，进行金融创新、增加中间业务收入已经成为越来越多商业银行的主要方向。因此，银行有动力发展供应链金融业务。

(3) 如今的竞争已经过渡到供应链间的竞争，供应链协同竞争的思想已经占据主导地位，为了增强竞争力，必须组建实力强大的供应链体系。

三、供应链金融的发展趋势

随着我国互联网金融行业的兴起以及平台企业的大量涌现，我国的供应链金融行业将呈现出以下发展趋势[69]。

---

① 主体评级是指仅对企业本身的信用状况进行评级。

② 债项评级是指对贷款资金所需要完成的项目进行评级，评价项目本身的盈利对债务的偿还程度。

1. 线上化趋势

随着平台企业的兴起以及信息化程度的提高，在线供应链金融逐步发展壮大。目前，招商银行、中信银行等股份制商业银行正在积极尝试自建或者与电商平台合作开展线上供应链金融。

各参与方通过建立线上供应链金融服务平台，优化资金流、信息流、物流和商流，形成四流合一，实现资源整合，为大型核心企业以及供应链上的中小企业提供专业化的供应链金融服务。银行通过为供应链上企业提供服务，最大限度地掌握相关信息，解决信息不对称问题，实现对贷款企业的真实信用评价，降低信用风险，为风险定价提供良好的支撑。

融资企业利用线上供应链金融服务平台，可以自助申请贷款，平台系统进行实时审批，自动放款。每个环节都在线上完成，手续简便、随借随还，节约了时间，降低了中小企业的融资成本，同时提高了中小企业的资金使用效率，大大拓宽了传统供应链金融的范围边界。

2. 垂直化和细分化趋势

当前，供应链金融已经得到了较为广泛的应用，不同的行业表现出不同的行业特色，要求供应链金融向更垂直、细分的方向发展，产业与供应链金融的融合将更为紧密。金融机构、核心企业、平台企业、P2P 平台等供应链金融相关方都已在各细分产业、细分领域开展了相应的供应链金融服务。目前，供应链金融更加强调精准性和专业性，各供应链金融相关主体都需要根据不同行业、不同企业的具体特性和需求为客户提供更加灵活和个性化的供应链服务。

各供应链金融参与主体只有不断深耕各自所经营的一条或几条产业链，在充分了解行业特性的基础上，结合自身的专业分析与研判能力，才能为各垂直细分供应链上的企业提供个性化的供应链金融产品服务。以宝象金融为例，宝象金融是一家专注于农业供应链金融领域的互联网金融平台，公司与多家上市公司及龙头企业达成战略业务合作，为农牧、食品行业提供供应链融资服务。同时，公司以 IT 系统建设为基础，与太平财险合作保障用户账户安全，形成了“互联网＋产业链＋金融”的纵深发展模式。宝象金融在供应链金融方面已经取得了较好的成绩。

3. 大数据化趋势

在传统融资模式中，银行主要根据静态的财务报表决定是否给企业提供贷款，风险极大，企业对财务报表造假的动机很强，违约成本较低。在供应链金融中，银行仅仅将静态的财务报表作为参考，转而更加关注对企业的动态经营数据状况的实时监控，贷款风险降低，此外上下游间的企业经营数据还能够相互印证，进一步降低了贷款风险。其中，大数据技术的广泛应用为目标达成发挥了重要作用。

在具体操作中，供应链金融参与主体，尤其是商业银行、港口等通过大数据平台，依托大量的真实交易数据和大数据处理技术，计算出各标准数据的区间范围，通过上下游企业数据的匹配，对贷款企业客户的资信状况进行全面合理的判断，并且保证及时性和针对性，从而将参与主体的金融风险降到最低。大数据处理技术在供应链金融业务领域的应用可以快速地帮助各参与主体进行大量且非标准化的交易数据的整理和分析，节省成本，提高信息利用效率。

4. 平台化和生态化趋势

我国供应链金融的一个发展趋势是产融结合的生态系统大平台，由平台模式搭建成一个产融结合的生态系统，不再是单向流动的价值链，而是能促使多方共赢的商业生态系统①。

供应链金融平台企业是价值的整合者，是多边群体的连接者，更是生态圈的主导者。其终极目标在于打造出拥有成长活力和盈利潜能的生态圈，而供应链上各环节企业与机构要加入平台生态圈以实现不断的发展。

未来，我国供应链金融需要将工业 4.0，商业 4.0 与农业 4.0 有机地结合起来，实现产业之间的跨界与融合。供应链金融 4.0 是在生态系统平台的基础上搭建了跨产业、跨区域、跨部门，与政府、行业协会、产业资本等各方广结联盟，与物联网和互联网相融合的金融生态平台。具体的运营方式是通过平台连接的商业生态；基于云计算和大数据处理技术创建金融生态系统，使得金融能真正服务于整个供应链的各类主体并推动商业生态的发展。

第二节　供应链金融产品类别研究

一、存货类产品

（一）静态质押授信

静态质押授信是指客户以自有或第三人合法拥有的动产为质押的授信业务，又称为“特定化库存模式”，是动产及货权质押授信业务最基础的产品。银行委托第三方物流公司对客户提供质押的商品实行监管(见图 5－2)②。

静态质押授信适用于除了存货以外没有其他合适质押物的客户，而且客户的购销模式为批量进货、分次销售。相对来说，静态质押授信是质押业务中对客户要

① 供应链金融平台生态系统是以生态为基础的新型商业模式，具有长远的战略价值。

② 本部分参阅中国建设银行供应链金融培训资料，在此表示感谢。

求较苛刻的一种，比较适用于贸易型客户。因此，静态质押授信可以使客户得以将原本积压在存货上的资金盘活，扩大经营规模。

对于银行而言，质押物的变现能力相对较强，静态质押授信的保证金派生效应最为明显，因为只允许保证金赎货，不允许以货易货，而赎货后所释放的授信敞口可被重新使用。

风险控制要点：质押商品的市场容量和流动性；质押商品的产权是否清晰；质押商品的价格波动情况；质押手续是否完备。

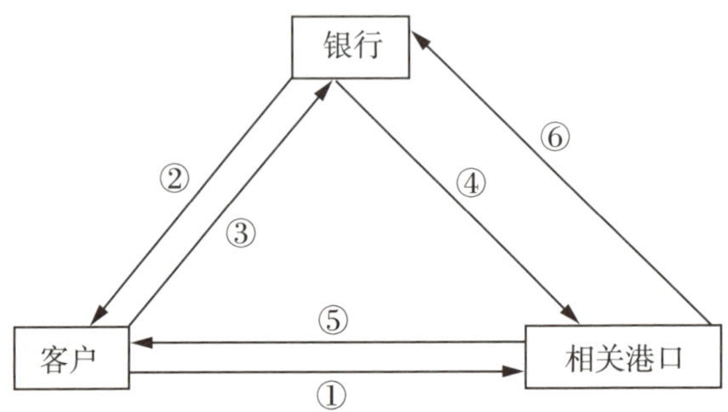

注：①在银行、客户、监管方三方签定《仓储监管协议》的前提下，客户向监管方支付抵质押物；②银行为客户提供授信；③客户向银行追加保证金；④银行向监管方发出发货指令；⑤监管方发货；⑥监管方向银行提出融资申请

图 5－2　静态质押三方示意

（二）动态质押授信

动态质押授信是指客户以自有或第三人合法拥有的动产为质押的授信业务，又称为“核定库存模式”，是静态抵质押授信的延伸产品。银行对于客户抵质押的商品价值设定最低限额，允许在限额以上的商品出库，客户可以货易货（见图 5－3）。

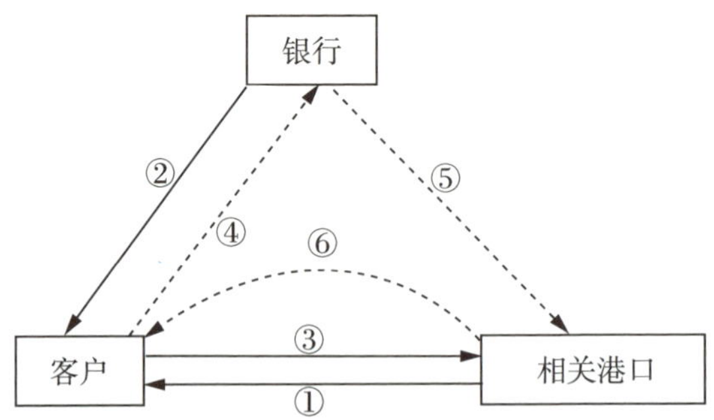

注：①交付质押物；②出账；③最低限额让质押物自由进出；④低于最低限额追加保证金；⑤发货指令；⑥发货

图 5－3　动态质押三方示意

动态质押授信适用于库存稳定、货物品类较为一致、抵质押物的价值核定较为容易的客户。同时，由于部分客户的存货进出较为频繁，难以采用静态质押授信的情况，也可运用动态质押授信。动态质押授信多用于生产型客户。

对于贷款企业而言，由于可以货易货，质押设定对于生产经营活动的影响相对较小。特别是对于库存稳定的客户而言，在合理设置质押底线的前提下，授信期间几乎无须启动追加保证金赎货的流程，因此对盘活存货的作用非常明显。

对于银行而言，动态质押授信的保证金效应小于静态质押授信，但是操作成本明显小于后者，因为以货易货的操作可以授权第三方港口物流企业进行。

风险控制要点：静态质押授信的相关风险要点；货物价值必须易于核定，以便仓库等物流监管方操作；以货易货过程中防止滞销货物的换入；根据价格波动，随时调整最低库存临界线。

（三）标准仓单质押授信

标准仓单质押授信是指客户以自有或第三人合法拥有的标准仓单为质押的授信业务。标准仓单是指符合交易所统一要求的，由指定交割仓库在完成入库商品验收，确认合格后签发给货主用于提取商品的，并经交易所注册生效的标准化提货凭证。

标准仓单质押授信适用于通过期货交易市场进行采购或销售的客户，以及通过期货交易市场套期保值的客户。

标准仓单质押授信手续简便、成本较低。同时，由于标准仓单的流动性较强，在客户违约时，银行容易变现。

标准仓单质押授信业务流程如下。

（1）客户在符合银行要求的期货公司开立期货交易账户。

（2）客户向银行提出融资申请，提交质押标准仓单相关证明材料、客户基本情况证明材料等。

（3）银行审核同意后，银行、客户、期货公司签署贷款合同、质押合同、合作协议等相关法律性文件，并共同在交易所办理标准仓单质押登记手续，确保质押生效。

（4）银行向客户发放信贷资金，用于企业正常生产经营。

（5）客户归还融资款项、赎回标准仓单，或与银行协商处置标准仓单，将处置资金用于归还融资款项。

风险控制要点：防止客户将授信资金用于投机炒作；关注不同期货交易所对质押流程的要求；设计有效的跌价补偿机制；预先了解质押解除的流程。

（四）普通仓单质押授信

普通仓单质押授信是指客户以仓库或其他第三方物流公司提供的非期货交割用

仓单作为质押物，并对仓单做出质背书，银行提供融资的一种授信业务（见图 5-4）。由于普通仓单的标准性不强，因此风险相对较大。

风险控制要点：应建立区别于动产质押的仓单质押操作流程和风险管理体系；鉴于仓单的有价证券性质，出具仓单的仓库或第三方物流公司需要具有很高的资质；应与仓单出具方约定挂失和补办仓单的流程；可质押的仓单必须具有可流通性、文义性和独立价值等特点，不宜接受以出货单、存货单等类似凭证进行的质押；必须在仓单上设置质背书；与仓储企业签订协议中约定，仓储企业对贷款企业留置权的行使，不应优先于质权。

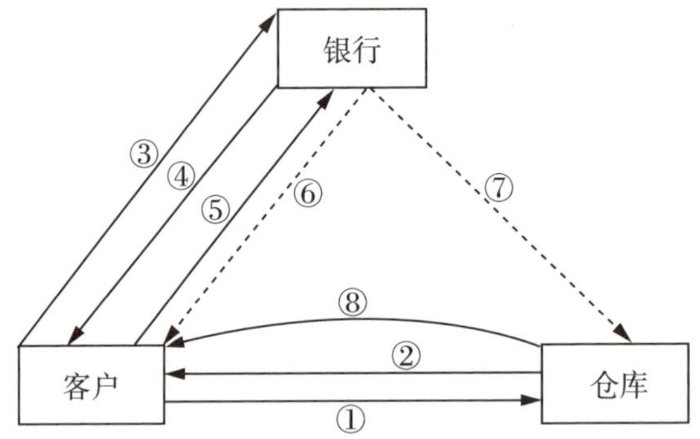

注：①客户向仓库交付货物，申请制作仓单；②仓库向客户出具仓单；③客户向银行提交仓单并做出质背书；④银行向客户提供授信出账；⑤客户向银行存入追加保证金；⑥银行向客户释放仓单；⑦银行通知仓库释放仓单项下货物；⑧客户凭仓单向仓库提货

图 5-4 普通仓单质押授信三方示意

二、预付款类业务

（一）先票/款后货授信

先票/款后货授信是指客户（买方）从银行取得授信，在缴纳一定比例保证金的前提下，向卖方支付全额贷款；卖方按照购销合同以及合作协议书的约定发运货物，货物到达后设定抵质押，作为银行授信的担保（见图 5-5）。先票/款后货授信是存货融资的进一步发展。

在实践中，一些热销产品的库存往往比较少，因此企业的资金需求集中在预付款领域。同时，先票/款后货授信由于涉及卖家及时发货、发货不足的退款、到货通知以及在途风险控制等环节，因此客户对卖家的谈判地位也是操作该产品的条件之一。

对于客户而言，授信时间不仅覆盖上游的排产周期和在途时间，而且到货后可

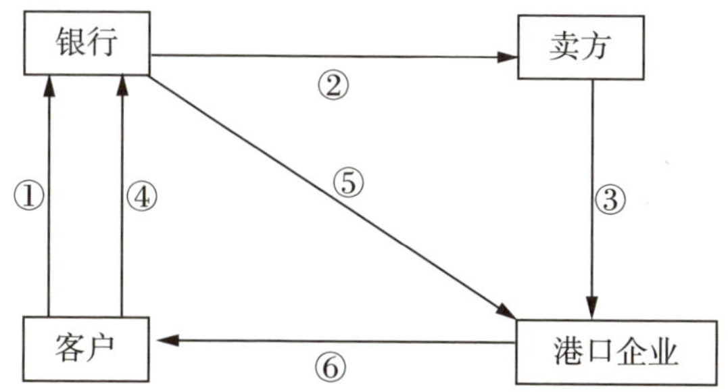

注：①客户向银行交纳一定的保证金；②银行向客户提供授信出账，并直接用于向卖方的采购付款；③卖方发货，直接进入监管方的监管仓库；④客户根据经营需要，向银行补充保证金；⑤银行根据补充保证金的量，通知监管方向客户释放部分抵质押物；⑥客户向监管方提取部分抵质押物

图 5－5　先票/款后货授信四方示意

以转为库存融资。此外，在银行资金支持下的大批量采购，客户可以从卖方争取较高的商业折扣，而且有可能提前锁定商品采购价格，防止涨价的风险。

对于银行而言，可以利用供应链的延伸，进一步开发上游核心企业业务资源。此外，通过争取卖方对其销售货物的回购或调剂销售条款，有利于化解客户违约情况下的变现风险。

风险控制要点：对上游客户的发货、退款和回购等履约能力要进行考察；在途风险的防范和损失责任的认定；到货后的交接入库环节。

（二）担保提货（保税仓）授信

担保提货授信是先票/款后货授信的变种，指在客户（买方）交纳一定保证金的前提下，银行贷出全额贷款供客户向核心企业（卖方）采购，卖方出具全额提单作为授信的抵质押物（见图 5－6）。随后，客户分次向银行提交提货保证金，银行再分次通知卖方向客户发货。卖方就发货不足部分的价值承担向银行退款的责任。

担保提货授信适用于以下特殊的贸易背景：客户为了取得大批量采购的折扣，采取一次性付款的方式，而厂家因为排产问题无法一次性发货；客户在淡季向上游打款，支持上游生产所需的流动资金，并锁定优惠的价格，然后在旺季分次提货用于销售；客户和上游都在异地，银行对在途物流和到货后的监控缺乏有效手段。

对于客户而言，大批量的采购可以获得价格优惠，“淡季打款、旺季销售”的模式有利于锁定价格风险。此外，由于货物直接由上游监管，省却了监管费用的支出。

对于核心企业而言，可以实现大笔预收款，破除环节流动资金瓶颈。同时，锁定未来销售，可以增强销售的确定性。

对于银行而言，将卖方与物流监管两个变量合二为一，简化了风险控制的维度。同时，引入卖方发货不足的退款责任，实际上直接解决了抵质押物的变现问题。

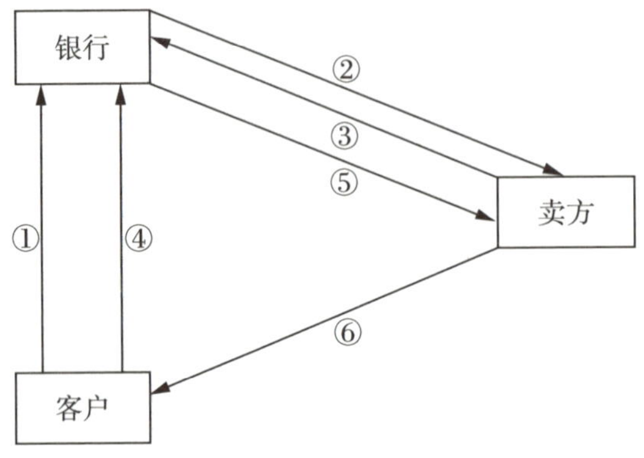

注：①客户向银行交纳一定比例的保证金；②银行向客户提供授信出账，并直接用于向卖方的采购付款；③卖方向银行出具提货单用于质押；④客户根据经营需要向银行追加保证金；⑤银行通知卖方根据追加保证金的金额向客户发货；⑥卖方向客户发货

图 5-6　担保提货授信三方示意

风险控制要点：核心企业的资信和实力的评估；防止核心企业过度占用客户的预付款，并挪作他用；银行与核心企业之间操作的有效对接。

（三）进口信用证项下未来货权质押授信

进口信用证项下未来货权质押授信是指银行根据进口商（客户）的申请，在进口商根据授信审批规定交纳一定比例的保证金后，为进口商开出信用证，并通过控制信用证项下单据所代表的货权来控制还款来源的一种授信方式（见图 5-7）。货物到港后可以转换为存货抵质押授信。

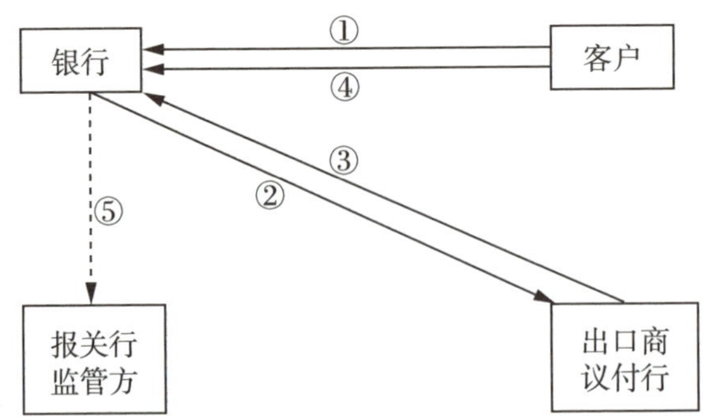

注：①客户向银行交存一定比例的保证金；②银行为客户提供授信，开出信用证；③出口商按照合同约定装运货物，并向银行提交合格单据；④客户补足保证金，银行放单；⑤客户申请办理进口押汇，银行指定报关行报关，并将货物置于指定监管方监管之下，办理动产质押手续

图 5-7　进口信用证项下未来货权质押授信四方示意

该产品特别适用于进口大宗商品的企业、购销渠道稳定的专业进口外贸公司，以及需要扩大财务杠杆效应、降低担保抵押成本的进口企业。

对于客户而言，在没有其他抵质押物品或担保的情况下，只需交纳一定的保证金，即可对外开证采购，客户可利用少量保证金扩大单次采购规模，且有利于获得优惠的商业折扣。

对于银行来说，由于放弃了传统开证业务中对抵质押和保证担保的要求，客户开发半径得以扩大。同时，由于控制了货权，银行风险并未明显放大。

风险控制要点：关注不同类型的单证对货权控制的有效性；根据不同情况，为在途运输购买以银行为受益人的保险；在续作押汇的情况下，关注货在途至入仓监管之间衔接环节的货权控制；做好客户弃货情况下的应急预案。

（四）国内信用证

国内信用证业务是指在国内企业之间的商品交易中，银行依照买方（客户）的申请开出的凭符合信用证条款的单据支付款项的书面承诺（见图 5－8）。

国内信用证可以解决客户与陌生交易者之间的信用风险问题，以银行信用弥补了商业信用的不足，规避了传统人民币结算业务中的诸多风险。同时，信用证也

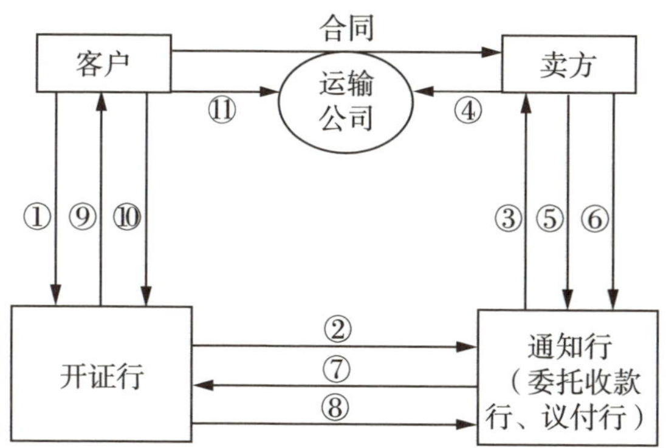

注：①卖方向开证行（买方开户银行）提交开证申请书，申请开立国内信用证；②开证行受理业务，向通知行（卖方开户银行）开立国内信用证；③通知行收到国内信用证后通知卖方；④卖方收到国内信用证后，按国内信用证条款规定发货；⑤卖方发货后备齐单据，向委托收款行（通常是通知行）交单；⑥延期付款信用证项下，卖方可向议付行（通常是通知行）申请议付；⑦委托收款行或议付行将全套单据邮寄开证行，办理委托收款；⑧开证行收到全套单据、审查单证相符后，向委托收款行/议付行付款或发出到期付款确认书；⑨开证行通知买方付款，并将单据交予对方；⑩买方凭符合信用证条款的单据向开证行付款；⑪买方办理提货事宜

图 5－8　国内信用证多方示意

没有签发银行承兑汇票时所设的金额限制，使交易量更具弹性，手续更简便。此外，客户还可以利用在开证银行的授信额度开立延期付款信用证，提取货物，用销售收入支付国内信用证款项，不占用自由资金，优化了资金使用效率。卖方按规定发货后，其应收账款就具备了银行信用的保障，能够杜绝拖欠及坏账。

对于银行而言，国内信用证相比于先票/款后货授信和担保提货授信，规避了卖方的信用风险，对货权的控制更为有效。同时，银行还能够获得信用证相关的中间业务收入。

风险控制要点：货权单据选择的法律有效性；跨行操作关注不同银行间国内信用证管理办法的差别；与交易双方明确争端解决的参考制度和办法。

(五) 附保贴函的商业承兑汇票

附保贴函的商业承兑汇票实际上是一种授信的使用方式。但是，由于票据当事人在法律上票据责任的存在，构成了贸易结算双方简约而有效的连带担保关系，因此可以当作独立的产品使用。

附保贴函的商业承兑汇票对交易双方的利益在于：免除了手续费，且贴现利率一般低于贷款，融资成本较低；由于银行保贴函的存在，对出票方形成了信用增级；不用签署担保合同等文件，使用简便。

附保贴函的商业承兑汇票对银行的好处在于：可以控制资金流向；收票人贴现时才产生银行的风险资产；票据责任形成的隐形连带担保，降低了操作风险和操作成本。

附保贴函的商业承兑汇票可以从两个层面来理解其产品特性：当银行授信给出票人时，是一种预付款融资；当银行授信给收票人，即给予一个贴现额度时，则是一种应收账款融资，即票据化保理。

三、保理融资

(一) 国内明保理

国内明保理是指银行受让国内卖方(客户)因向另一同在国内的买方销售商品或提供服务所形成的应收账款，在此基础上为卖方提供应收账款账户管理、应收账款融资、应收账款催收和承担应收账款坏账风险等一系列综合性金融服务(见图5-9)。若应收账款转让行为通知买方并由买方确认则为明保理。

国内明保理适用于有应收账款融资需求或优化报表需求的国内买方。同时，买方的商业信用和付款实力应该符合银行的相关要求。

对于客户而言，转让应收账款可以获得销售回款的提前实现，加速流动资金的周转。此外，客户无需提供传统流动资金贷款所需的抵质押和其他担保。在无追

索权的转让模式下，客户不但可以优化资产负债表，缩短应收账款的周转天数，还可以向银行转嫁商业信用的风险。

对于银行而言，受让应收账款相当于获得了一个自偿性的还款来源，将资产业务与客户的购销活动自然对接，更易于为客户所接受，同时也创造了向客户下游延伸业务触角的渠道。此外，银行还可以获取保理费等中间业务收入。

风险控制要点：买卖双方的贸易背景的真实性；应收账款的存在性和可实现性；应收账款转让手续的合法性和有效性；汇款账户的锁定。

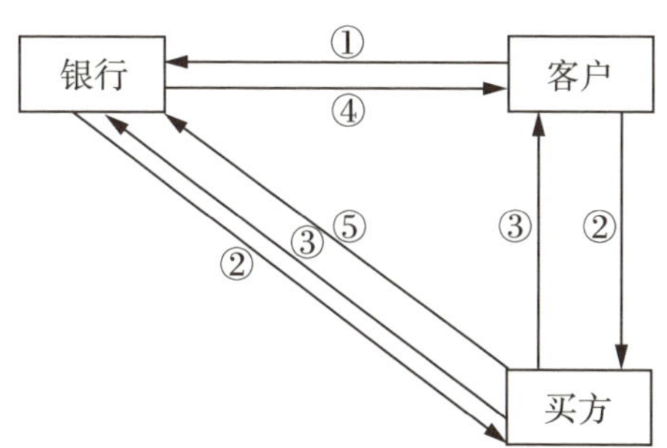

注：①客户在额度内向银行申请应收账款转让；②银行受让应收账款，并与客户共同通知买方；③买方对应收账款及转让事宜进行确认；④银行向客户发放融资款；⑤应收账款到期日前银行通知买方付款，买方直接将款项汇入银行指定账户，银行扣除融资款项，余款划入客户账户

图 5－9　国内明保理三方示意

（二）国内暗保理

在应收账款转让的过程中，银行受让卖方应收账款的行为不通知买方的业务称为暗保理。

除了明保理对客户带来的好处之外，暗保理手续更为简洁。此外，由于不需要通知买方和要求买方确认，对于一些不愿意向买家披露自己融资信息的客户，或由于买方过于强势而不愿配合银行办理相关手续的情况，暗保理的方式特别适用。

除了明保理的风险要点外，暗保理还需要落实：由于买方没有确认应收账款债权，因此需要其他认定方式；应收账款是否存在不可转让的特别约定；应收账款是否已经转让给第三方。

（三）国内保理池融资

国内保理池融资是指一个或多个国内的不同买方、不同期限和金额的应收账款全部一次性转让给银行，银行根据累积的应收账款余额给予融资。国内保理池融资适用于交易记录良好且应收账款余额相当稳定的中小企业。

对于客户而言，在应收账款特定化、一对一的保理中，对象分散、发生频繁、期限不一致的应收账款常常无法获得融资，而保理池的方式对每个买家采用一次性转让通知的方式，不仅简化了程序，而且充分挖掘了零散应收账款的融资功效。

对于银行而言，同样简化了操作手续、降低了操作成本。同时，银行利用这一产品锁定所有销售款项回笼到本行，可以获得最大化的结算存款沉淀。

风险控制要点：要建立高效率的应收账款管理系统，对客户的销售回款情况进行监控；要设置保理池的结构化比例限制；要规定应收账款入池的有效单据要求，保证应收账款的真实性。

(四) 票据池授信

票据池业务是银行向客户提供的票据托管、委托收款、票据池授信等一揽子结算、融资服务。票据池授信是指客户将受到的所有或部分票据做成质押或转让背书后，纳入银行授信的资产池，银行以票据池余额为限向客户授信。票据池授信包括票据质押池授信和票据买断池授信。

票据池授信适用于票据流转量大、对财务成本控制严格的生产和流通型企业，同样适用于对财务费用、经营绩效评价敏感并追求报表优化的大型企业、国有企业和上市公司。

对于客户而言，票据池业务将票据保管和票据托收等工作全部外包给银行，减少客户自己保管和到期托收票据的工作量。此外，票据池融资可以实现票据拆分、票据合并、短票变长票等效果，解决客户票据首付过程中期限和金额不匹配的问题。

对于银行而言，通过票据的代保管服务，可以吸引票据到期后衍生的存款沉淀。以银行承兑汇票作为质押的票据承兑，是一项低风险的资产业务。

票据池授信的风险在于银行对票据真实性的查验，需防止假票、克隆票等，同时还要实施严格的金额和期限控制、台账管理。此外，票据池融资的基础应该以银行承兑汇票为主，商业承兑汇票风险相对较大。

在保理融资中，港口方面直接参与的不是很多，港口可以作为担保方参与该项目的运作，但风险较大，而且在此类项目中，港口方面控制的风险缺乏主动权。在存货类项目中，港口在控制风险方面具有一定的主动权，因为货品一般都在港口的掌控之下，但在保理融资中，港口无法控制货权。

四、出口融资

(一) 出口应收账款池融资

出口应收账款池融资是指银行受让国际贸易中出口商(客户)向国外进口商销售商品所形成的应收账款，并且在所受让的应收账款能够保持稳定余额的情况下，结合出口商主体资质、经营情况、抗风险能力和应收账款质量等因素，以应收账款的回款为风险保障措施，向出口商提供融资的短期出口融资业务（见图 5 - 10）。

出口应收账款池融资适用于经常性发生出口贸易、具备一定主体资质和出口业务规模的中小企业，此类企业需要拥有良好的出口收汇记录，保持稳定的应收账款规模，且出口融资需求旺盛，银企配合意愿强。

对客户来说，将连续、多笔、单笔金额较小的应收账款汇聚成“池”，整体转让给银行，可以将分散的应收账款资源集中起来发挥作用，向银行申请融资，补充流动资金的不足。出口应收账款包括出口商采取赊销（O/A）、托收（D/P 和 D/A）、信用证（L/C）等多种结算方式产生的应收账款。

风险控制要点：池融资的风险控制理念是大数法则，因此对池结构中应收账款金额应实行上限管理、交易对手应符合分散的原则；原则上入池的应收账款项下的出口商业单据寄送环节应由授信银行操作；对于进出口商之间的支付习惯、结算记录以及客户配合银行操作的意愿等要作一定了解。

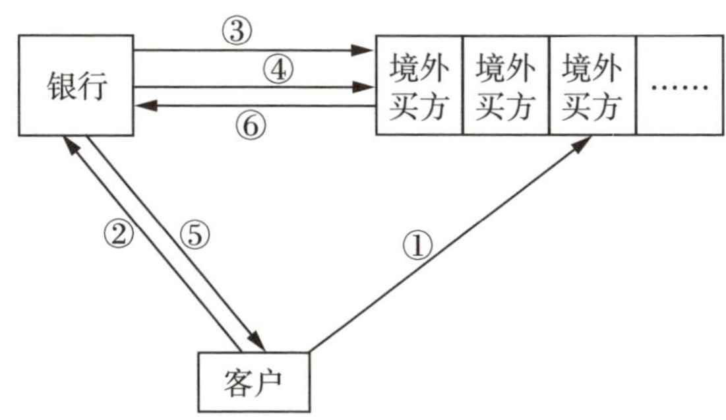

注：①买卖双方签订贸易合同，卖方（出口方）向境外买家提供赊销；②客户积累应收账款（连续向银行交单），并办理应收账款转让手续；③银行接受应收账款转让，向买方通知转让事宜和回款路径；④银行代客户将单据寄送至境外买家；⑤银行在额度内向客户提供授信出账；⑥境外买家将款项按通知路径汇至银行回款账户，回款或偿还贷款，或划入客户结算账户（符合池结构管理比例时）

图 5 - 10　出口应收账款池融资多方示意

（二）出口信用险项下授信

出口信用险项下授信是指已投保出口信用保险的客户将赔款权益转让给银行后，银行向其提供短期资金融通，在发生保险责任范围内的损失时，保险公司根据相关规定，按照保险单规定理赔后应付给客户的赔款，直接全额支付给融资银行的业务（见图 5 - 11）。

出口信用险项下授信适用于出口到高风险地区或向不了解的进口商出口的情况下购买了出口信用保险的客户，且特别适合采用赊销方式进行结算的客户。

对于客户而言，出口信用险项下授信填补了在出口发货与收汇期之间的现金流断层。同时，部分地方政府还对投保出口信用险的企业提供保费补贴，客户在额外支出有限的前提下，大大降低了收汇风险。

风险控制要点：关注客户出口正常收款的汇路是否指向授信银行；注意保险免赔条款可能对授信回收带来的影响；注意赔款转让协议中，应约定保险公司对保单责任范围内发生的赔款直接支付授信银行；在以非信用证方式结算方式下的信险融资业务必须由授信银行审单、寄单。

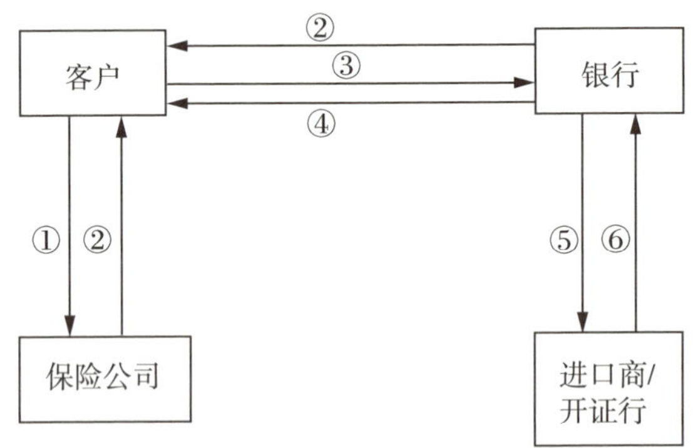

注：①客户向保险公司投保出口信用险；②银行、客户和保险公司签定《权益转让协议》；③客户向银行提交出口单据，并申请授信出账；④银行向客户提供出账；⑤银行向进口商/开证行出示单据；⑥进口商/开证行到期付款

图 5－11　出口信用险项下授信四方示意

第三节　港口供应链金融理论基础

一、传统理论基础

(一) 结构融资理论

1. 结构融资的概念

结构融资是指企业通过利用特定目的实体(Special Purpose Vehicle，SPV)，将拥有未来现金流的特定资产剥离开来，并以该特定资产为标的进行融资[①]。在

① 见百度百科。

这种融资安排中，以现金资产将企业特定资产从其资产负债表中替换(资产置换)，在资产负债率不变的情况下，增加高效资产，之所以被称为结构融资，主要是因为从财务报表的结构考虑资产的置换。

结构融资自创立之后发展迅速，其范围、载体和方式日益多样化和复杂化，目前已被很多贸易公司和金融机构广泛应用，被誉为20世纪以来金融市场上最具有生命力的创新之一。但是，结构融资仍然没有统一的定义，因此本书综合多种表述将其归纳为：企业利用特定目的实体将可产生未来现金流的特定资产剥离开来，并以该特定资产为标的进行融资。

2. 结构融资的主要模式①

目前，结构融资主要有以下3种模式。

(1) 应收账款担保融资(Receivables Backed Financing)。即融资的风险控制措施是在企业销售合同设定将销售款项汇入指定银行账户，并且以应收账款作为担保方式，其还款来源为购买方直接将货款汇给借款银行。这种融资方式中银行监控的重点为购买方的付款信誉，因此其购买方通常被银行认定具备可靠的付款能力。

(2) 存货担保融资(Stock Secured Financing)。即融资的风险控制措施为买卖双方与银行协定将交易的货物存放在指定仓库或交由指定物流公司运输，从而使得借款人的物流置于银行可监管的范围之内，其还款来源为购买方直接将货款汇给借款银行。这种融资方式中银行监控的重点为货物，并不需要对购买方进行认定。

(3) 预付款融资(Advance Payment Financing)。即银行在购买方支付一定比例货款的前提下向购买方发放的贷款，其风险控制措施为银行与购销双方及仓储、港口物流企业签署四方合作协议，确定预付货款的支付方式，并将货物交由指定仓储、港口物流企业运输或保管，同时购买方在支付足额货款之前货物权利归银行所有，其还款来源为采购方直接将货款付至银行指定账户，并首先用于偿还银行贷款。这种融资方式中银行监控的重点为货物，不需要对采购方进行认定。

(二) 供应链渠道理论

1. 供应链渠道的概念

20世纪90年代以后，随着科学技术的迅猛发展和信息时代的来临，企业所面临的竞争日益激烈，而竞争的主要因素已不只是质量，时间也起着举足轻重的作用。因此，在有限资源的前提下企业只能利用外部资源快速响应市场需求，集中力量于自身的核心竞争优势，企业之间出现了更多的合作和协同，供应链的定义也随之发生转变，更加注重与其他企业的联系，并考虑供应链的外部环境，将其定义为

① 在供应链金融产品中，相关内容有详细介绍，本部分仅作简单补充。

"通过链接不同企业的制造、组装、分销、销售等过程，将原材料转换成产成品，再到最终用户的转换过程"。

现代供应链的定义更加注重围绕核心企业的网链关系，如核心企业与供应商、供应商的供应商及一切前向的关系，与用户、用户的用户及一切后向的关系。这种定义强调了供应链的战略伙伴关系问题。

2. 供应链渠道分类

MURPHY P R Jr 和 WOOD D F 提出了营销渠道(Marketing Channel)的概念，并将该理念引入产权渠道(Ownership Channel)、协商渠道(Negotiations Channel)、融资渠道(Financing Channel)和物流渠道(Logistics Channel)。

营销渠道不是单纯地满足客户对产品和服务的需求(在准确的时间和地点，为顾客提供数量合适且满足质量和价格要求的产品和服务)，而且还要采取相应的促销手段来刺激需求，因此营销渠道应该被看作一个可以创造使用价值、产权价值、时间价值和空间价值的和谐网络。为了便于协作，在各条渠道中，各主要参与者之间存在各种中介组织。物流、资金流和信息流在各参与者之间，沿着各条渠道(间)通畅地流动。各条渠道中的合作企业相互协作，促进交易，形成了一种"超级组织"。

渠道内的企业在运作过程中，具有"成功路径"倾向，即如果这次交易合作顺利，则下一次仍然选择同样的合作伙伴继续交易，也就是渠道内的各企业的位置和相互之间的关系趋于稳定。已经建立的渠道倾向于在一段时间内与相同的渠道成员共同运作。

可以从营销渠道、产权渠道、协商渠道、融资渠道和物流渠道等 5 个方面，将供应链进一步分解，研究其内部的运作机理，如图 5-12 所示。

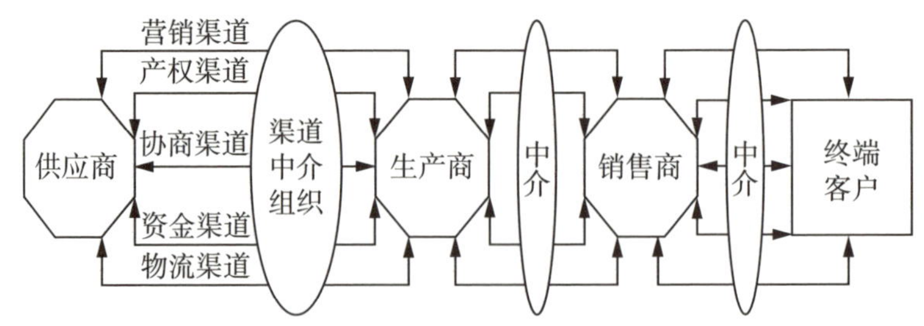

图 5-12 供应链运作机理

二、创新理论：港口、制造业、金融业共生理论

共生(Symbiosis Intergrowth)最早由德国生物学家德贝里提出，后经范明特、

保罗·布克纳发展完善,指不同种属按某种物质联系生活在一起,形成共同生存、协同进化或者抑制的关系。在供应链金融活动中,各相关主体间的关系完全可以利用共生理论进行解释。

1. 金融共生

金融共生是指规模和性质各异的金融组织之间、金融组织与各种企业之间、金融组织与区域经济之间,在同一共生环境中通过交互式作用实现和谐发展,达到包括金融组织在内的整个经济区域的可持续发展,或者说达到区域金融生态平衡①。

金融共生可以形成金融共生系统。该系统具有多元性、相关性和整体性的特征,这也是判断金融共生单元之间能否形成金融共生关系的主要依据。共生过程的本质特征是共生能量的产生,即共生单元在共生条件下产生的能量,比在非共生条件下共生单元单独存在所产生能量加总还要多。

共生的概念最初出现在生物界,表现为生物繁殖能力与生存能力的加强。在经济关系中,共生表现为经济共生体中的参与者自身发展与抵御风险的能力增强和净利润的增加,共生体中各要素都会对共生能量产生影响,但不一定是正面影响,也可能是负作用。

2. 金融共生要素

共生的核心是双赢与共存,共生是一种普遍存在的现象,是共生单元之间在一定的共生环境中按某种共生模式形成的关系。共生主要包含 3 个要素:共生单元、共生模式和共生环境。

1)金融共生单元

金融共生单元是构成金融共生体或共生关系的基本能量生产和交换单位,是形成金融共生的基本物质条件,包括:不同规模和体制的资金供给者,如金融机构、银行、保险、证券等;资金的需求者,如企业、自然人等;各种担保、信用评级等中介机构。

2)金融共生模式

金融共生模式是指共生单元相互作用的方式或相互结合的形式,反映各金融机构之间、金融机构与社会经济利益体之间的物质、信息和能量关系,通过共生模式,各金融共生单元之间相互协作、优势互补,产生共生效益。共生模式根据行为方式的不同可分为寄生、偏利共生和互惠共生,其中互惠共生又分为非对称性互惠共生和对称性互惠共生 2 种,是共生的主要行为形态。

共生系统由共生单元按照不同模式组合而成,金融共生模式并不是一成不变的,随着共生单元性质和共生环境的变化,共生模式也会发生变化。供应链金融的

---

① 在供应链金融产品中,相关内容有详细介绍,本部分仅作简单补充。

共生模式在初期一般表现为非对称性共生，以后随着信息流的合成，供应链金融的共生模式逐步演化为对称性共生，实现互利共赢，否则这种共生关系将很难持久。

3）金融共生环境

金融共生单元以外所有因素的总和构成共生环境，即金融生态环境。共生环境是一个复杂的系统，既包括共生系统所处的经济法律环境、基础设施，也包括社会人文传统、国际环境等，因此对于金融共生环境的分析需要对多方面因素进行综合分析。

对供应链金融的共生环境而言，金融共生环境也包括基本的金融环境、社会信用体系建设的基础环境和相关法律环境等构成的综合环境。

第四节　港口供应链金融发展现状

一、供应链金融发展现状分析：以银行为视角

从20世纪90年代中期开始，中小商业银行间的竞争压力不断加强，其创新动力充足，由此存货融资业务开始得以恢复开展，其中原深圳发展银行在供应链金融方面的成绩最为突出。原深圳发展银行在总结面向中小企业的货押和票据业务经验的基础上，提出了“自偿性贸易融资”理念和“1＋N”供应链融资[①]系列产品包，并于2005年总结提升为供应链金融服务，2006年在业内率先推出“供应链金融”的品牌，系统地对供应链中应收、预付和存货提出结构性的解决方案。

目前，供应链金融一系列的阶段性业务规范几乎都是由原深圳发展银行制定的，比如产品系列划分、准入评级办法、授信后操作规范、物流监管办法及协议文本、与核心企业的三方协议、“1＋N”营销模式、供应链全景图分析方法等。

继原深圳发展银行之后，广发银行、浦发银行、兴业银行、华夏银行、招商银行、民生银行以及一些传统国有银行都已涉足该项业务。

国际上供应链金融业务的关注点与国内银行存在一定的差别，具体体现在如下几点。

(1) 国际银行的供应链金融主要以应收账款融资为主，而且大多通过电商平台方式进行运作。国内商业银行主要以存货类供应链金融项目为主，而且一般都需要提供港口物流企业等进行货物监管。

---

① 在最原始的1.0版本中，供应链金融的模式被笼统称为“1+N”，银行根据核心企业“1”的信用支撑，以完成对一众中小微型企业“N”的融资授信支持。

（2）国际银行的供应链金融延续了国际贸易融资功能，属于贸易融资的拓展，而国内商业银行属于资产支持性贷款的范畴。

（3）国际银行的供应链金融主要面向核心企业的上游供应商，而国内商业银行的供应链金融业务大多集中于下游，属于渠道融资的范畴①。

（4）国际银行推出供应链金融的目的是为老客户提供更多服务，防止客户流失，而国内商业银行将供应链金融作为开发新客户的工具。

从整体上看，国内供应链金融起步较晚，虽然增长较快但还明显存在着一些不足。

（1）由于国内企业对供应链认识不深，供应链上企业间关系较为松散。具体而言，核心企业对供应链整体缺乏管控意识，对供应链的边界意识不强，对供应链的上下游企业缺乏利益激励，同时成员企业对供应链本身缺乏归属感，导致整体成员对供应链的声誉好坏漠不关心，违约成本偏低。国内汽车和钢铁等行业的核心企业对上下游企业的管控能力较强，造成国内供应链金融业务主要集中于汽车、钢铁等行业。

（2）国内银行的供应链金融几乎都仅限于国内业务，对国际贸易中的供应链金融涉足不够，从长远看，国际贸易中的供应链金融业务将成为未来供应链金融的主流。

（3）国内商业银行缺乏独立的供应链金融风险控制体系，仅是作为传统流动资金贷款的一部分。例如，很多银行将进行专门的债项信用评级，也缺少专门化的供应链金融操作平台。

（4）国内物权法等相关法律不完善，导致供应链金融业务在动产担保方面操作复杂、成本高。

（一）原深圳发展银行供应链金融服务

2001年，原深圳发展银行推出了动产及货权质押授信，这是供应链金融业务的雏形。2003年，原深圳发展银行广州分行在业内首次提出了“自偿性贸易融资”的理念，奠定了供应链金融服务的产品基础。2003年底，原深圳发展银行从营销和风险控制的角度，在业内率先推出“1＋N”模式，开展面向供应链成员企业的批发性信贷。2005年，原深圳发展银行开发了面向供应链金融业务的债项评级体系，并配套出台了《分支机构贸易融资业务机构设置管理办法》《货权质押授信业务仓储监管合作方管理办法》《动产及货权质押授信业务货权管理办法》《货权质押授信业务资金流管理办法》等一系列制度，初步形成了供应链金融制度体系[70]。

2006年，原深圳发展银行进一步打造了供应链金融品牌，并在产品、流程、业

① 因为国内核心企业与下游的利益紧密度往往超过与上游的利益联系。

务模式等方面开展了深化创新。在总行层次建立了保理中心,加入了国际保理商协会(FCI),继而推出了应收账款池融资、出口发票池融资、出口退税池融资、票据池融资等在内的“池融资品牌”。同时,建立了双线管理的贸易融资特别审批通道,以提高供应链融资业务审批的专业化和效率。通过这一系列的调整和创新,原深圳发展银行的供应链金融业务的专业化水平和服务能力进一步提升。2007 年开始,原深圳发展银行开始全面启动线上供应链金融工程,实现银行内部系统与外联系统的对接、产品作业流程管理系统与客户系统的对接。随着原深圳发展银行与原平安银行的合并,现在的平安银行也已经成为国内供应链金融业务的标杆银行。

(二) 广东发展银行供应链金融实践

2003 年,广东发展银行推出“民营 100”金融服务平台,该平台中搭载了供应链金融业务。供应链金融以货押业务为主打产品,结合物流公司的专业服务,将银行资金流与企业的物流相结合,向公司客户提供集融资、结算等多项服务于一体的银行综合服务业务,使厂家、经销商、下游用户与银行之间的资金流、物流和信息流在封闭流程中运作,迅速提高销售效率,降低经营成本[71]。

广东发展银行随后又提出了细分市场的服务重点。

(1) 针对已有成熟销售网络和物流配送系统的大型制造企业,其经销商遍布全国的企业群,广东发展银行借助供应链金融业务标准化、规范化、信息化的服务优势,给予该企业群融资、资金结算业务,促进企业销售,拓展市场份额。

(2) 针对中型制造(贸易)企业,业务正处于高速发展阶段,销售网络和物流配送系统尚未成熟的企业群,广东发展银行的供应链金融业务可以帮助企业迅速建立销售、配送网络,提供集融资支持、资金结算、物流配送、仓储监管为一体的综合金融服务解决方案,帮助其扩展全国经销网络。

(3) 针对小型商贸企业,资产规模小,急需资金扩大销售的企业群,广东发展银行的供应链金融业务可以增加企业的流动资金,降低其营运成本,提高效率,扩大销售,提高竞争力。

(三) 上海浦东发展银行供应链金融实践

2007 年,上海浦东发展银行提出了“供应链融资”的整体服务解决方案,具体包括以下 6 个方面[72]。

(1) 在线账款管理方案。为企业解决账款管理难题的业务方案。

(2) 采购商支持方案。为采购商解决在采购过程中的各种问题,紧密上下游的银行支持方案。

(3) 供应商支持方案。为供应商解决销售过程中的各种问题,紧密上下游的银行支持方案。

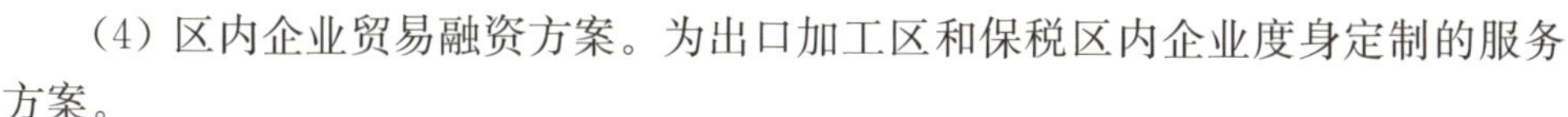

(4) 区内企业贸易融资方案。为出口加工区和保税区内企业度身定制的服务方案。

(5) 船舶出口服务方案。为船舶生产及代理出口企业提供银行产品和服务的整体业务方案。

(6) 工程承包信用支持方案。为企业在境内外竞投标及新项目资格预审中提供各项资质及信用支持服务的业务方案。

(四) 兴业银行"金芝麻"供应链金融服务

兴业银行"金芝麻"供应链金融服务产品包括 18 项单项产品,并针对企业经营的不同环节[73]。

(1) 采购专项。以动产(仓单)质押、票易票、商票保贴、出口证易票等 8 项产品,帮助中小企业实现低成本采购、融资采购以及扩大采购的需求。

(2) 销售专项。以代理票据贴现、进口证易票、整合保理、短期出口信保融资等 8 项产品,满足中小企业对于资金快速回笼、扩大销售及避免坏账等各种销售环节的相关需求。

(3) 生产专项。以法人账户透支、理财产品受益权质押贷款、工业厂房贷款、个人额度循环贷款等 4 项产品,针对性地解决中小企业临时性资金短缺问题及创业投资资金问题。

2008 年,兴业银行正式注册加入 SWIFT 组织开发的贸易服务设施系统(Trade Services Utilities, TSU)。该系统通过集中化数据处理和工作流引擎,对订单、运输单据和发票等单据信息进行集中化匹配处理,在整个过程中向贸易双方银行提供情况报告,不仅有利于银行掌握进出口各个环节的信息,也为进出口企业的贸易融资提供便利。

(五) 华夏银行"融资共赢链"

华夏银行供应链金融业务始于 2007 年 7 月,推出了"七条链"业务[74]:未来货权融资链(未来提货权融资业务保兑仓模式、未来提货权融资业务仓储监管模式、未来货权开证)、货权质押融资链、货物质押融资链(有追索权国内保理、有追索权国际保理)、应收账款融资链、海外代付融资链(进口代付、出口代付)、全球保付融资链(保函、备用信用证、进口保付)、国际票证融资链(华夏出口票证通)。

二、港口企业开展供应链金融现状:以港口物流企业为视角

1. 国外第三方港口物流企业开展供应链金融的现状

国外供应链金融业务起步早,发展较为成熟。以美国为例,美国供应链金融模式主要有 3 种:港口物流企业主导的供应链金融、企业集团主导的供应链金融和

商业银行主导的供应链金融。其中，港口物流企业主导的供应链金融中港口物流企业的参与度最深，因此本部分对其进行重点介绍，并以美国联合包裹服务公司(UPS)为例进行简要分析。

在港口物流企业主导的供应链金融模式中，港口物流企业参与整个供应链金融服务。一方面，港口物流企业设计融资方案并提供资金。港口物流企业不仅主导融资准备过程中对象的选择、方案的设计，而且负责确定融资实施过程中的融资规模、融资利率以及还款方式等。另一方面，港口物流企业是信息渠道建立者和信息掌握方，是方案实施过程中融资抵押物的实际掌控者。在融资条件的确定过程中，港口物流企业先通过物流网络了解目标抵押物的特征，同时利用数字标签系统和产品信息平台掌控抵押物的实时状态。

以 UPS 与沃尔玛的合作为例。作为强势的买方，世界著名的零售商沃尔玛通常会要求东南亚供应商、出口商垫付全额货款，货物到岸后 30～90 天才结清。这对于其上游的中小企业造成了严重的资金压力，部分供应商甚至因此不敢与沃尔玛签订大单合约。然而，UPS 提供的供应链金融服务不仅保证沃尔玛能够继续延长账期，而且可以使得其供货商利用沃尔玛的信用以优惠的利率获得应收账款融资，从而巧妙地解决了这一难题。

如图 5－13 所示，UPS 首先与沃尔玛及其供应商签订多方合作协议，为其提供物流服务。同时，UPS 作为中间结算商，代替沃尔玛与东南亚地区数以万计的出口商进行支付结算，而 UPSC(UPS CAPTIAL)则作为 UPS 的信用部门，保证在货物交付到 UPS 物流机构两周内把货款先行支付给出口商，以确保后者资金的快速运转。出口企业将包括出口清关在内的全程货运业务转交 UPS，并支付相应的物流服务费用和一定的融资费用。最后，UPSC 代表持有货物的 UPS 与沃尔玛进行统一贷款结算。

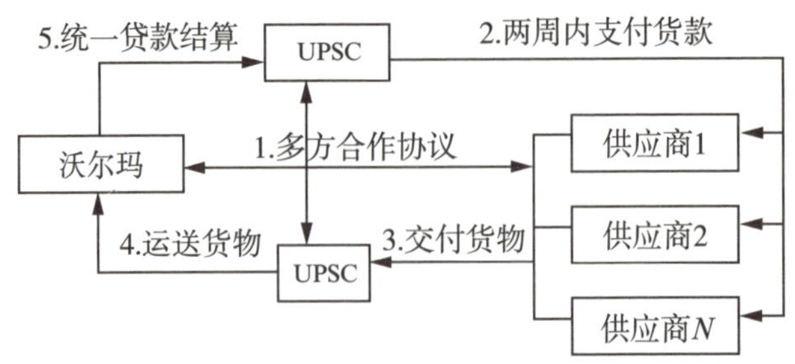

图 5－13　UPS 供应链金融服务流程

2. 国内第三方港口物流企业开展供应链金融的现状

由于港口物流企业在抵质押物监管及保全、资产变现、市场动态等方面具备良

好优势，承担了供应链金融中的“物控”和“货代”职能，在降低银行风险的同时，港口物流企业也从单纯的物流服务拓展到供应链结算、代理采购和营销支持等在内的全方位供应链管理服务，进而稳固客户关系，提高与客户的黏度，提升客户的价值。我国供应链金融融资模式主要有3种，港口物流企业在不同的模式中承担不同的功能。

（1）质押模式。制造企业把商品存储在港口物流企业的仓库，港口物流企业向银行开具仓单。银行根据仓单向制造企业提供一定比例的贷款，港口物流企业代为监管商品。这是目前国内港口物流企业开展的最主要的金融业务，也是出现问题最多的业务。

（2）担保模式(统一授信)。银行把贷款额度直接授权给港口物流企业，再由物流企业根据客户的需求和条件质押贷款进行最终结算。港口物流企业向银行提供信用担保、利用信用额度向企业提供质押贷款，银行基本不参与质押项目的具体运作。

（3）直接融资模式。当港口物流企业为发货人承运货物时，港口物流企业首先代提货人预付部分货款，当提货人取货时则交付给港口物流企业全部货款，港口物流企业获得了将余款交付给发货人之前的资金运用时间，可以利用为其他发货人提供融资。

随着供应链金融的不断发展和完善，更多的港口物流企业参与到供应链金融当中。供应链金融刚推出时，据不完全统计，全国70%以上的供应链金融业务选择由国有4大物流巨头——中远、中储、中铁、中外运进行业务监管[75]。2008年以后，区域性的中小型港口物流企业开始与商业银行合作开展供应链金融业务，并逐渐与大型港口物流企业一样占据重要地位。如今，运输型、仓储型、综合型的港口物流企业均利用自身的优势加入到供应链金融服务中。

港口物流企业参与供应链金融的深度不断加大，港口物流企业从原本仅限于“物流”层面经营，延展到“商流”层面合作。目前，线上供应链金融业务将成为主流，作为线上融资平台的重要一方，港口物流企业通过直接链接线上平台，与银行一起构建多位一体的线上融资协同，共同为广大客户提供无纸化、标准化、便捷高效和低成本的金融服务。通过商业银行的商贸物流平台，港口物流企业将提前收到银行批量资金集中采购，随后发挥自身仓储物理网络、配送服务网络、电子信息网络和经销群体网络的优势，分批经销给全国各地的中小企业，从而降低产业链整体流通成本，为国内中小企业提供更优质的商流、物流、资金流服务。

虽然我国港口物流企业参与供应链金融的程度在逐步加深，但仍无法像美国那样以港口物流企业为融资平台实现供应链金融，也许国内“一站式”供应链金融服务商怡亚通正在逐步靠近这一模式。怡亚通由第三方物流服务商向供应链管理服务商转变后，纵向整合供应链管理各个环节，形成“一站式”供应链管理服务平台，并通过采购与分销职能，为物流客户提供类似于银行存货融资的资金代付服务，赚取息差收入。怡亚通以“一站式”供应链管理服务为产业基础，开展存货融资及相关的外汇衍生交易等业务，将物流主业与金融业务有机融合，不仅大大提高了自身营业能力，同时解决了许多中小企业的融资难问题，是港口物流企业未来的发展方向。

第五节　港口供应链金融风险控制

通过供应链金融业务，可以解决以港口为核心的上下游企业的融资难题，同时增加上下游企业对港口服务的需求。但是，从融资的角度看，供应链金融业务也存在较大的风险，而风险控制的水平和能力将决定该业务的未来发展规模。

一、供应链金融风险管理的基本框架

（一）风险管理的主要对象

供应链金融主要结合供应链的特征，用供应链中的物流或资金流提供的资产支持或借助核心企业的信用捆绑提升信用等级，为中小企业进行授信，解决了供应链中小企业融资难的问题。但是，这样会产生一些新的风险，并成为供应链金融服务风险管理的技术关键。

（1）在供应链融资中，首先面临着信用风险，这是由供应链融资的客户群指向决定的。由于供应链融资的核心价值之一就是解决供应链中小企业的融资困境，因此中小企业所固有的高风险问题不仅无法回避，而且正是供应链融资这一新兴的风险管理技术所着力应对的。

（2）为了解决供应链中小企业的融资瓶颈，供应链融资凭借物流、资金流的控制以及面向授信自偿性的结构化操作模式设计，构筑了用于隔离中小企业信用风险的“防火墙”，造成信用风险向操作风险的“位移”。操作制度的严密性和执行力直接关系到“防火墙”的效力，进而决定信用风险是否被有效屏蔽。

（二）风险管理的原则

供应链金融风险管理的框架应当同商业银行风险管理的框架相兼容，并与商业银行整体风险管理的风格保持一致①。

① 本部分主要从金融机构的角度进行风险控制，港口企业开展供应链金融业务，其风险控制原则也需要采用金融机构系统的风控原则。

(1) 风险与收益匹配的原则。对供应链金融与其他业务投入的边际效益(经风险调整后)进行对比,以决定是否推行该项业务,在推出具体产品之前,也需要预先评估风险管理成本与风险管理收益之间的对比关系。

(2) 全面风险管理原则。供应链金融风险管理应满足全面风险管理的要求。首先,将供应链金融业务的风险管理纳入到商业银行全面风险管理的范畴内,与其他公司业务、零售业务等纳入到统一的管理体系中,对全部资产组合风险进行控制和管理;其次,供应链金融风险管理应对供应链融资中面临的信用风险、法律风险、市场风险和操作风险等不同类型的风险通盘考虑;最后,所有的风险应通过定性或定量的方法进行统一测算。

(3) 独立性与垂直性相结合的原则。风险管理部门应独立于业务体系,保障其独立性,而且需要实现垂直的风险管理。尽管供应链融资在风险管理领域专业化特色显著、技术特异性强、效率要求高,可以采取特别通道和人员派遣等模式,但仍应保持职能的独立性,并符合垂直管理要求[76]。

(三) 风险管理的流程

供应链风险管理基本流程包括风险识别、风险度量、风险评估和风险控制。

(1) 风险识别是风险管理的基础。风险识别不但要找到经营中存在的风险,还要找到造成风险的原因。由于供应链金融的对象包括很多中小企业,因此信用风险是供应链融资中最为重要的风险来源;由于在供应链融资的风险管理中,需要大量的审核、环节控制和监管等工作,因此操作风险非常大。

(2) 风险度量就是对风险进行定量分析和描述,对风险事件发生的概率和可能造成的损失进行量化。

(3) 风险评估是在风险度量的基础上,分析银行对于风险的承受能力,判断是否要采取合适的风险控制措施。

(4) 风险控制就是根据风险评估的结果,采取相应的措施,把风险可能造成的损失控制在可接受的范围内。在国际性银行的供应链融资业务中,风险转移和风险保险也是银行重要的风险管理手段。我国供应链金融风险管理主要采用信用风险屏蔽技术,即利用物流、资金流的控制获得授信的自偿性,并达到授信对主体信用等级的隔离。

二、供应链金融风险分类及管理

(一) 供应链金融主要风险类别

供应链金融业务的风险主要有以下 3 种。

(1) 政策风险。国家政策的变化会影响相关行业的整个产业链。当进行产业结构的调整时，国家会出台一系列政策，支持或限制某个产业的发展。国家出台政策限制一个产业发展，这条产业链从源头到最后的零售商都会受到影响，若银行等金融机构或者港口物流企业选取这条产业链上的核心企业开展供应链金融业务，则相关业务可能会被波及。

(2) 操作风险。为了解决供应链中小企业的融资瓶颈，供应链金融凭借对物流、资金流的控制以及自偿性的结构化操作模式设计，构筑了用于隔离中小企业信用风险的“防火墙”，并由此带来了大量的贷后操作环节。这实质上造成信用风险向操作风险“位移”，供应链金融业务的操作风险远大于传统业务。近期出现的钢贸事件、青岛港事件以及中外运事件，都属于操作风险，当然也都涉及信用风险。

(3) 市场风险。由于在供应链金融业务中，作为贷款收回最后防线的授信支持性资产多为动产，且根据供应链所属行业不同，动产种类也不同。这些动产的价格随市场供需的变化而波动，当需要将资产变现以收回贷款，而价格处在低谷时，就会给供应链金融业务带来市场风险。

(二) 供应链金融业务特殊风险的起因

供应链金融业务特殊风险的起因主要有以下 3 个方面[77]。

(1) 授信企业具有产业链相关性。基于供应链的供应链金融为融资业务带来更广阔的融资空间，风险也就由传统的单一贸易环节向供应链上下游拓展，供应链上下游的不确定性为供应链金融带来了风险。此时，风险不再单纯来源于客户信用、贸易背景等传统风险，而是以贸易环节为出发点向供应链上下游扩散，因此不管是客户自身的信用水平还是还款能力都应予以特别关注。

(2) 供应链上主要授信企业规模较小。在传统的融资业务中，银行偏向于选择信用评级较高的大型企业作为授信对象。在供应链金融业务中，最需要资金支持的往往不是一条供应链上的核心企业，而是其上下游的供应商、分销商等相对小的企业。由于中小企业在供应链中处于劣势地位，短期流动负债在其报表中所占份额很大。银行、小贷公司等金融机构给中小企业放贷，面临着授信对象规模小、信用评级历史短的情形，因此风险也较大。

(3) 供应链金融是基于企业间的实质性交易来融资的，决定了交易的可控性、真实性成为贷款能否收回的重要保障。供应链金融业务中，授信因交易而存在，如果企业对交易信息进行造假而银行又没有及时发现，就会产生巨大的信用风险。在控制企业的交易过程中，银行等金融机构也容易处于被动地位。

(三) 供应链金融业务风险管理措施

供应链金融业务风险管理措施主要有以下 6 项。

(1) 创建独立的风险管理体系。健全的风险管理组织体系是实现全方位、全过程风险管理的组织保障,也是完备的风险管理制度和科学的风险管理流程的基础载体。因为供应链金融业务具有与传统信贷业务不同的风险特征,所以在对其进行风险管理时,要创建独立的风险管理体系。

(2) 审慎选择拟授信的供应链群。供应链金融业务以供应链群体企业之间良好的合作关系为信用风险管理的主线,优势行业和畅销产品是维护良好的供应链合作关系的前提,也是银行、小贷公司等金融机构有效控制供应链信贷业务信用风险的重要前提。银行、港口物流公司等应事先选择允许开展供应链融资的行业和产品,将市场准入作为控制供应链信用风险的第一道防线。为此,港口方面应该首先明确哪些行业可以进行供应链金融业务,哪些行业绝对禁止介入,也就是建立客户准入名单的分类机制。

(3) 建立灵活快速的市场商品信息收集和反馈体系,规避产品市场风险。港口方面和银行应根据市场行情正确选择质押物,并设定合理的质押率。一般来讲,选取销售趋势好、市场占有率高、实力强、知名度高的产品作为质押商品,并对其建立销售情况、价格变化趋势的监控机制,及时获得真实的资料。避免由信息不对称引起对质押货物的评估失真,控制市场风险。

(4) 强化内部控制,防止操作风险。操作风险主要源于内部控制及公司治理机制的失效。因为贷后管理是供应链金融信贷业务中重要的一步,所以发生操作风险的概率比传统业务要高,这就要求银行和物流公司成立专门部门负责贷后跟踪与对质押物的管理。港口物流企业需要不断提高仓库管理水平和仓管信息化水平,并制订完善的质物入库、发货的风险控制方案,加强对质物的监管能力。有针对性地制定严格的操作规范和监管程序,杜绝因内部管理漏洞和不规范而产生的风险。

(5) 明确各方的权利义务,降低法律风险。因为供应链金融业务涉及多方主体,质物的所有权在各主体间进行流动,很可能产生所有权纠纷。在业务开展过程中,各方主体应尽可能地完善相关的法律合同文本,明确各方的权利义务,将法律风险降到最低。在尽量避免对"物"的流动性损害的前提下,对流动性的"物"实施有效监控,将是供应链金融服务设计的核心思想。

(6) 逐步构建完善的供应链金融风险评估模型。在发展供应链金融业务的同时,也要注意信用评级系统数据库中数据的逐步积累。目前,风险控制的发展趋势是数量化、模型化,供应链金融作为一项新的金融业务,风险评估模型显得尤为重要,而数据的收集则是基础性工作。因此,要注意投入人力物力开发供应链金融风险评估模型,使业务风险管理成本不断下降。

三、港口企业存货质押融资业务风险控制

目前,我国港口企业开展供应链金融业务主要以存货质押业务为主,下面将重点分析该业务的风险控制问题。按照存货质押融资风险控制的流程可分为风险战略控制系统、日常运营风险控制系统和风险预警应急控制系统等 3 个方面。

(一) 存货质押融资业务风险控制基本特征

存货质押融资业务的风险不是固定不变的,随时会发生变化,是个动态的过程。因此,对于存货质押融资的风险控制需要做到以下 3 个方面:①对具体的业务进行控制,控制其供应链系统和环境,随时反馈信息,进行动态控制;②注重各个环节,对症下药,针对具体风险问题进行技术解决;③根据整体的复杂性,综合集成各种方法和技术,从整体上和战略上进行调控。因此,可以构建存货质押融资的风险控制环,如图 5-14 所示。

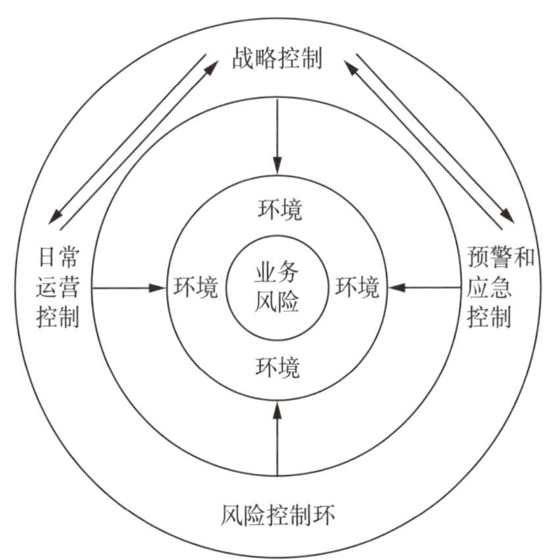

图 5-14 存货质押融资风险控制环

存货质押融资风险控制环具有如下特征。

(1) 同步控制性。在业务风险控制时,各个控制子系统应该以风险问题为对象,针对问题同步运作使风险能够得到及时的识别和评估,并通过各个子系统的协同交互运作获得良好的控制效果。

(2) 反馈控制性。在业务风险控制时,会对业务和环境的变化信息进行实时的反馈,从而不断改善控制系统,针对业务风险进行有针对性的管理,使业务风险

控制在合理的范围内。

(3) 层次性。既有宏观的业务风险战略控制系统，能够构建组织、制度、技术和信息等平台进行整体掌控，又有微观的业务日常运营控制系统和预警应急控制系统，能够对业务的日常运营过程风险进行常规控制，并对突发风险进行反馈预警和应急处理。

(4) 综合性。业务风险控制是直接控制与环境控制的结合，即不仅要注重各个环节，针对具体风险问题进行技术解决，而且要根据整体环境，综合集成各种方法和技术，从整体上和战略上进行调控。

(二) 存货质押融资风险战略控制系统建设

存货质押融资风险战略控制系统主要包括制度创新支持平台、组织平台、信息平台和综合集成技术支持平台等 4 大平台。针对有环境依赖性的业务风险，这 4 大平台构成了一个完整的战略控制系统，如图 5－15 所示。

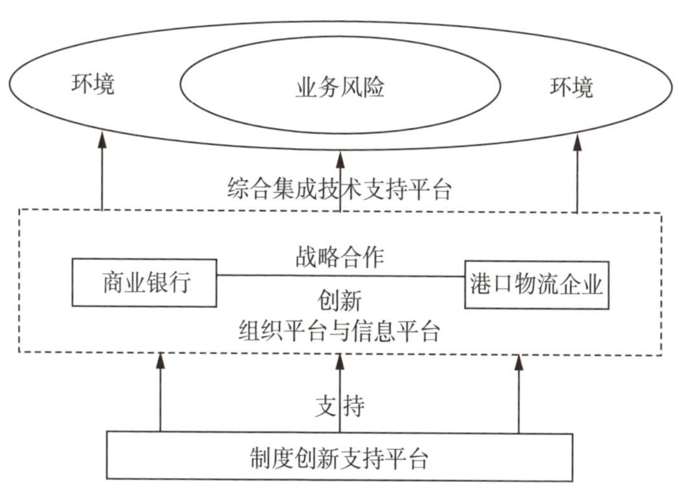

图 5－15　存货质押融资风险战略控制系统

1. 制度创新支持平台

存货质押融资及其配套的预付款融资和应收账款融资服务涉及借款企业生产运营的整个过程，牵涉到借款企业、上下游企业、港口物流企业和银行等多方利益，企业物流、资金流和信息流的流动情况也时有变化，导致存货质押融资相当复杂和多样化，因此商业银行与港口物流企业应该合作制定相对统一的业务流程，规范合同条款，构建良好的制度环境。此外，金融机构还应制定科学的定价机制以保证对贷款准确定价，使存货质押融资的参与者能处于相对公平且有效率的市场环境之中。为此，港口方面为了大力开展供应链金融业务，应该尽快确定深入合作的银

行，并且与之共同制定相关的统一业务流程、合同条款，使制度建设迈上一个新的台阶。

2. 组织平台

组织创新包括组织间关系创新和组织内关系创新 2 种。在存货质押融资组织间关系创新上，主要是将传统信贷的银行—借款企业的两方关系改变为银行—港口物流企业—借款企业的三方关系。港口物流企业应该与具有相当实力、规模、良好信誉、规范业务管理和广泛客户网络关系的商业银行建立全面合作关系，搭建物流与供应链金融平台，并通过与业务相关行业的紧密合作实现核心能力互补，为供应链上的中小企业提供便捷的融资服务。尤其对于拥有大型物流仓储的港口企业，可以与商业银行签署战略合作协议，并在二级单位层面与合作商业银行的分行开展业务合作，从而有效提高质物评估、业务监控、质物处置和应收账款回收等方面的管理水平。

此外，港口物流需求还需与保险机构、担保机构以及民间资本，比如现在流行的 P2P 平台等进行更加深入的合作与创新，以充分利用相关社会资源使存货质押融资服务更加完善。

3. 信息平台

跨行业的信息平台应该涵盖生产、营销、物流等环节，具备全程监控、调度与优化、数据分析、风险识别、评估与控制、结算支持以及交易撮合等功能，并形成有效的沟通和共享机制。在存货质押融资业务信息沟通、共享和管理机制的基础上，建立相对完善的供应链金融信息系统。

(1) 需要建立存货质押融资服务中物流和资金流全过程的实时监控机制，整合资金流运作管理(封闭式账户的管理、结算服务和保理等)与物流运作管理(监管、抵质押物操作、基本物流环节操作的信息化等)，以确保业务运营信息透明，确保贷款的安全。

(2) 需要建立快速反应机制，针对存货质押融资中出现的风险问题进行及时的反馈和解决。

(3) 需要建立业务运营信息的沟通和共享机制，实现业务各参与方的同步运行和周密配合，确保物流与资金流的实时匹配和紧密衔接，保证存货通过顺利的运转转化为现金，对贷款进行补偿。

4. 综合集成技术支持平台

港口物流企业与商业银行应该合作开发质押存货和合作伙伴的选择技术、风险评估技术、风险预警技术以及违约后处置机制等来组成一套新的存货质押融资业务贷款分析及风险控制系统，以保证贷款风险的管理水平。在存货质押融资风险的综合集成技术支持平台上，关键是对相关具体技术进行集成[78]。

（1）可以对融资的各种风险进行整体评估，从系统的角度考虑整体风险的控制技术，进行融资整体风险的控制。

（2）可以对各种风险控制的具体技术进行集成，根据业务的变化灵活地、动态地采取相应的控制措施。

（3）在风险控制理念上，港口企业还应根据存货质押融资的特点制定相应的评级制度体系，应该将传统风险管理中注重财务报表分析的主体评级和控制方法，改革为重点考查贸易背景和物流、资金流、信息流控制模式的债项评级和控制办法。

（三）存货质押融资日常运营风险控制系统

虽然在实际发展中存货质押融资具有多种模式，但从总体流程来看，一般会经历特定的环节，如图 5－16 所示。根据存货质押融资的业务流程可以将日常运营风险控制体系分为准入体系风险控制、合约设计风险控制和执行过程风险控制等 3 个部分[79]。

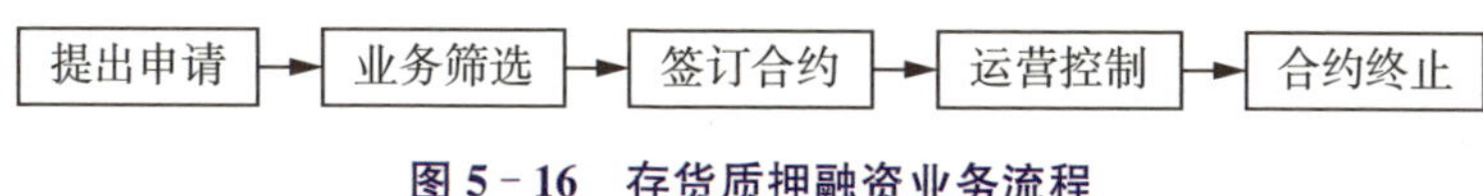

图 5－16　存货质押融资业务流程

存货质押融资已从银行—借款企业的两方模式转变为银行—港口物流企业—借款企业的三方模式。未来，供应链金融业务要以港口企业为主，以港口企业为核心，而不是以银行为操作核心。因此，港口企业需要对银行和借款客户进行有效的筛选，这是业务准入体系风险控制中的重要一环。由于存货质押融资的对象是缺少足够流动资金的中小企业，所以用于质押的存货一般是属于中小企业普遍拥有的动产，包括原材料、半成品和产成品。这些动产作为融资企业获取银行贷款的担保物，不仅是价值载体也是风险载体。因此，港口企业开展存货质押融资面临的首要问题是质押存货的选择问题。

1）质押物的准入分析与控制

港口企业选择何种存货作为质押物对于存货质押融资的成功与否起着重要的作用。目前，在国内实际业务中偏向于将黑色金属、有色金属以及矿产品、煤炭、石油（包括原油、汽油等）、化工产品、汽车、纸品、农产品、化肥、橡胶、家电、药品等物品作为质押物。

随着存货质押融资的逐渐深入，港口企业开展存货质押融资的经验积累越来越丰富，越来越多的存货品种也逐渐进入了业务选择的范围。现实中各种待选货物的属性纷繁复杂，但是与存货质押融资相关的存货属性主要有法律属性、物流属

性、流通属性和价值属性等4类。这4类属性与存货价格风险、质物形态风险以及销售风险等存货的变现风险因素密切相关。港口企业需要构建质押存货的评估指标体系,对质押存货的品种进行评价,确定哪些存货优先考虑。在具体业务的质押存货选择确定时,对于存货准入属性的分析也有助于在质押存货的变现风险指标分析方面提供有用的参考(见图5-17)。

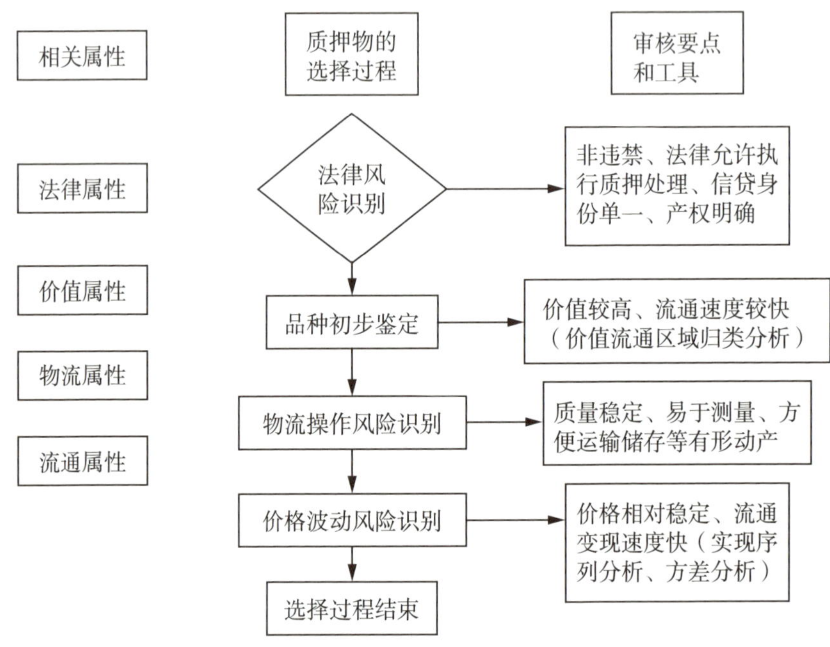

图5-17 质押品种选择程序参考

2)借款企业的准入分析与控制

大多数银行借贷业务控制风险的关键因素就是放贷对象的选择。同样,港口企业进行存货质押融资业务时,也必须对借款企业的各种状况进行分析。在一般性贷款业务中,银行对于借款企业拥有一套相对完整的评估体系,但不同的是,在存货质押融资中银行分析借款企业财务状况和还款能力时,更注重分析借款企业转化存货为现金流的能力。

(四)物流环节风险分析与控制

存货质押融资不仅涉及资金流的运作,而且涉及物流和信息流的运作,以及物流、资金流和信息流的实时匹配。在存货质押融资中,港口企业需要对质押物资流通的仓储、运输、销售等环节进行有效的动态监控。由于存货质押融资的多样性、动态性和复杂性,港口物流企业进行业务监管的模式也存在很大不同(见图5-18)。

(1) 存货质押融资监管模式按仓库权属可分为自有仓库监管、公共仓储监管和就地仓储监管，其中：自有仓库监管指利用港口物流企业自己的仓库存储质押存货进行监管；公共仓储监管指利用公共仓储企业的仓库存储质押存货并进行输出监管；就地仓储监管指利用借款企业的仓库存储质押存货并进行输出监管。

(2) 存货质押融资监管模式按监管性质可分为静态监管和动态监管，其中：静态监管指对一次性固定期限的静态质押方式下的质押存货进行监管；动态监管指对动态质押方式中的质押存货进行监管。

(3) 存货质押融资监管模式按质物性质可分为动产质押监管和仓单质押监管，其中：动产质押监管指对存货质押融资中的质押存货进行监管；仓单质押监管指港口物流企业对仓单质押业务中的质押物进行监管，并负责仓单的真实性和唯一性。

(4) 存货质押融资监管模式按监管点分布可分为单点监管和多点监管，其中：单点监管指将质押存货集中在一个地方进行监管；多点监管指将质押存货分布在不同地方进行监管。

(5) 存货质押融资监管模式按物流环节可分为在库监管、在途监管和全程监管，其中：在库监管指对仓库里存储的货物进行监管；在途监管指对运输过程中的货物进行监管；全程监管指对整个物流过程中的货物进行监管。

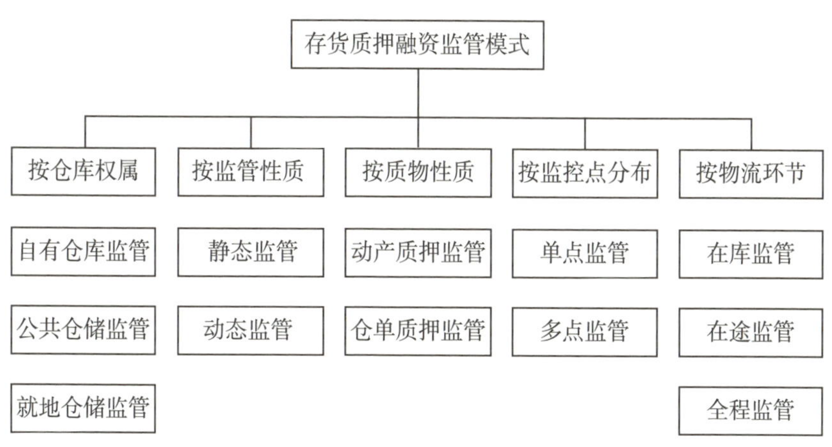

图 5-18　存货质押融资监管模式分类

第六节 基于自贸区的港口供应链金融创新与实践

一、自贸区背景下港口供应链金融创新思路

(一)制度环境创新

1. 金融业管制领域

目前,我国的银行业采用分业经营的方式,金融业不从事物流业,非金融机构也不得经营金融业务,物流公司不能以其自有资金为企业进行融资。这些管制上的要求,客观上使得银行及物流公司均难以满足供应链集成管理的服务需求。

从国际发展来看,公司制的供应链金融发展模式效率较高。例如,世界最大的物流公司 UPS,1998 年收购美国第一国际银行,转型为供应链金融服务提供商,其占比第一位的利润来源于金融物流服务。相反,2005 年摩根大通银行收购物流公司 Vastera,专门为供应链及分销链①提供金融服务和支持。

近年来,国内很多学者纷纷提出建立我国的供应链金融公司的相关建议,供应链金融公司兼具金融与物流的功能,实现银行业与物流业的公司化融合,这与我国当前的法律并不冲突。在实践中,国内商业银行可以参照设立租赁公司、信托公司等子公司的模式,成立银行自己控股的供应链金融公司。从港口的角度看,港口物流公司也可以利用第三方物流公司成立供应链金融公司,参考 UPS 的模式。

2. 司法领域

目前,由于法律可操作性和执行力的问题,动产担保物权在供应链金融业务实践中仍存在种种不确定性,如浮动抵押和质押的优先权问题、应收账款质押和转让的优先权问题、客户违约情况下的担保物权实现效率问题等[80]。因此,继续推进动产担保物权相关法律框架的完善以及司法能力和效率的提升,有助于为供应链金融创新清除法律障碍。

3. 金融业监管领域

供应链金融在我国起步时间不长,是一项创新型金融服务,在风险控制理念、风控技术等方面与传统业务存在很大差别。因此,监管部门对于如何进行监管还缺乏明确的思路和办法。例如,供应链融资业务风险资产的权重计量还没有统一的规定,不利于供应链金融业务的发展。

---

① 分销链是与供应链相对应的一个概念,指通过建立一个以销售为主导的产业链,核心企业必须对链条整体及各中间商进行日常管理、监督、指导,采取措施激励渠道成员,使之能尽心尽力地为本企业销售产品。

（二）组织模式创新

1. 集团公司下物流与银行合作的供应链金融组织模式

此模式适用于集团控股下的银行，可考虑银行与集团旗下物流公司的紧密型合作，将银行供应链金融业务中涉及物流的部分外包给集团下的物流公司，发挥协同效应，实现对物流融资客户的跨银行物流服务。此外，还可以考虑由物流集团下的金融公司操作供应链金融融资业务，由集团下的其他物流公司进行相关的物流和货物监管业务。目前，华润集团采用了首先收购一家地方商业银行，然后成立供应链金融公司的模式开展供应链金融业务，在国内首开先河。

2. 物流集团下金融财务公司的供应链金融组织模式

此模式适合于物流集团公司存在财务公司的情形，由物流集团下的金融公司操作供应链金融融资业务，由集团下的其他物流公司进行相关的物流和货物监管业务。目前，国内很多港口企业拥有自己的财务公司，如大连港、宁波-舟山港、青岛港、天津港等，这些港口完全可以利用自己的财务公司开展供应链金融业务。但是，财务公司只能为集团内成员企业提供金融服务，存在一定的局限性。

3. 集中化的供应链金融组织模式

建立供应链金融业务操作平台是供应链金融业务专业化管理的解决方案，具备以下作用：①可以保证操作规范性，促进产品标准化；②可以避免支行重复劳动，取得操作的规模经济；③有利于培养专业队伍。目前，国内的一些民营第三方物流公司开始了这方面的尝试，如怡亚通。

对应以上 3 种组织模式，也可以采用以下 3 种模式。

1. 银行模式

银行成立供应链金融公司，根据核心企业与中小微企业之间的交易记录，对中小微企业提供资金支持。银行通过供应链金融服务，利用银行信用增强商业信用，促进了企业融资和商业交易活动的有效开展。

2. 核心企业模式

在核心企业模式下，某产业链核心企业具备较强的产业链控制能力以及较高的银行授信额度，如港口企业等。在此前提下，港口等核心企业掌握上游供应商和下游经销商的各种信息，同时通过长期的商业活动了解上下游企业的经营状况，资金来源于港口自身以及 P2P 平台等。在具体操作中，可以自身授信额度为担保向上下游企业提供融资服务，提高整个产业链的运行效率，并以此带动港口主业发展。

3. 第三方平台模式

港口企业可以成立第三方交易平台，以信息服务功能吸引产业链参与者，并以信息服务为切入口转型电商平台。当电商平台交易量提升，并通过物流仓储等服

务完成整个交易闭环后，第三方交易平台实质上拥有了产业链上下游的交易、物流、现金流等相关数据，通过对接资金源，增加港口主业业务量。目前，很多港口企业已经有了自身的交易平台，可以直接利用这些平台进行供应链金融操作。

（三）信息技术创新

供应链金融是一项操作相对复杂的金融业务形态，该业务对信息化的要求很高。通过建立相对独立的供应链金融系统，推动、引领信息资源的整合共享，不但能够降低操作成本，还能为客户解决融资难题，因此获得超额收益。

供应链金融的电子信息技术创新主要体现在风险管理和业务发展等 2 个方面，并可以产生以下 4 个方面的效果：①规范业务操作流程和操作方式；②提高业务处理效率，降低人工成本；③较好地控制操作风险，满足合规性要求；④较好地支持业务创新和市场发展。当然，这些效果的产生，除了信息系统外，完善的制度建设也是关键。

二、自贸区背景下港口供应链金融创新实践

天津港是国内较早涉足供应链金融业务的港口企业，近几年在供应链金融业务方面积累了丰富的经验。通过对天津港供应链金融业务进行充分的总结和归纳，希望能够对国内其他港口开展供应链金融业务有所帮助。

（一）天津港供应链金融业务概述

天津港所提供的“港口供应链金融服务”是一种金融与物流集成式的创新服务，其主要服务内容包括物流、流通加工、融资、评估、监管、资产处理、金融咨询等方面。其业务模式也是多种多样，具体包括货物质押、仓单质押、集中授信、未来货权开证业务、未来货权融资业务（仓储监管模式）、保兑（备用信用证）业务等。

供应链金融服务不仅能为客户提供高质量、高附加值的物流与加工服务，还为客户提供间接或直接的金融服务，提高供应链整体绩效以及客户的经营和资本运作效率。

根据天津港四大产业战略发展要求，以不断提升港口核心竞争力为目的，以完善的物流管理体系及丰富的港口资源为基础，以散货交易市场建立的第四代交易平台为载体，以港口物流公司、客户及银行形成的“信用共同体”为纽带，积极推进供应链金融服务各项工作的探索与实施。在供应链金融服务的构建与实施中，着力抓好实施前期的策划，充分进行风险分析及其对策的研究。

供应链金融专营公司采取多种形式进行供应链金融服务的市场开发及服务功能的推介。通过供应链金融服务的拓展，扩大了港口的服务功能，提升了港口的综合竞争力。2013 年 3 月，天津港集团旗下散货交易公司与宁夏天元锰业有限公司签署战略合作协议，借助天津港海运优势，双方将在供应链金融等领域开展广泛合

作，促进产业链延伸。宁夏天元锰业有限公司是全球最大的电解锰企业，每年需进口锰矿、铬矿 300 万 t，其中逾 200 万 t 通过天津港进口。根据协议，天津港将充分利用供应链金融服务功能，与天元锰业就供应链金融、供应链管理、港口综合服务等扩大合作范围和深度，打造"供应链金融链"。通过这次的深入合作，天津港的供应链金融业务实现了在全国的推广①。

（二）天津港供应链金融业务经验简介

天津港开展供应链金融服务主要有以下几种做法[81-82]。

1. 开展供应链金融业务前进行精心策划

天津港在开展供应链金融业务之前，进行了非常详尽的分析，查阅了国内外港口企业开展供应链金融业务的相关资料，同时也对自己开展供应链金融业务的优势和不足进行了分析探讨，最后还对可能面临的各种风险进行了充分的考量，并提出了应对风险的相关策略。

2. 组建港口供应链金融业务的专营公司

2007 年 12 月，天津港散货交易市场有限责任公司正式成立，并作为天津港开展质押监管业务的专营单位。天津港散货交易市场有限责任公司的客户采取会员制，客户作为交易市场会员，由此可以减少中间贸易环节、降低物流成本、加速货物周转率，提高资金使用效率和资金收益率，提高货物和资金的安全保障，杜绝恶意欺诈行为，因此该项目具有良好的经济效益和社会效益。这种会员制的模式，增强了天津港对供应链上成员的管控权，供应链成员间的关系相对密切，有利于核心企业控制风险。

3. 与国内商业银行全面建立战略伙伴关系

供应链金融服务是港口与银行等金融机构共同为港口物流企业提供融资的渠道和平台，资金来源于银行等金融机构。在公司开展供应链金融服务之初，即制定了与国内商业银行全面建立战略伙伴关系、共同开发港口企业客户的战略，因此天津港首先与位于天津的商业银行进行合作，签订战略合作协议以取得银行的资金支持。

自天津港开展港口供应链金融业务以来，天津港先后与原深圳发展银行、天津银行、浦发银行、光大银行、招商银行、交通银行、中信银行、盛京银行、民生银行、滨海农村商业银行等 20 余家银行建立了战略伙伴关系，确立了散货交易市场公司在天津港集团内唯一监管合作单位的资质。在具体操作中，天津港应该充分利用自己的财务公司进行供应链金融运作，成本更低、效率更高。

---

① 摘自公司网站。

4. 建立完善的风险控制体系

供应链金融服务针对的是动产质押，作为金融机构的银行为了控制风险，就需要了解抵押物、质押物的规格、型号、质量、原价和净值、销售区域、承销商等，还要查看权利凭证原件，辨别真伪。然而，这些工作超出了金融机构的日常业务范畴，制约了银行进一步扩大此项业务，为此天津港相关领导通过多次拜访银行领导，了解银行对控制风险的要求和存在的顾虑，在此基础之上天津港结合自身优势制定一套完整的风险控制体系。该体系主要包括计划申报管理体系，统一的衡重体系，门卫、卡口监察体系，天津港集团的治安体系，独特的内部管理体系等。该体系的建立使天津港有效地管控了动产质押货物可能丢失的风险，为银行解决了开展此项业务的瓶颈。

5. 大力宣传和推介港口供应链金融服务功能，吸引客户参与合作

天津港在开展港口供应链金融服务的过程中主要有以下 3 个创新点。通过这 3 个创新点的实施，天津港成功建立起客户企业在银行进行动产融资的桥梁。

(1) 利用天津港完善的物流管理体系及丰富的港口资源，对质押监管货物实施有效监管，为银行监控风险。

(2) 利用交易市场公司建立的第四代电子交易平台，可以将存在风险的质押监管货物及时变现，为金融机构解除融资客户无法偿还贷款且货物变现困难的后顾之忧，从而规避了供应链金融业务的行业风险。

(3) 采用信用共同体供应链金融服务模式，即筛选有意向、有资质、守信誉的客户组建信用共同体，交易市场公司作为实际掌控人，为其成员制定融资方案，并在融资过程中对风险进行预警和监控。合作银行给予信用共同体的客户贷款利息下浮、用款期限灵活、审批手续简便、放款快速等优惠政策。此项业务的开展受到客户的广泛好评。

除了天津港之外，青岛港、连云港港都开展过类似的供应链金融业务，但大多以失败告终，其主要问题还是风险控制问题。例如，青岛港在 2014 年陷入了金融欺诈事件丑闻，其主要问题都是同一批存货开具多个仓单、在多家银行重复质押融资，而多家银行之间相互不知情，直到最后危机爆发。这也充分说明了信息整合的必要性，如果信息整合充分，重复质押问题就很难发生。

三、自贸区背景下港口发展供应链金融建议

建立与港口经济发展相适应的港口供应链金融需要多方面的配合，除了要有政府政策的支持、相关法律制度的保障外，还需要港口企业和金融从业者的开拓创新，通过以港口商品融资业务、开立信用证、信用证项下融资、保理、船舶融资等为

主的金融产品，在港口物流工作领域创新金融工具，从而将银行信贷注入港口物流链运作，为港口经济发展提供强大的资金支持，并为结算提供便利条件。

（一）宏观政策建议

1. 完善金融服务体系，健全港口供应链金融服务产业链

逐步构建和完善与港口发展相适应的银行类金融机构体系和辅助机构体系，是加强港口供应链金融服务能力的重要举措。

（1）在积极争取国有商业性银行机构加强和完善对港口发展支持的同时，鼓励和促进地方金融机构到港区设立服务机构，扩大融资服务总量，优化融资服务结构。

（2）加快建设港口供应链金融服务平台，将会计、审计、评估、投资咨询、经纪公司、保险精算、数据处理、金融信息等多种辅助机构纳入到港口供应链金融市场体系中。

（3）为了进一步扩大港口供应链市场规模，充实资金来源，可以引导具备一定经济实力、管理经验和风险控制能力的保险公司、信托投资公司、信用合作社、证券公司、租赁公司、企业集团的财务公司等非银行类金融机构进入港口供应链金融市场[83]。虽然非银行类金融机构财力比银行要小，但非银行类金融机构资金供应比较灵活方便，而且还可以为企业提供有关筹资服务，对于建立健全港口供应链金融服务产业链具有十分重要的意义。

2. 加强港口金融市场环境建设，营造和谐健康的供应链金融发展氛围

良好的港口金融市场环境是港口供应链金融与港口经济和谐健康发展的重要保证。

（1）加强现代信息技术应用，构筑港口金融信息平台，切实提升港口供应链金融信息化水平，努力缩小港口金融机构、港口物流公司、货主企业以及整个供应链各环节间的信息瓶颈，避免潜在信息不对称的风险。

（2）加强信用环境建设，构筑港口金融征信平台，将征信系统、担保评级等中介机构信息系统与港口供应链金融系统对接，实现港口发展与金融的良性互动、和谐发展。

（3）加强港口供应链金融市场管理、规范市场主体行为，政府主管部门应尽快完善同港口供应链金融市场相关的法律法规体系、贷款政策、质押及质押权让渡政策等，提高法律可操作性，加大执法力度，严肃查处违法违规行为。

（4）加强金融机构港口供应链金融产品创新的管理，使其同供应链金融操作各环节规范并重，以提高金融机构对整体风险的防范水平，从而进一步健全完善港口供应链金融市场，严密防范操作过程中由于重复质押问题所产生的风险。

3. 进一步发挥政府对市场的引导作用，加强对港口供应链金融发展的政策支持

港口供应链金融行业作为新型产业，还处于初步发展阶段，需要政府部门的积极引导和政策扶持。

(1) 可由政府相关部门牵头，吸收银行类和非银行类金融机构、行业协会、典型港口物流企业组成专门领导小组，针对港口供应链金融发展过程中的各种问题展开广泛的调研和讨论，形成综合协调机制及解决方案，为后续出台各项政策提供有力支持[84]。

(2) 可由政府主管部门和行业协会针对港口供应链金融的运行特点出台相关的优惠政策和管理规则，从而鼓励银行类和非银行类金融机构进入港口供应链金融市场，并建立相对宽松的港口物流信贷平台，使得广大港口物流企业和货主企业可以享受到更多宽松的货币政策。

(3) 成立政策性担保机构，建立专业化供应链金融信息管理平台，促进各类信息技术在港口供应链金融领域的应用，引入各种成熟的信用评估和价值评估技术，逐步统一港口供应链金融市场的价值评估系统、评估方法和评估标准。

(二) 微观政策建议

1. 加快信息交易平台建设

研究有关政策法规，制定相应标准，组织制定信息资源整合方案，建立合理的港口信息采集和共享机制。加强港口相关单位的信息化水平，各港口单位施行统一标准，实现管理数字化、生产自动化、管控智能化，全面推广信息化在生产、运输、贸易等各环节的应用。推进征集与更新小微企业、民营企业的信用信息，加快引进和建设专业化社会评级机构，丰富第三方评级市场供应层次，建立健全贸易信息、违约通报和失信惩罚，增强金融机构投资信心，优化社会信用环境。同时，进一步完善企业信用信息基础数据库，在供应链金融服务过程中，通过资料收集、资信档案管理、资信调查、信用分级等，对客户进行全方位信用管理，建立健全区域性供应链金融信贷资产流通转让机制，化解和分散供应链金融风险。

2. 加大供应链金融人才的培养与引进

为了发展供应链金融，应该建立有利于人才集聚的机制，坚持引进、培养与使用的方针，出台人才激励引进政策[85]。充分利用上海海事大学等相关高校资源，鼓励开设港口供应链金融专业课程并开展专题研究，联合培养符合要求的专业性人才。同时，提高港口供应链金融人才的薪酬待遇，从根本上解决人才短缺的问题。建立一套切实可靠的保障与激励机制，与国际职业能力评价制度接轨，完善人才测评标准，做到引进人才的同时留住人才。

3. 建立灵活快速的市场信息收集和反馈体系

由于质押品种的选取存在市场风险，因此所选质押物最好为价值确定透明、市场需求量大、流动性好、变现性好、质量稳定、容易储藏保管的大众化物品；可以通过控制贷款期限的长短、质押贷款比例[86]，设立风险保证金等方法尽量避免货物市场价值波动的风险。根据融资期限的长短及质押融资的比例，预交风险保证金，以承担质物市场价格波动的风险，市场价格下跌到预警线时，按协议规定通知融资企业增加质物和保证金[87]。港口企业可以搜集市场信息，通过行业内人士了解市场容量、价格变动趋势、产业产品升级等情况。在物流过程中，对企业和市场必须有充分的了解，对商品的市场价值、企业的运营状况必须作充分的了解和监控，有效防范供应链金融的风险。

4. 适时成立供应链金融公司，专门从事供应链金融业务

目前，港口供应链金融业务均是依靠港口企业与银行的合作进行的，凭借优势互补进行操作，但会因为双方的信息不对称或种种风险而存在诸多弊端，建立供应链金融公司将二者合二为一，信息不对称的状况会大大好转，原先处于边界地带的含糊不清的权责问题会得到解决，甚至消失[88]。同时，供应链金融公司的成立有助于提高效率，打造专业化服务。

5. 中小企业要与金融机构建立长期合作机制，形成长远利益关系

不断提升供应链上下游中小企业的信用水平，是港口物流企业有效开展供应链金融的关键。中小企业通过与港口企业建立长期合作机制和长远利益关系，利用港口企业本身的高信用级别增加中小企业在金融机构中的信用度。因此，作为以港口为核心的供应链上的中小企业要以第三方港口物流企业为桥梁，与金融机构建立长期合作关系为契机，使中小企业、港口企业和商业银行等金融机构形成利益共同体。

第六章 自贸区背景下港口跨境电商供应链发展与创新

第一节 自贸区背景下跨境电商政策分析

一、跨境电商相关政策

近年来,国家各项政策密集出台,跨境电商经营环境持续得到规范和完善,行业有望快速发展(见表6-1)。

表6-1 跨境电商主要政策

发文机构	政策名称	实施时间
海关总署	2014年第12号《关于增列海关监管方式代码的公告》	2014年2月10日
	《海关总署关于跨境贸易电子商务服务试点网购保税进口模式有关问题的通知》	2014年3月4日
	《关于跨境贸易电子商务进出境货物、物品有关监管事宜的公告》	2014年8月1日
	2014年第57号《关于增列海关监管方式代码的公告》	2014年8月1日
国务院	《关于实施支持跨境电子商务零售出口有关政策的意见》	2013年8月
	国务院办公厅关于加强进口的若干意见	2014年10月23日
	落实“三互”推进大通关建设改革方案	2015年2月3日
	《关于同意设立中国(杭州)跨境电子商务综合试验区的批复》	2015年3月
国检	国内首个跨境电子商务地方标准发布	2011年3月27日
	《质检总局关于支持跨境电子商务发展的意见》	2013年11月8日
外汇管理局	《支付机构跨境外汇支付业务试点指导意见》	2015年1月20日
发改委	正式批复了海关总署推荐的五城市(上海、重庆、杭州、宁波、郑州)跨境电商试点	2012年底
	《关于促进电子商务健康快速发展有关工作的通知》	2013年2月6日
	《关于进一步促进电子商务健康快速发展有关工作的通知》	2013年4月15日

数据来源:国务院、发改委、海关总署、国检、外汇管理局

(一) 海关政策分析

2014 年 2 月,海关总署新增监管方式代码“9610”,全称“跨境贸易电子商务”,突出了跨境电商的重要地位;8 月,新增代码“1210”,全称“保税跨境贸易电子商务”,为保税进口模式的开展铺路(见表 6-2)。对于跨境电商而言,最具意义的当属海关总署 2014 年第 56 号《关于跨境贸易电子商务进出境货物、物品有关监管事宜的公告》(以下简称 56 号文),明确了跨境电商的合法地位,为电商企业找到了方向。

表 6-2　海关政策分析

政策名称	主 要 内 容
2014 年第 12 号《关于增列海关监管方式代码的公告》	增列海关监管方式代码:“9610”,全称“跨境贸易电子商务”,简称“电子商务” 适合范围:“9610”监管方式用于境内个人或电子商务企业通过电子商务交易平台实现交易,并采用“清单核放、汇总申报”模式办理通关手续的电子商务零售进出口商品
《海关总署关于跨境贸易电子商务服务试点网购保税进口模式有关问题的通知》	购买金额及数量:每次限值 1 000 元人民币,超出规定限值的,应按照货物规定办理通关手续,但单次购买仅有一件商品且不可分割的,虽超出限值,如属于个人自用的,可参照个人物品规定办理手续 征税:以实际销售价格为完税价格,参照行邮税税率计算,应征进口税额在 50 元(含)人民币以下的,免征
《关于跨境贸易电子商务进出境货物、物品有关监管事宜的公告》	监管要求:企业应提交《货物清单》,个人应提交《物品清单》 企业备案管理:电子商务企业应将电子商务进出境货物、物品信息提前向海关备案 电子商务进出境货物、物品通关管理:电子商务企业或其代理人应于每月 10 日前汇总形成《进出口货物报关单》向海关申报
2014 年第 57 号《关于增列海关监管方式代码的公告》	增列海关监管方式代码:“1210”,全称“保税跨境贸易电子商务”,简称“保税电商” 适合范围:“1210”监管方式用于进口时仅限经批准开展跨境贸易电子商务进口试点的海关特殊监管区域和保税物流中心(B 型)

根据 56 号文,“电子商务企业或个人通过经海关认可并且与海关联网的电子商务交易平台实现跨境交易进出境货物、物品的,按照本公告接受海关监管;其中,电子商务企业是指通过自建或者利用第三方电子商务交易平台开展跨境贸易电子商务业务的境内企业,以及提供交易服务的跨境贸易电子商务第三方平台提供企业”。也就是说,进口商品备案,电商平台与海关系统实现互联互通,已被海关总署确立为未来跨境进口电商唯一的合法出路,对于跨境进口电商行业整体规范性的提升意义重大。

此外，56号文明确区分了货物与物品的概念，对于二者将采用不同的监管方案，其中关于货物的监管将被纳入一般贸易的体系。56号文中规定：电子商务企业应提交《中华人民共和国海关跨境贸易电子商务进出境货物申报清单》（以下简称《货物清单》），采取"清单核放、汇总申报"方式办理电子商务进出境货物报关手续；个人应提交《中华人民共和国海关跨境贸易电子商务进出境物品申报清单》（以下简称《物品清单》），采取"清单核放"方式办理电子商务进出境物品报关手续。同时，56号文明确《货物清单》《物品清单》与《进出口货物报关单》等具有同等法律效力，这在一定程度上也明确了跨境电子商务的合法地位。

可以预计，在跨境海淘告别灰色地带正式阳光化后，对征税方面的监管将更加严格有效。对于国内消费者而言，虽然购物环节含税，但却是合法渠道，在物流、质量、售后方面也有保障。此外，货物税还包含关税、消费税、增值税等，与之相比，行邮税已经能使进口商品价格下降30%左右。

行邮税着眼于个人自用物品，主要分为4档（10%，20%，30%和50%），不同种类的商品对应不同档税率（见表6-3）。其中，烟类、酒类不能通过跨境电商进口。

表6-3 行邮税税率

税号	税率/%	物品名称
1	10	书报、刊物、教育专用电影片、幻灯片、原版录音带、录像带，金、银及其制品，计算机、视频摄录一体机、数字照相机等信息技术产品，食品、饮料，本表税号2,3,4及备注不包含的其他商品
2	20	纺织品及其制成品、电视摄像机及其他电器用具、自行车、手表、钟表（含配件、附件）
3	30	高尔夫球及球具、高档手表
4	50	烟、酒、化妆品

（二）国检政策分析

检验检疫也是跨境电商进口通关环节的重要一环。2013年11月，国家质检总局发布的《关于支持跨境电子商务发展的意见》指出，电商产品通过国际快递或邮寄方式进境、收货人为个人消费者的，按照快件和邮寄物相关检验检疫监管办法管理，实施集中申报、集中查验、集中放行的便利措施。

2014年9月，浙江检验检疫局在全国率先出台跨境电子商务指导意见，之后全国多地的检验检疫部门纷纷出台专门针对跨境电子商务的管理办法（见表6-4）。

表 6-4　地方检验检疫部门针对跨境电商的管理方法

省份	出台时间	涉及跨境电商进口的关键内容
浙江	2014.9	实施负面清单制：负面清单内的商品不得纳入跨境电子商务经营范围 全备案与全申报管理：跨境电子商务企业实行全备案管理，所有在跨境电子商务平台上销售的产品纳入全申报管理，由检验检疫部门审核通过后允许上线销售 针对直邮进口与保税进口采取不同的监管方式： (1) 对于直邮进口产品，由于不涉及再销售，只要求跨境电子商务企业在货物进入跨境电子商务园区 3 个工作日前，将相关包裹的舱单信息、支付信息、物流信息等情况，通过信息化系统向检验检疫机构申报，检验检疫机构按照《出入境快件检验检疫管理办法》实施监管； (2) 对于保税进口跨境电子商务产品，检验检疫部门则实施分类检验监管。其中，对于实施国外注册备案制度的食品类产品，如婴幼儿配方奶粉，就需来自国家认监委公布的国外注册企业名录。对于没有实施国外注册备案制度的食品来说，进口前电商企业应当提供符合生产国或中国标准的第三方符合性检测报告、生产国市场销售证明、成分清单。对于需要前置许可类的产品，有进口记录的产品，需提供进口记录说明及产品符合性检测报告；首次进口的化妆品、保健品等还需获得卫计委、食药总局等相关部门许可证明文件。需要强制认证类产品，则需提供生产国的认证证书或经认可的第三方质量安全检测报告
江苏	2014.9	实施负面清单管理：负面清单内的商品不得纳入跨境电子商务经营范围 实施备案管理，明确质量安全责任主体：跨境电子商务经营企业包括境内开展跨境电子商务的进出口企业、提供交易服务的跨境电子商务平台企业、物流仓储企业等 进口商品申报： (1) 实行预申报制度，跨境电子商务经营企业应通过跨境电子商务监管服务平台向检验检疫机构提前申报商品名称、HS 编码、订单号码、收发货人等信息。法定检验进口商品按月集中办理报检手续，由检验检疫机构集中办理通关单； (2) B2B 方式进口的商品，参照现行一般贸易进口商品相关检验检疫管理办法执行。进入特殊监管区域的，可实施“一次申报、预先检验、分批核销”的监管模式； (3) B2B2C 方式进口的商品，实施“分类管理、便利进出”“一次申报、预先检验、分批核销”的检验检疫监管措施，实施符合性验证、集中查验和监督抽查。属于实施国家强制性商品认证制度、卫生注册登记制度管理的商品，验证其相关证书和标志，实行入境检疫审批的产品，验证其许可证书。对验证、检验、检疫不合格的商品，责令退运或销毁处理； (4) B2C 方式进口的商品，通过国际快递或邮寄方式入境的，按照《出入境快件检验检疫管理办法》监管。在承诺个人合理自用基础上，检验检疫机构对商品信息及个人合理自用数量进行验核后，免于检验，直接放行

(续表)

省份	出台时间	涉及跨境电商进口的关键内容
广东	2014.11	实行"双备案"制度：跨境 B2C(公司对个人)零售贸易电商模式只需要进行经营主体和电商商品备案之后，就可以享受跨境电商检验检疫快速通关便利服务，但目前 B2B(公司对公司)电商模式仍按照传统贸易进行监管 实施负面清单管理制度：明确规定被列入《危险化学品名录》《禁止携带、邮寄进境的动植物及其产品名录》的商品，人体组织和生物制品等特殊物品，以及可能危及公共安全的核生化等涉恐及放射性等 8 类产品不得以跨境电商形式入境 无纸化清单申报制度：备案并获得报检资质的经营主体在商品出入境前，可登录广东检验检疫跨境电商公共服务平台，对跨境电商商品进行电子化与无纸化快速集中申报，经检验检疫机构抽批核查后直接放行，有效降低跨境电商企业通关成本，提高通关效率

(三) 外汇政策分析

2015 年 1 月 29 日，为积极支持跨境电子商务发展，防范互联网渠道外汇支付风险，国家外汇管理局在总结前期经验的基础上，正式发布了《支付机构跨境外汇支付业务试点指导意见》(以下简称《指导意见》)。在全国范围内开展支付机构跨境外汇支付业务试点。

《指导意见》主要内容包括：①提高单笔业务限额。网络购物单笔交易限额由等值 1 万美元提高至 5 万美元，放宽支付机构开立外汇备付金账户户数的限制。②规范试点流程。支付机构要取得试点资格，应先行到注册地外汇局办理"贸易外汇收支企业名录"登记。③严格风险管理。要求支付机构严格履行交易真实性审核职责，留存相关信息 5 年备查，并及时准确报送相关业务数据和信息。外汇局将对试点业务开展非现场核查和现场核查，进行审慎监管。

监管部门对于支付平台跨境业务的发展方向是以跨境电商为突破口，让国内的支付机构"走出去"，从而推动人民币结算国际地位的上升，因此在跨境电商业务方面，作为重要一环的第三方支付预期将会有相当大的发展空间。

二、跨境电商试点城市发展分析

针对以快件或邮件方式通关的跨境贸易电子商务存在难以快速通关、规范结汇及退税等问题，海关总署组织有关示范城市开展跨境贸易电子商务服务试点工作，研究跨境电子商务相关基础信息标准规范、管理制度，提高通关管理和服务水平。

试点工作主要从以下 2 个方面进行创新：①政策业务创新，探索适应跨境电子商务发展的管理制度；②信息化手段创新，依托电子口岸协调机制和平台建设优势，实现口岸相关部门与电商、支付、物流等企业的业务协同及数据共享，解决跨境电子商务存在的问题。

(一) 跨境电商试点城市

2012 年 12 月，海关总署召开跨境贸易电子商务服务试点工作启动部署会，上海、重庆等 5 个试点城市成为承建单位，标志着跨境电子商务服务试点工作的全面启动。2013 年 10 月，我国跨境电子商务城市试点在全国有条件的地方全面铺展。从试点城市特点来看，试点城市主要集中在物流集散地、口岸或者产品生产地(见表 6－5)。

跨境电商试点城市共有 4 种可申报的业务模式，不同城市的业务试点模式范围具有明显的限定。目前，海关总署明确可以做跨境电商进口试点的城市共有重庆、广州、上海等 6 个城市，其他获批的试点城市均只有出口试点的资格(见表 6－6)。

表 6－5　中国跨境贸易电子商务服务试点城市审批情况

批次	批准时间	试点城市	审批单位
启动期	2012 年	郑州、上海、重庆、杭州、宁波等 5 个城市	海关总署
全面铺展期	2013—2014 年	广州、深圳、苏州、青岛、长沙、平潭、银川、牡丹江、哈尔滨、烟台、西安、长春等城市	海关总署

表 6－6　中国部分跨境电子商务服务试点城市业务模式限定范围

代表城市	直购进口模式	保税进口模式	一般出口模式	保税出口模式
重庆	√	√	√	√
广州	√	√	√	√
上海	√	√	√	
宁波		√	√	
杭州	√	√	√	
郑州		√		√

(二) 跨境电商业务模式

目前，跨境电商业务模式的探索可以分为出口和进口等 2 个方面。

1. 出口方面

出口方面主要采用“清单核收、汇总申报”的管理模式，解决电商出口退税、结汇问题。根据海关总署的数据，截至 2014 年 4 月 28 日，出口业务已在杭州、郑州、广州、重庆等地开展，累计验放出口清单超过 25 万份，归并形成出口报关单 1 393 票，价值约 2 925 万元。

2. 进口方面

各试点城市充分发挥海关特殊监管区域的功能和优势，建立网购保税进口模式和直购进口模式。截至 2014 年 4 月 28 日，进口业务已在上海、宁波、杭州、郑州、重庆、广州等地开展，累计验放进口包裹约 6 万票，货值 2 048 万元。

跨境电商进口业务试点进行了多次尝试，各政府指导下的跨境电商平台先后上线，如上海的"跨境通"、宁波的"跨境购"等。目前，进口方面的直购进口模式和保税进口模式的具体情况见表 6 - 7。

表 6 - 7 跨境电商 2 种进口业务试点模式分析

跨境电商进口业务模式	直购进口模式	保税进口模式
运作方式	消费者购买境外商品，境外商品通过国际运输的方式发送商品，直接送达国内消费者	境外商品入境后暂存保税区内，消费者购买后以个人物品出区，包裹通过国内物流的方式送达境内消费者
优缺点	优点：产品丰富，中国消费者可以直接购买稀缺、优质、新奇的全球商品，并可与海外商家直接沟通 缺点：收货时间长，达到 7～10 天	优点：缩短物流时间，海关监管保证质量，方便退换等售后服务，优化购物体验 缺点：商品可供选择范围有限
商品价格构成	商品标价＋物流费用＋行邮税（具体视商家有所调整）	商品标价＋行邮税（具体视商家有所调整）
典型试点	杭州、广州	上海的"跨境通"、宁波的"跨境购"、郑州的"E 贸易"平台、重庆的"爱购保税"

（三）跨境电商试点城市电商平台发展情况

目前，6 个跨境电商试点城市（上海、杭州、宁波、郑州、重庆、广州）的跨境电商及物流平台得以构建，除了郑州以贸易模式为主外，其他试点城市均以直购＋保税模式为主。上海虽然是进出口贸易最大的口岸，但由于支付环节仅开放给东方支付一家实施，没有接入更多的第三方支付公司，因此规模反而是最小的，而杭州、宁波、广州等地作为网购的传统大市成为了海淘的主力口岸（见表 6 - 8）。

（四）跨境电商试点城市相关特色政策

1. 上海：结合上海自贸区开展跨境电商业务

（1）"7＋2"税收政策：主要涉及融资租赁出口退税试点、进口环节增值税、选择性征税、部分货物免税、启运港退税试点、鼓励投资的政策和促进贸易的政策。

（2）进口税收优惠政策：允许在特定区域设立保税展示交易平台、对试验区内生产企业和生产性服务业企业进口所需的机器、设备等货物予以免税。

表 6－8　跨境电商试点城市电商平台发展情况

城市	模式	卖家规模	货物量	交易额/货值
上海	“跨境通”：消费者通过“跨境通”网站订购商品可跨境外汇支付，经电子报关报检，再经海关征收个人行邮税后，商品快速入境并由物流公司送到消费者手中 直购模式：境外商户必须在国内设立分支机构或委托第三方机构处理售后服务事宜 自贸模式：入驻自贸区开设账册企业，或在自贸区寻找有资质的代理企业保税进口	20 多家	6 000 票（4 个月）	72 万（4 个月）
杭州	“阳光海淘”：消费者在天猫国际下单时，订单信息就会第一时间同步到海关信息系统，系统立即根据商品种类价格计算出税费，消费者只要通过支付宝付款，订单信息就会在海关系统中同步显示	124 家	76 万单	
宁波	保税备货模式：跨境电商企业在国外批量采购商品，通过海运备货到保税区指定的跨境仓内，消费者通过网络下订单，电商企业办理海关通关手续，商品以个人物品形式申报出区，并缴纳行邮税，海关审核通过后，商品包裹通过快递公司派送到消费者手中	117 家	111 万票	3 亿
郑州	“E 贸易”平台：跨境 B2C 营销模式，所售商品直接与海外生产商联系合作，中间不经过任何代购、代销环节，直接到消费者手中；下一步，将通过“逆向 O2O 电子商务模式”新型销售模式，在全国各地建立进口商品体验馆，让线下消费者实物体验后，再到线上进行商品交易，给消费者提供全新的跨境消费体验	200 家（未来 5 年）	30 多万件商品，100 万包	1 572.35 万（截至 2014 年 5 月 30 日）
重庆	重庆跨境电子商务公共服务平台：先行先试省略了物流企业的申报环节，以海关认可的条形码作为跨境物品的通关依据，减少了中间环节和人力、物力消耗，为电商节约大量的代理申报费用，每票订单节约通关费用约 15 元	43 家	78 069 票	2 210.78 万
广州	直购模式：由于在商品进口前已完成企业及商品海关备案手续，消费者购买商品后，电商企业、物流企业、支付企业分别向海关提交电子订单、电子运单及电子支付凭证，三方信息之间有极高的相互印证性，海关可基于数据来源的真实性给予跨境商品最大的通关便利	40 家	730.4 万票	4.4 亿
注：数据无特殊说明，截至 2014 年底				

2. 重庆：两路寸滩保税港区

(1) 进出口环节税收及监管政策：境外货物进入港区予以保税；境内货物进入港区予以退税；港区内货物交易不征收增值税、消费税。

(2) 财政扶持政策：企业所得税减按15%的税率征收；企业所得税地方留成部分按40%的比例实行"两免三减半"，企业进项税额可以从销项税额中抵扣。

3. 杭州：下沙保税区

(1) 快速通关：在海关总署统一部署下，通过"定期申报"，利用信息化手段优化园区内海关、国检、国税、外管、电商企业、物流企业等之间的流程，实现通关全程无纸化。

(2) 规范结汇：企业出口收汇收入，按照相关规定，可通过银行办理结汇。

(3) 出口退税：充分享受国家出口退税政策，提升企业经营空间。

(4) 海外直购：商品直接从境外寄至消费者，减少流通环节，增强时效性。

4. 广州：南沙保税区；深圳：前海湾保税港区

(1) 综合运用同类商品归并、无纸化通关和"暂存入区"等手段，力争实现跨境电商企业通关效率最大化，降低运营成本。

(2) 与国税局密切配合，在全国率先打通跨境电商出口退税阳光化通道。

5. 宁波：宁波保税区

(1) 货物进口分销监管政策，建立国际邮件互换局和国际邮件交换站，实现宁波周边邮件和快件在宁波关区进行通关。

(2) 与海关总署衔接，设立海关驻邮办。

(3) 在宁波保税区打造电子商务进口商品分销基地。

6. 郑州：郑州保税区

退税：海关对跨境电子商务零售的贸易方式予以专门贸易方式代码监管，该贸易方式下出口的商品，购进环节取得专用发票的可享受退税政策，未取得专用发票或未取得有效购进凭证的商品适用出口免税政策。

三、跨境电商政策发展趋势

从宏观经济出发，2015年经济增速新低、进出口低迷以及财政税收压力增大，继续大力发展跨境电商有利于缓解当前经济的不利局面；从国内消费需求出发，消费升级大势所趋，随着消费者购买力的不断提升，对国外高品质、价格适中商品的需求催生庞大的消费市场，跨境电商面临前所未有的发展机遇。

自2015年以来，跨境电商利好政策密集发布，涵盖面广，均直面跨境电商发展中的支付、物流、报关报检等企业"痛点"。目前，跨境电商试点城市再增天津，可以明确在进出口形势严峻的情况下，综合考虑经济增长、税收、就业等各方面因素，国家大力发展跨境电商的决心和政策倾斜短期内不会动摇，随着各方面规范性文件的出台，跨境电商的政策红利仍会源源不断。在跨境电商零售进口税收政策出台之后，跨境电商试点城市有望进一步拓展。

国家发展跨境电商主要依靠扶持和规范 2 条途径。跨境电商本质是借助互联网、现代物流去打破全球商品流通的壁垒，B2B 和 B2C 都有去渠道化的功能，但 B2C 跨境电商更为彻底。一方面，应该借助跨境电商增出口、促转型；另一方面，要合理引导产业，改变当前 B2C 跨境进口（海淘）税费逃逸、产品混乱的现状，政策面体现为扶持＋规范，推进行业的阳光化，预计后续政策将快速落地，且会集中在报关、税收、商检、支付等各环节的全国统一规范化。

第二节　自贸区背景下港口供应链转型与创新的动因分析

一、我国跨境电商市场发展现状与发展趋势

2014 年，我国进出口贸易总额达到 26.4 万亿元，出口贸易增长率较 2013 年增幅有限，进口贸易微跌（见图 6－1）。可以看到，受世界经济复苏态势缓慢，国内劳动力成本上涨、人民币升值，以及贸易摩擦加剧等因素的影响，我国外贸进出口总额增长率在 10%以下。

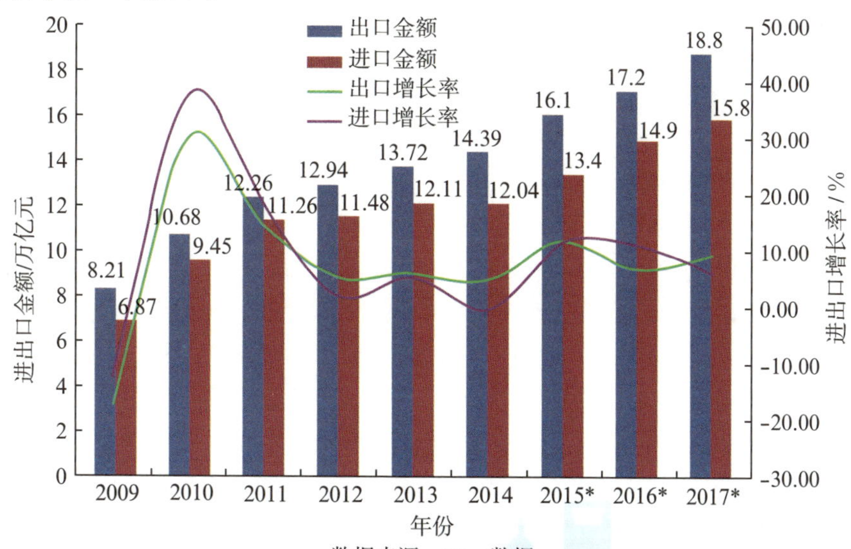

图 6－1　中国外贸形势

近年来，在进出口贸易持续低速增长的情况下，跨境电商却保持了30%以上的增速。如果说国内电商消除了国内线下与线上的信息不对称，那么跨境电商则在全球范围内进一步减少了信息不对称，让世界变得更加扁平，2014年我国跨境电商交易额占总进出口金额的14.8%，这一比例未来还将持续提升(见图6-2)。

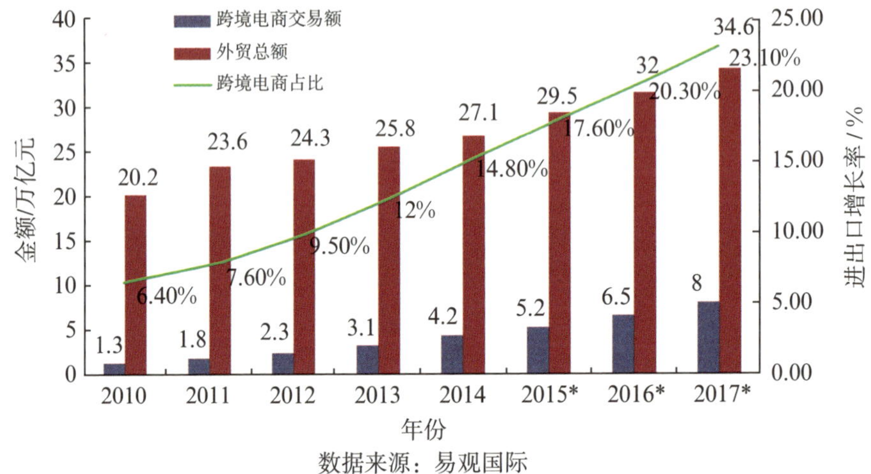

图6-2　中国跨境电商发展形势

我国跨境电商贸易以出口为主，2014年占比86.7%。这种结构特征意味着跨境出口电商发展快速，而跨境进口电商还处于起步阶段。随着国内市场对海外商品需求的增长，预计跨境电商进口占比将不断提升，到2017年有望达到16.2%(见图6-3)。

从2014年中国跨境电商的交易模式来看，目前跨境电商B2B交易占比达到92.4%，跨境电商B2B交易占据绝对优势。由于B2B交易量级较大且订单较为稳定，未来跨境电商交易中B2B交易仍然是主流，但随着跨境贸易主体越来越小，跨境交易订单趋向于碎片化和小额化，未来B2C交易占比也会出现一定的提升，预计2017年中国跨境电商中B2C交易占比将达到11%左右(见图6-4)。

(一) 跨境出口电商

跨境出口电商卖家一般分布在外贸发达的地区，广东、江苏、浙江、上海、福建等5省市共占比78.8%，其中广东占比达38.9%。跨境出口电商的出口品类主要有3C电子产品、服装服饰、户外用品、健康和美容用品、珠宝首饰、家具园艺等，其中3C电子产品占比41.2%，这与3C电子产品的标准化、低价等特征密切相关。在跨境出口电商贸易对象方面，除了已经较为稳定的美国和欧盟地区市场外，还涌

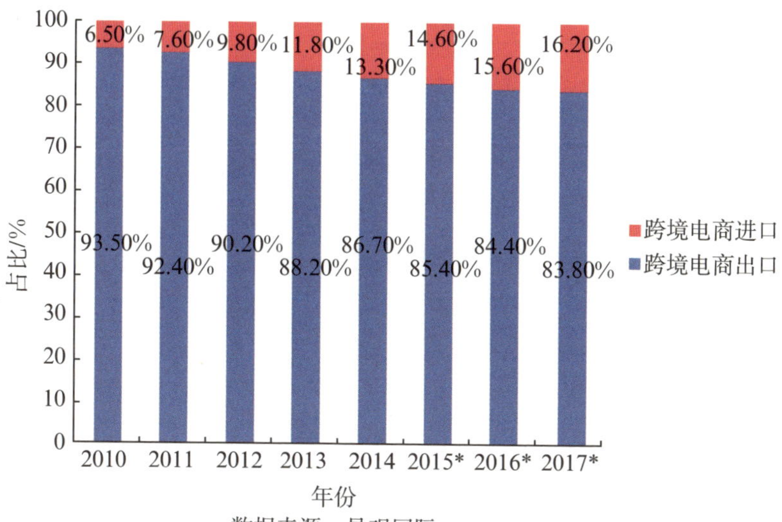

图 6－3 跨境电商进出口占比

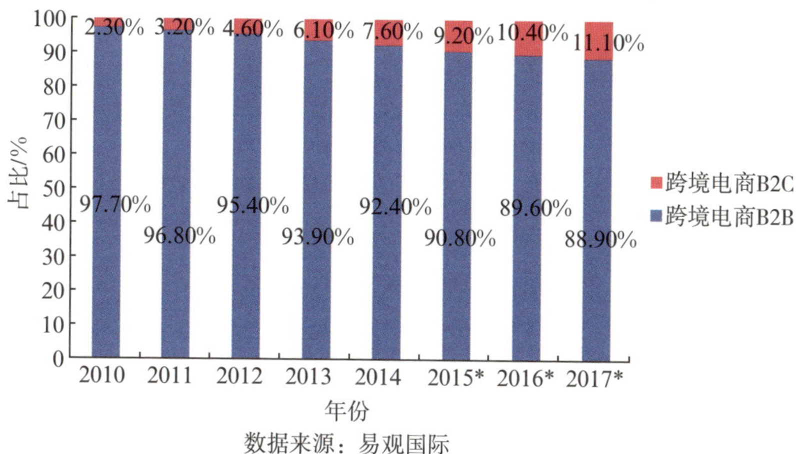

图 6－4 跨境电商 B2C 与 B2B 对比

现了一些新兴市场如东盟、俄罗斯、印度、巴西等国家和地区。美国、欧盟地区、东盟地区成为三大主要贸易目的地，分别占比 16.6%，15.3%和 11%。跨境出口电商具体情况见图 6－5。

(二) 跨境进口电商

跨境进口电商起源于消费者自主从海外直接购物或委托海外亲友代购的行为，近年来规模不断扩大。据艾瑞咨询统计，2014 年跨境进口电商交易额达 5 904

a）跨境出口电商快速增长

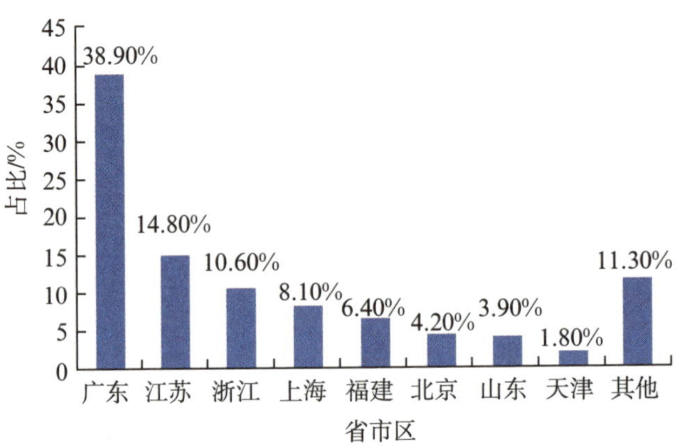

b）跨境出口电商的卖家地域分布

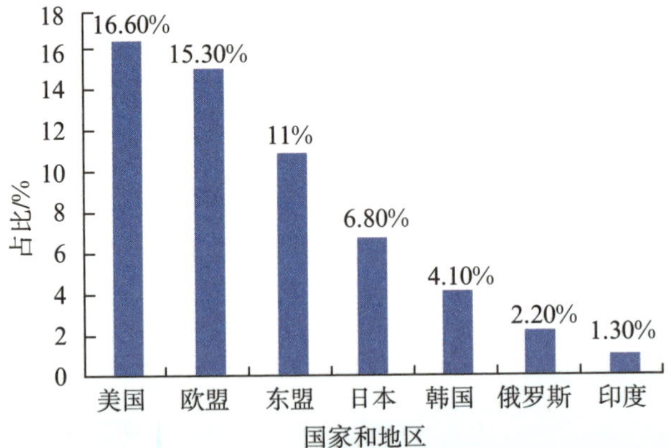

c）跨境电商出口国家和地区分布

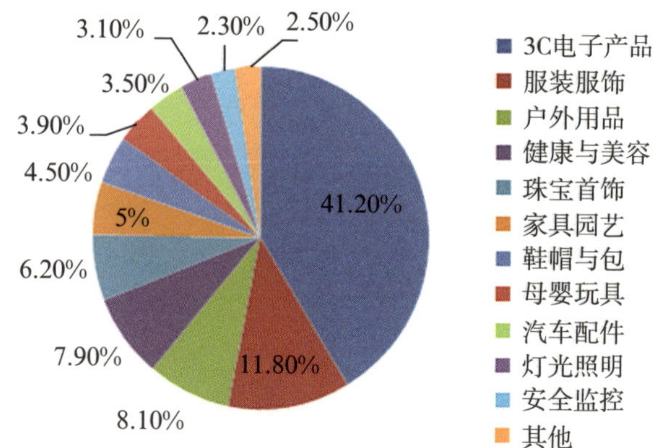

d）跨境出口电商卖家品类分布

数据来源：易观国际

图 6-5　跨境出口电商具体情况

多亿元，2008 以来年均复合增长率达 59.71%，较 2008 年 350 多亿元的规模，总额增加 16.6 倍。根据尼尔森数据，主要品类为服装鞋帽、保健美容、珠宝手表等。跨境进口电商具体情况见图 6-6。

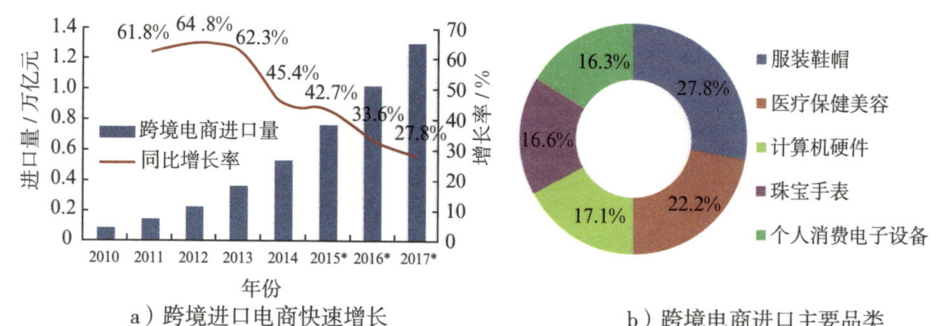

a）跨境进口电商快速增长　　b）跨境电商进口主要品类

数据来源：易观国际

图 6-6　跨境进口电商具体情况

据商务部数据显示，我国跨境电商平台企业超过 5 000 家，境内通过各类平台开展跨境电子商务的企业已超过 20 万家。在众多国内国际跨境交易平台中，eBay、速卖通、亚马逊、敦煌网等 4 家的市场份额占到 80%以上，同时新的一批跨境电商平台也在陆续搭建中，印尼中国商品网、丹麦中国商品网等精细化国家级的电子商务网站纷纷上线运行，欲在跨境电子商务这块大蛋糕中分一杯羹。除了传统 PC 端购物模式外，随着移动互联网的迅速发展，移动购物也开始向传统跨境电商平台发起挑战，正在逐步改变人们的生活方式和消费观念。

(三) B2B 市场份额

2015 年，国内主要 B2B 服务商纷纷角逐在线交易，阿里巴巴、网盛生意宝、慧聪网、环球市场、上海钢联等企业都在尝试在线交易化，在线交易是 B2B 崛起的引擎(见图 6－7)。同时，互联网金融已经成为 B2B 平台“标配”，阿里“小微金融服务集团”更名为“蚂蚁金融服务集团”、生意宝启动“小微金融服务”业务、慧聪网与神州数码合资成立“神州数码慧聪小贷”等。

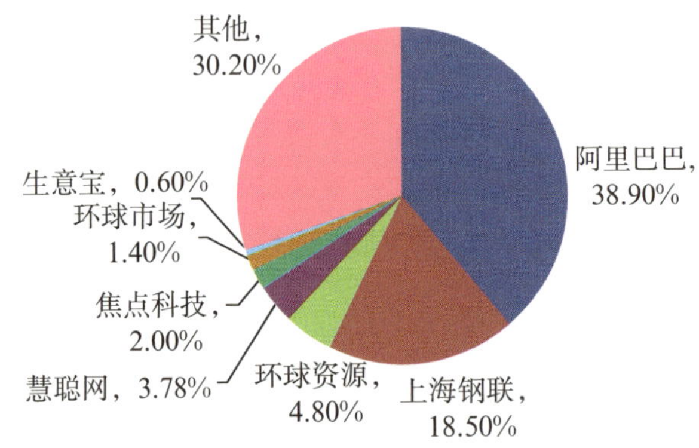

图 6－7 中国 B2B 电商市场份额

(1) 阿里巴巴。2014 年 B2B 业务复苏态势强劲，特别是国际批发方面，在自贸区以及跨境电商政策利好的情况之下，阿里巴巴国际市场的小额批发业务发展十分迅猛，平台展示出新的活力。同时，阿里巴巴在 2014 年宣布启动外贸服务市场，为阿里国际站 600 万注册中小企业提供专业第三方的营销推广、人才培训、物流等服务；阿里巴巴内贸平台 1688 上线了企业采购平台，发力采购电商化业务。

(2) 环球资源。网站业务仍为其主要的收入来源，年内推出了数个新的展览会，进一步提升了公司涵盖网站及展览会的整合外贸推广方案的整体价值，业务增长态势凸显，一系列环球资源出口贸易展的成功举办是环球资源网的一大亮点。

(3) 生意宝。2014 年与谷歌深化合作，利用谷歌国际化的优势，帮助国内的外贸企业发展跨境电子商务。随后，生意宝“金融战略”正式启动，生意宝在供应链融资、存管账户等方面与多家银行合作，主要针对供应链上下游的企业，运用大数据深入挖掘交易行为和交易记录，对信用企业开展授信、融资等服务。10 月，生意宝与上海运泽供应链有限公司注资千万设立网盛运泽物流公司，用互联网思维整合优化物流行业，提供仓储、物流等服务，以缓解交易后出现的仓储物流难问题。

(4) 焦点科技。2014 年重启综合外贸服务,通过焦点进出口、焦点美国布局跨境电商、境外贸易服务。出资 500 万美元与溢买客股份有限公司设立合资公司,主营业务为 MRO 产品及其他工业产品的采购服务。

(四) B2C 市场份额

天猫、京东、苏宁、唯品会、亚马逊中国、1 号店、聚美优品等平台已经开展了跨境进口业务(见图 6-8)。垂直类电商平台的冲击不容小视,所占的市场份额逐年增大,阿里、京东等综合性的电商平台将在某些细分领域面临严峻挑战。

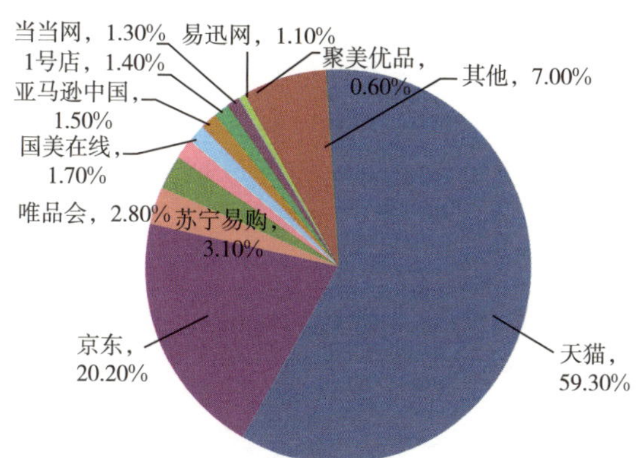

数据来源:中国电子商务研究中心

图 6-8 中国 B2C 电商市场份额

二、跨境电商基本特征

(一) 跨境电商分类

跨境电商可以分为交易型电商和服务型电商,其中交易型电商又可以分为 B2B 和 B2C 等 2 种类型,如图 6-9 所示。

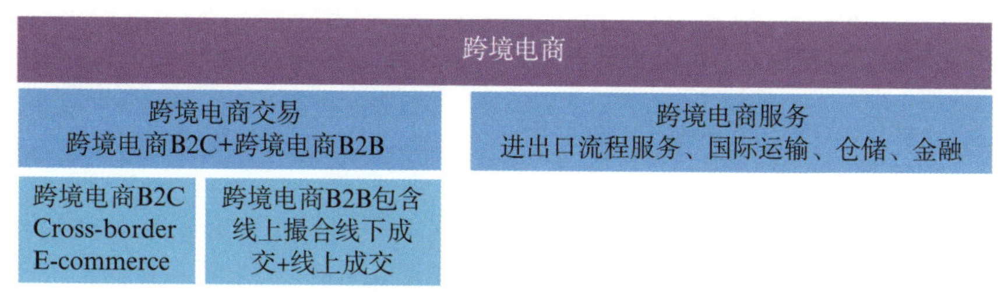

图 6-9 跨境电商分类

从狭义上看,跨境电商实际上基本等同于跨境零售(B2C)。跨境零售是指分属于不同关境的交易主体,借助计算机网络达成交易、进行支付结算,并采用快件、小包

等行邮的方式通过跨境物流将商品送达消费者手中的交易过程。跨境电商在国际上流行的说法为Cross-border E-commerce，其实指的都是跨境零售，通常跨境电商对于海关来说等同于在网上进行小包的买卖，基本上针对消费者。随着跨境电商的发展，跨境零售消费者中也会含有部分碎片化小额买卖的B类商家用户，但现实中很难区分这类小B商家与C类个人消费者，也很难界定小B商家与C类个人消费者之间的严格界限，因此针对小B商家的销售也归属于跨境零售部分。

从广义上看，跨境电商基本等同于外贸电商(B2B+B2C)，是指分属不同关境的交易主体，通过电子商务的手段将传统进出口贸易中的展示、洽谈和成交环节电子化，并通过跨境物流送达商品、完成交易的一种国际商业活动。此外，跨境电商还可以指电子商务在进出口贸易中的应用，是传统国际贸易商务流程的电子化、数字化和网络化，包括货物的电子贸易、在线数据传递、电子资金划拨、电子货运单证等内容，因此在国际贸易环节中只要涉及电子商务应用都可以纳入这个统计范畴内。

根据通关方向，跨境电商可分为跨境出口电商和跨境进口电商。根据跨境电商在跨境商品交易流通环节中所处的地位和作用，以及商业模式的不同，可以将跨境电商运营模式划分为B2B、B2C，平台型、自营型，或综合型、垂直型等。

(二) 跨境出口电商模式

目前，跨境出口电商的商业模式分为B2B和B2C，其中B2B模式以阿里巴巴和环球资源为代表的信息和广告发布为主(见表6-9)。

表6-9 跨境出口电商B2B与B2C平台对比

模式	B2B	B2C
核心业务	致力于提供产品、企业及供求交易信息服务	直接针对最终消费者，以网上零售的方式，将产品传递给消费者
盈利模式	以提供信息及相关服务收取费用，通常盈利渠道有会员费用、广告费用和搜索排名费用等	直接通过产品销售获得利润，贸易商为采购与销售差价，生产制造商则为产品销售收入减去生产成本
现金流	现金流有周期性，收费多为一次性收取，易受经济大环境变化和B2B同行影响	现金流较为稳定，季节性产品会有影响，客户黏度高，重复消费多，经过一段时间后会有稳定的忠实客户群
人员配备	咨询团队、技术团队、客服团队、业务团队	推广团队、技术团队、客服团队、物流团队
盈利能力	以规模取胜，整体盈利规模庞大，但是投资回报周期较长，利润水平较低	以专业取胜，规模较小，一般专注于某类产品，业务量少，但是投资见效快，能够快速获取较高的利润

B2C模式分为平台型和自营型，代表有速卖通、兰亭集势、环球易购等（见表6－10）。

表6－10　跨境出口电商B2C平台对比

B2C平台	平台型	自营型
核心业务	为会员商户提供网络营销平台，供其展示商品或服务信息，消费者通过浏览平台网站获取相关信息、选购产品。协助双方达成下单、支付、物流等环节，并最终完成交易	通过搭建网络平台，直接面对终端消费者，自行完成品类选择和商品采购、展示，以网络零售方式将产品销售给消费者
盈利方式	平台型电商盈利来源主要是交易佣金和保证金收益，还包括流量费、广告费等	赚取商品差价为主要盈利模式。根据产品品类范围，自营型电商可分为综合型自营电商和垂直型自营电商
代表企业	速卖通、eBay、亚马逊等	京东、兰亭集势、DX控股

零售类跨境出口电商的商业模式不是完全独立的，呈现逐渐融合的趋势。在平台上开店的公司达到一定规模后就开始自建独立网站，做独立网站的公司也会选择在平台上开店，比如环球易购已在亚马逊、eBay等平台上开店。

（三）跨境进口电商模式

在商业模式方面，跨境进口电商包括海淘服务商、平台型进口电商、自主型进口电商等3类（见表6－11和表6－12）。目前，跨境电商仍处于初步发展阶段，市场空间广阔，3类商业模式发展迅速。

表6－11　跨境进口电商分类

经营模式	跨境电商平台	商品进口模式	品类	配送时间	基本介绍
跨境C2C	淘宝全球购	国内现货＋海外直邮	综合品类	与国内电商购物相当，基本在3天以内	国内最大海外商品平台，品类丰富（3 000万件在线商品），但大多数由国内仓库直接发货，产品品质保障度不高，未来全球购将重点扶持优质海外卖家，发展海外买手群体，加大直邮保税产品占比

(续表)

经营模式	跨境电商平台	商品进口模式	品类	配送时间	基本介绍
第三方B2C	天猫国际	海外直邮+保税进口	综合品类	海外直邮:14个工作日到货;保税进口:5个工作日到货	天猫国际的商户主要是来自淘宝全球购的大卖家和来自支付宝国际签约的海外商户,未来会继续签约海外品牌商
自主型进口电商	1号店1号海购	海外直邮+保税进口	食品、母婴、美妆	海外直邮:20个工作日到货;保税进口:5~10个工作日到货	依托于沃尔玛在国际市场的零售和采购资源整合,提供品类丰富、价格优惠的产品
自营B2C+第三方B2C	亚马逊海外购	海外直邮+保税进口	综合品类	标准配送:9~15个工作日到货;加快配送:5~9个工作日到货;特快配送:平均3~5个工作日送达	消费者不仅可以在亚马逊海外站点购买,享受直邮服务,也可以在亚马逊海外购上购买,价格与海外同步
	顺丰海淘	海外直邮+保税进口	美妆、母婴、食品、营养保健	海外直邮:6~10天到货;保税进口:3~5天到货	顺丰目前在杭州保税区建有仓库,顺丰也支持海外直邮,由海外仓直接发货,目前海外仓发货商品占较高比例

表6-12 跨境进口电商3类模式分析

分类	代表公司	商业模式	盈利模式
海淘服务商	海淘城、Haitao360、金箍棒、蜜淘	将海外电商网站商品信息翻译成中文,支持国内主流支付工具,从选购、支付、物流等3个环节优化海淘流程,实现一站式购物	海外电商返点
平台型进口电商	天猫国际、跨境通、跨境购、洋码头	搭建平台,海外零售商、品牌商入驻	平台入驻费
自主型进口电商	唯品会、聚美优品、乐蜂网等	海外采购团队自采,再销售给国内消费者	商品买卖价差

(四) 跨境电商通关方式

目前,从通过跨境电商方式成交的商品看,主要通过以下 3 种方式跨越国界进出境。

1. 货物方式通关

我国进出口企业与外国批发商和零售商通过互联网线上进行产品展示和交易,线下按一般贸易完成的货物进出口,即跨境电子商务的企业对企业进出口,本质上仍属传统贸易,该部分以货物贸易方式进出境的商品,已经全部纳入海关贸易统计。此外,还有一些通过创建电子平台为外贸企业提供进出口服务的公司,如深圳的一达通,所实现的中小企业商品进出口,在实际过境过程中都向海关进行申报,海关全部纳入贸易统计。以货物方式通关的商品,由于是按传统的一般贸易方式完成的货物进出口,在通关商检、结汇及退税等方面运作相对成熟和规范。

2. 快件方式通关

快件方式通关是指跨境电商成交的商品通过快件的方式运输进境或者出境。据海关总署对国内 5 家最大的快件公司的调查显示,其中 95%以上的快件商品按照进出口货物向海关进行报关,海关纳入货物统计范畴内,仅有不到 5%的比例按照个人自用物品向海关申报,根据现行海关统计相关制度,这部分暂时还没有纳入海关贸易统计。

3. 邮件方式通关

邮件方式通关是指通过邮局的邮政渠道,邮寄进出口跨境电子商务成交的商品,主要是消费者所购买的日常消费用品,供自已自用。按照《中华人民共和国海关法》和《中华人民共和国海关统计条例》,个人自用的商品在自用合理数量范围内的实行建议报关的制度,不纳入海关的统计。

随着跨境电子商务的发展,贸易碎片化的现象越来越明显,过去传统贸易中有部分商品通过碎片化方式转移到跨境电商,通过邮件、快件的方式进出境。海关总署正在积极研究完善统计制度,将来在制度完善的基础上纳入贸易统计。

从跨境电子商务贸易方式看,各种贸易方式下的通关方式存在一定的差异。

(1) 跨境电商 B2B 出口。在规模化方式出口的情况下,按货物方式进行的一般贸易出口本质上仍属于传统贸易,流程规范,运作相对成熟;在碎片化方式出口的情况下,按快件、邮件方式出境,很难取得海关正式报关单,在通关安检、结汇及退税方面存在问题。

(2) 跨境电商 B2B 进口。从跨境电商 B2B 方面看,跨境电商 B2B 进口与跨境电商 B2B 出口整体情况基本一致。在规模化方式进口的情况下,按货物方式进行的一般贸易进口本质上仍属于传统贸易,流程规范,运作相对也较成熟;在碎片化

方式进口的情况下，按快件、邮件方式入境，很难取得海关正式报关单，在通关安检、结汇及退税方面也存在问题。

(3) 跨境电商 B2C 出口。由于主要面对海外消费者，订单额较小，频率高，一般采用快件、邮件方式出境，暂时未纳入海关货物监管中，在通关商检、结汇及退税方面存在问题。

(4) 跨境电商 B2C 进口。采用快件、邮件方式入境，主要是国内消费者购买的日常消费用品，仅作个人自用，其中邮件方式入境的不纳入海关统计。由于国内消费者对海外商品需求旺盛，出现了"水客"、非法代购等问题，且目前按现行货物或物品方式监管可操作性较差，海关等部门也逐渐在规范和健全对这部分商品的监管。

三、跨境电商供应链分析

(一) 跨境电商供应链定义

从跨境电商的流程看，生产商或制造商将生产的商品在跨境电商企业的平台上上线展示，在商品被选购下单并完成支付后，跨境电商企业将商品交付给物流企业进行投递，经过 2 次(出口国和进口国)海关通关商检后，最终送达消费者或者企业手中。此外，也有跨境电商企业直接与第三方综合服务平台合作，让第三方综合服务平台代办物流、通关商检等一系列环节，从而完成整个跨境电商交易的过程。跨境电商进口流程(见图 6-10)与出口流程(见图 6-11)除了方向相反外，其他内容基本相同。

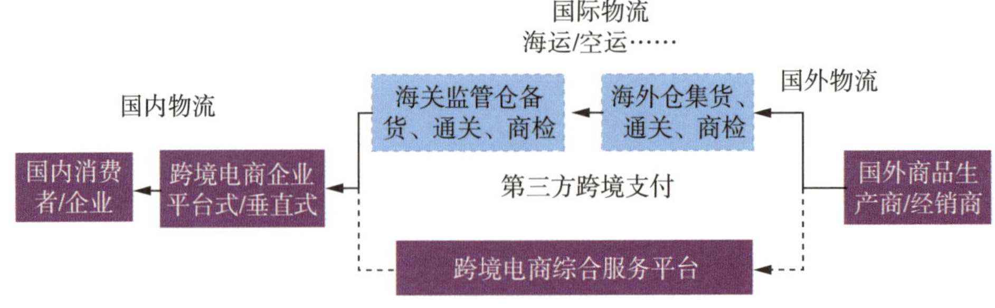

图 6-10 跨境电商进口流程

因为跨境电商的价值链较长，各种模式、各个环节的企业组合在一起形成一个系统，所以要以整体的眼光去看待整个跨境电商行业。从跨境电商的价值链条来看，参与主体分别为生产制造企业、电商网站企业(自营和平台)、支付企业、物流商、报关报检企业、海关和用户。跨境贸易商、平台运营商和外贸服务商构成跨境电商产业链(见图 6-12)。

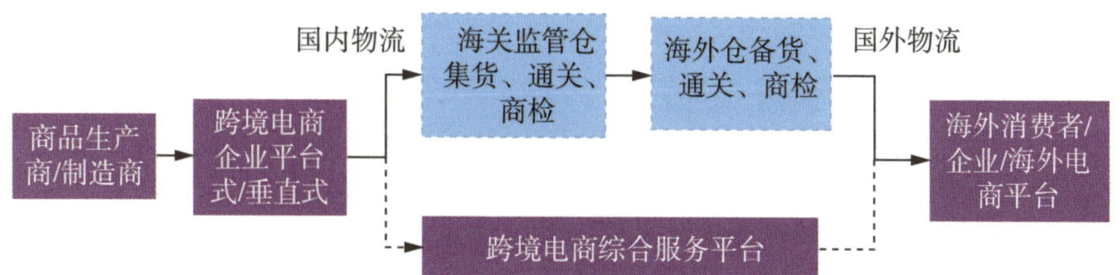

图 6－11 跨境电商出口流程

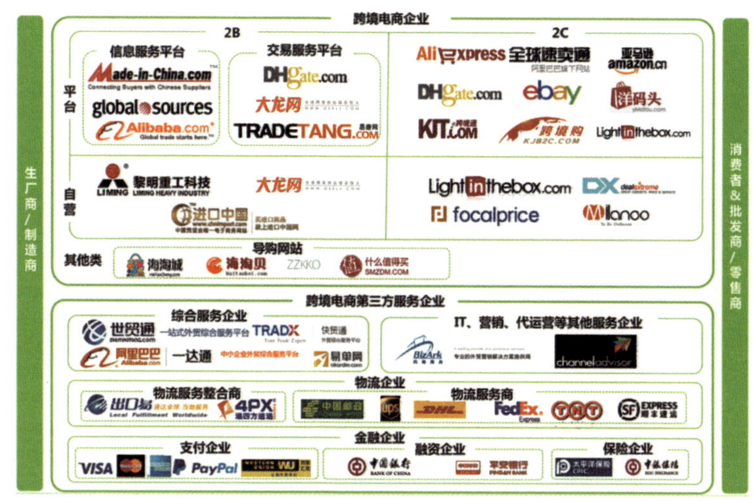

数据来源：艾瑞咨询

图 6－12 跨境电商价值链

近年来，相关企业纷纷进入跨境电商领域，其进入方式就是切入跨境电商价值链中的一个或几个环节，并逐步向其他环节延伸，形成跨境电商价值产业链（见图 6－13）。

（1）传统贸易企业进入跨境电商。中国多年的外向型经济，造就了成千上万的外贸企业，由于电子商务的盛行，一些企业开始利用互联网发布信息，多以出口为主，这就是最早的跨境电商的雏形。如今，越来越多的外贸企业开始规模化、专业化运作网上业务，甚至抛弃线下，成为我国外贸发展的新模式，形成了跨境电商行业中数目最为庞大的参与主体。代表企业：兰亭集势、唯品会。

（2）物流货代企业进入跨境电商。物流货代企业过去多数服务于一般的进出口贸易，在拥有了运输、仓储、报关报检等业务的资源和经验后，把服务对象拓展到跨境电商行业。但是,这对传统业务的效率提出更高要求,取得对整个价值链的话语权和主导地位难度较大。代表企业:外运发展、华贸物流。

(3) 电商企业进入跨境电商。中国的电商巨头拥有庞大的资源优势,并把平台受众拓展到海外,国外商品成为平台的重要一环。代表企业:阿里国际、速卖通、一达通。

(4) 金融企业进入跨境电商。跨境电商中最重要的问题是不同货币的跨境结算,因此银行等金融企业也被动地进入这个领域。此外,支付平台由于对跨境电商的发展前景较为看好,也主动开展与跨境电商相匹配的支付服务,如在海外电商平台上开通自己的支付接口等。代表企业:支付宝。

图 6-13 跨境电商价值产业链

如果说跨境电商是一座金矿的话,掘金的就是网商和平台商,卖铲的就是配套物流、通关、金融等服务型企业,而卖铲人往往比掘金人的收益更为稳定和丰厚。

(二) 跨境电商的物流模式

1. 跨境电商进口

传统海淘的物流模式以直邮和转运为主。①直邮:是国内消费者下单后,货物直接空运至中国境内,然后由四大商业快递、邮政公司或国外快递公司等进行清关,最后直接配送到消费者手中。②转运:是国内消费者在消费前要先登记注册国外一家转运公司,下单时先将货物送到转运公司,最后由转运公司集中将货物空运至中国境内进行清关,最后再由国内的快递配送公司负责配送。跨境电商进口物流流程如图 6-14 所示。

1) 转运模式特点

优点:价格便宜,其价格是邮政小包的 40%,直邮模式的 20%,是货物单价较低、标准化程度高且对物流包装要求不高的商品的主要物流方式,也是目前主流的海淘物流方式。

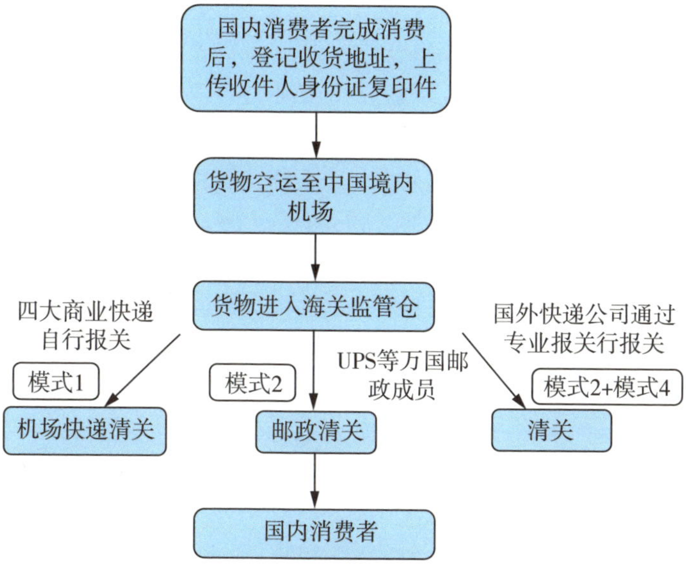

a) 直邮模式

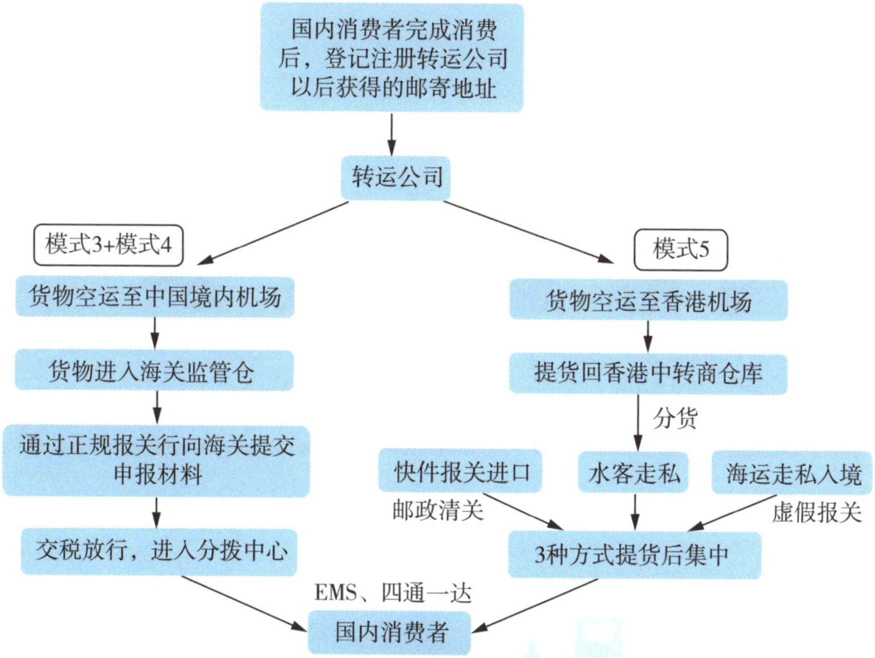

b) 转运模式

图 6－14　跨境电商进口物流流程

缺点：信息流与物流没有打通，物流环节成为“黑箱”，时效性、安全性差。一方面，转运公司系统没有与电商系统对接，导致消费者没有办法追踪包裹，如果售后出现问题无法追踪；另一方面，转运公司与海关系统没有对接，完税通关风险极大，导致期望合法通关的主流消费者对海淘产生顾虑。此外，信息流与物流没有打通，导致转运模式无法实现规模化经营，若包裹数量较多，转运方就要考虑劳动力的投入产出比，以及通关成本的增加。例如，用户在美国电商网站下了订单购买 3 样商品，需从电商 3 家仓库分别发出 3 个包裹，对于电商网站是在情理之中的。但是，这 3 个包裹陆续发到转运公司，转运公司既不掌握准确的包裹信息，也没有足够人手管理包裹的接收查验，缺乏强大信息系统的支撑，意味着转运公司很可能需要靠人工对包裹进行合并同类项，人力成本不菲。即使这 3 个包裹顺利合并为一，随着其他成千上万个包裹一起送到海关，对海关也是严峻的考验。例如，在我国宁波，一个海关口岸通常有 3 个清关人员，2 000 个包裹一下子涌进关，清关的工作量可想而知，效率无从谈起。

2）直邮模式特点

跨境电商进口直邮模式物流流程见图 6－15。

优点：相对于转运模式，直邮操作简单，且货品丢失、破损甚至被偷换的风险都相对较低，更不必担心转运公司跑路。

缺点：目前直邮大多由国际快递公司承运，虽寄送时间快，但运费很高；支持跨境直邮服务的境外购物网站仍较少。

图 6－15　直邮模式物流流程

以美中路线为例不同物流模式比较，见表 6－13。由此可见，现有的海淘物流模式已无法满足电商对物流价低、时效性高的要求，而且随着国内大型电商涉足海淘，带来海淘规模的爆发式增长，已有的物流模式更是无法消化如此庞大的体量。海淘形成规模化，物流方面就要解决 2 个核心问题：①打通电商信息流与物流，让物流环节“有踪可循”；②与海关系统对接，提高完税通关效率。因此，一方面需要政策的顶层设计，实现监管与效率的平衡；另一方面，需要大型规模化、网络化的物流公司，尤其是与海关关系较好的物流公司参与其中。

表 6-13　以美中路线为例不同物流模式比较

物流方式	承运人	运输方式	运费/元		时间/天	资费说明
			1 kg	5 kg		
四大直邮	FedEx	经济快递	581	1 383	<5	不含燃油附加费，税项及其他
	UPS	全球速快	595	1 371	3～5	
邮政小包	两国邮政		322	512.7	6～10	不含单据费、验关费、挂号费、保价费、手续费等
转运公司	转运四方	美中专线	128	416	10～15	不含税费

3）新政催生保税＋直邮模式

跨境电商新政，催生了保税＋直邮模式。该模式的便利在于：①创新监管方式，使企业可先凭货物舱单信息提货进区，再在规定时限内办理海关申报手续，允许企业把提货入区作业与申报备案手续并联进行，货物入区的平均时间缩短 2～3 天，平均物流成本下降 10%；②自贸区也提供国外出口商和国内进口商在区内适当囤货，采取批量保税进出关的方法，降低物流费用，减轻资金压力，消化存货，促进贸易，实现前店后库的贸易模式。

保税模式也称"自贸模式"，即境外商品入境后暂存保税区内，消费者购买后以个人物品行邮清关出区，包裹通过国内物流的方式送达境内消费者（见图 6-16）。

跨境电商阳光化的监管要求需要平台订单、物流、支付环节单证凭证的"三单合一"，相对于零散的快件邮件清关，保税模式下的监管便捷度相对较高，未来是阳光跨境的最佳选择。

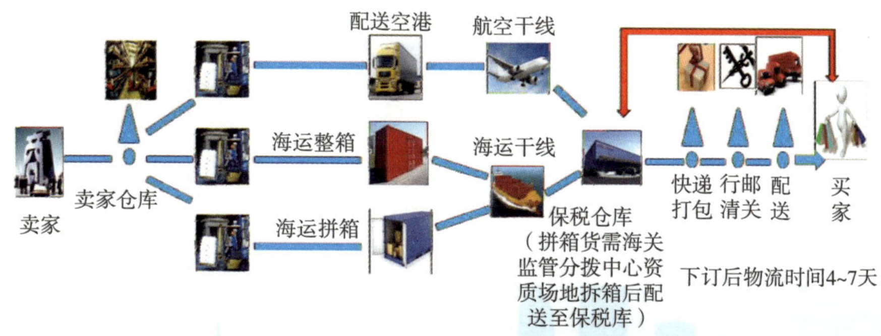

图 6-16　保税模式物流流程

2. 跨境电商进出口

1）跨境物流

出口电商，尤其是B2C出口电商长期受到的困扰之一就是跨境配套物流的限制，主要包括：①配送周期过长，同时存在收货时间不稳定的问题；②清关障碍，跨境物流需要海关报备，耗时较长；③部分境外地区难以追踪物流，有时出现包裹破损甚至丢失的问题；④退换货难度较大；⑤物流价格高，成本高。

目前，物流费用大约占到我国跨境电商企业销售费用的25%，制约了卖家的盈利。在跨境电商物流服务中，主要分为商品配送上门、国际物流、仓储服务等3个环节。目前，UPS，DHL，中国邮政等大型物流服务供应商提供全产业链服务，此外还有物流服务整合供应商，整合各环节物流服务资源，提供全套解决方案。我国大部分第三方物流公司都已介入跨境物流领域，尤其是自2012年起，包括顺丰、圆通、申通等物流公司纷纷开展跨境业务，并由传统的欧洲、北美市场拓展到拉美、俄罗斯等新兴市场。

信息化管理是跨境物流的重要解决方案之一，是有效提高效率、实现货物可追溯和安全性的重要手段。例如，PayPal与北京邮政联合推出贝邮宝，通过商户订单作为发货凭证可查询邮政小包，并实现了系统内邮政信息追踪，防止货物遗失。

未来，海外建仓将成为突破跨境物流瓶颈的重要方式：①海外建仓以大宗运输替代零散小包的运输降低物流成本，再对商品进行仓储、分拣、派送，提供“一站式”服务；②缩短配送时间；③有利于跨境电商的本地化；④可支持退换货；⑤可运用大数据，有效优化海外仓资源配置。例如，目前兰亭集势已经在北美、欧洲建立了海外仓，以实现供应链效率的提升和本地化，物流成本降低了30%以上。

2）跨境支付

不同国家和地区的网购消费者倾向的支付手段大相径庭，这是阻碍跨境电商发展的一个重大问题。同时，由于存在国际结算和支付、国与国的外汇兑换、交易和资金的安全性等问题，跨境支付一直都是出口电商的瓶颈。

跨境电商比较常用的支付方式包括：①电汇；②西联汇款；③Visa或者Master card；④PayPal，Money Bookers等在线支付；⑤国际电汇、银行转账；⑥银行信用证。其中，使用最广泛的是PayPal，用户遍布全世界200多个国家和地区，九成左右的买家和卖家都使用PayPal进行跨境网购。然而，其手续费成本较高，周期较长，存在汇率风险。

自从2013年央行颁布《支付机构跨境电子商务外汇支付业务试点指导意见》以来，跨境支付规模不断扩大。目前，国家外汇管理局向国内17家第三方支付机构授予了跨境电子商务外汇支付业务试点牌照，使得支付结算方式更加多元化。

我国较多的第三方支付机构都开始提供跨境电商平台收款服务，包括银联、快钱、贝付等。浙江义乌于2014年推广个人跨境贸易人民币结算试点。

未来，随着政策的进一步完善、放开和第三方支付的不断规范、参与，跨境电商支付环节有望进一步突破。此外，一些支付方面的增值服务也可增强跨境电商参与者的竞争力，如浙江物产在跨境电商业务中推出了退税通。

3）金融服务

我国大部分出口电商企业乃至外贸企业都是由中小企业构成的，普遍存在融资困难、抗风险能力差等瓶颈。近年来，产业链上的服务提供商大力发展创新服务和金融服务，衍生产业链，从而帮助出口电商企业顺利、高效地进行经营活动，规避资金风险。

一方面，针对出口电商企业融资难的问题，中国银行、平安金科等金融机构向跨境电商企业提供无抵押的信用贷款，或者中国平安与eBay合作为其平台上的出口电商提供小额融资服务；另一方面，针对跨境交易的风险应对问题，eBay与太平洋保险、中银保险针对平台卖家推出跨境交易保险产品。此外，浙江物产在跨境电商业务中还推出备货融资、信融通、提单质押、仓储融资等多方面的金融服务。

四、物流企业参与跨境电商案例分析

（一）华贸物流——跨境海运

1. 企业概述

华贸物流是中国本土最具规模的提供跨境“一站式”综合物流服务的企业之一。公司提供以国际货代为核心的跨境“一站式”综合物流及供应链贸易服务：接受国际空运和海运运输业务的总包或者分包，提供跨境全过程物流产品和服务；为生产商提供采购执行和分销执行的综合服务。公司是中国最早获得一级国际货运代理资质的企业之一，也是中国最早成为国际航空协会会员的企业之一，拥有民用航空运输一类销售代理人、交通运输部无船承运人（NVOCC）、美国联邦海事委员会无船承运人（FMC）、交通运输部道路运输许可证、海关监管仓库、代理报关、代理报验等一整套国际运输业务经营资质，在行业内具有悠久的经营历史和良好的市场品牌。华贸物流是国企，港中旅集团间接控股该公司60%股权。

2. 收入分析

公司最主要的收入来自于跨境海运和空运以及供应链贸易（包括电子产品、钢材产品、矿砂等）。2013年跨境海运占比25.86%，空运占比23.10%，供应链贸易占比46.62%（其中电子产品占20.33%，钢材产品占21.62%，矿砂占2.66%，其他占2.01%）。但是，就利润来源而言，跨境空运和海运占总体利润的70%以上，这是因为占收入比重半壁江山的供应链贸易的毛利率特别低，只有 1.5%左右，而空运的毛利率在 10%左右，海运在 6%左右。

3. 发展战略

5 类产品协同发展：做强以跨境海运及空运为核心的业务，拓展工程物流与仓储物流等战略业务，供应链贸易则会扩大电子产品的供应链贸易的比重(见图 6 - 17)。

无论是海运还是空运，公司是相当于批发商的角色，80%的货源来自于中小货代，直接客户资源仅占 20%。但是，“二手单”模式的毛利率仅有 10%左右，而直接客户“一手单”模式则将盈利能力提高 1 倍，毛利率可达 20%～30%。因此，出于优化客户结构的角度考虑，将增加直接客户及海外客户的比重。

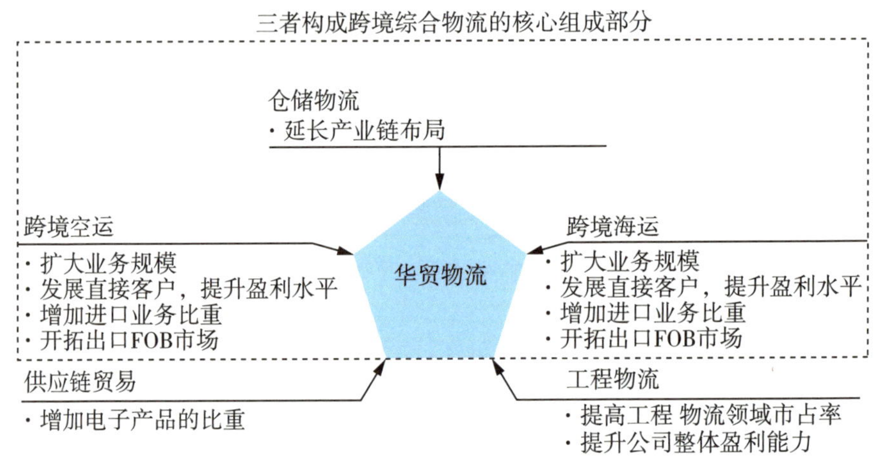

资料来源：公司内部资料

图 6 - 17　华贸物流跨境电商布局

4. 竞争优势

公司拥有成熟的航空、海运货代体系和资源，拥有舱位价格优势和完备的物流解决能力。公司具备航空海运货代、快递、进口分拨等多种资质，整合后切入至跨境电商物流体系的能力较强。公司股权激励机制到位，决策速度和执行能力优于一般国有企业，契合互联网物流服务。

此外，新收购的德翔具备上海海关进口分拨资质，该资质在拼箱进口分拨环节中不可或缺，目前德翔的进口分拨业务量占上海口岸整体的 30%。

(二) 外运发展——跨境空运

1. 企业概述

外运发展，全名中外运空运发展股份有限公司，中国外运股份有限公司(香港

上市公司)是公司大股东,持有公司 63.5%的股权,公司实际控制人为国资委。公司基础业务包括国际货运代理运输、快件服务和国内货运物流代理运输。在全国 4 大区域,拥有近百家分、子公司和 300 多个物流网点,运营网络辐射全国。公司凭借完善的国内服务网络,通过与 DHL,OCS 等国际物流巨头结成战略伙伴关系,服务范围已覆盖全球 200 多个国家和地区。

2. 收入分析

外运发展跨境电商相关产业布局,见图 6-18。

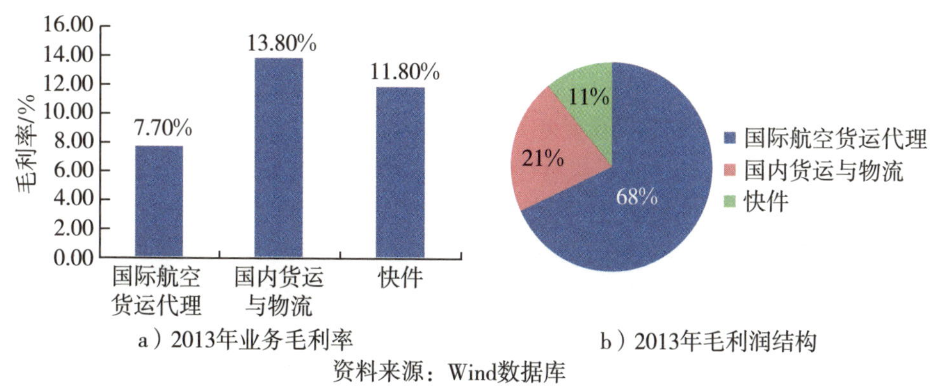

图 6-18　外运发展跨境电商相关产业布局

3. 发展战略

(1) 围绕航空国际货代,建立电商物流平台。公司的电商物流平台分为 2C 与 2B 两大类。2C 以“阳光海淘”(www.sunnytao.hk)电商平台为主,主要经营母婴产品、酒水、电子产品等海淘热销品类,但 2C 业务不是主要业务。2B 类电商物流平台是指为国内各大电商的进口海淘业务服务的物流平台,提供进口分拨及清关通关等一条龙服务,目前公司与海关的系统后台对接已完成,明年该业务将放量,具体数量视上游电商的海淘业务量而定,已经在与阿里、京东、苏宁、亚马逊等各大电商洽谈。

(2) 布局物流电商平台,供应链金融想象空间巨大。公司建立物流电商平台 Esinotrans,构建集成化平台,使中小货代利用外运的优势,通过平台可以集聚更多的货物。但是,并没有达到预期效果,原因有:①中小货代的顾虑,价格透明后,影响中小货代的盈利能力;②中小货代希望通过平台解决流动资金紧张的问题。公司与航空公司的结算周期是半个月,而与货主的结算周期可能是 1 个月甚至 2~3 个月,所以希望能建立资金池,解决流动资金问题,但该业务需要有互联网金融类的牌照,公司目前正在积极往此方向布局。

4. 竞争优势

作为国内老牌的国际航空货代，公司拥有外运敦豪强大的国际快递网络和国内口岸完备的服务网点，规模优势使得公司的舱位成本远优于普通竞争对手。外运发展作为唯一在 6 个试点城市均有布局的货代公司，具有网络化和规模化优势。母集团中外运长航的海运资源丰富，在国内多口岸拥有保税库和海关进口分拨资质，随着跨境电商阳光化后拼箱海运模式的兴起，业务想象空间巨大。

公司同国内各口岸海关保持合作伙伴关系，数据、流程对接能力强，能够给各类电商平台提供一体化的物流解决方案。同时，公司还与阿里、亚马逊、1 号店等电商保持合作关系，而且自身又运营“阳光海淘”电商平台，对于跨境电商物流的理解能力较为深刻。

(三) 上港集团——潜在竞争者

上海港背靠中国出口加工和消费能力最强的长三角，某种意义上说，距离 B2C 电商平台上生产者和消费者也是最近的，随着 B2C 海运保税模式跨境电商的兴起，其物流成本较其他港口更有优势。

作为全球最大的集装箱港口，上海港在日常业务中会对接船舶、货代、报关、仓储等各类公司，整合产业链资源切入到跨境电商物流的能力较强，更重要的是公司本身就是跨境电商试点的参与主体之一。

公司已公告收购同盛物流园区投资开发有限公司，而该公司旗下的同景国际物流发展有限公司是市场唯一一家在洋山保税港区具备海运进口分拨监管仓库资质的公司，仓库一期面积 4 000 m^2，并预留了 16 000 m^2 的仓库空间。2014 年，长三角通关、商检一体化已在全国率先展开，监管模式的创新有利于该区域跨境电商的发展。

第三节　自贸区背景下港口供应链转型与创新

一、发展目标

实施“互联网＋港口物流”战略，组织跨境电商产业链各参与者将自身的电子商务向上下游拓展、兼容合作，各方信息标准逐步统一、传输效率加快、开放融合度提升，从系统的角度降低物流成本，提升服务体验度，增加客户黏性，获取附加值服务收入(见图 6－19)。

(一) 发展定位

依托港口物流主业，利用互联网技术，连接海关、商检、税务、电商企业、外贸

图 6-19　港口企业跨境电商发展愿景

商、船舶所有人、运输企业等跨境电商产业链相关单位，组织跨境电子商务完整的产业链和生态链，领导跨境电商的发展。

（二）基本原则

立足港口物流，主动拥抱互联网。依托港口物流主业，利用互联网技术，连接海关、商检、税务、电商企业、外贸商、船舶所有人、运输企业等跨境电商产业链相关单位，组织跨境电子商务生态链，领导跨境电商的发展。

协同港务集团资源，合力布局跨境电商。跨境电商是互联网＋外贸的新兴业态，离不开各业务部门（包括贸易公司、货代、船代等进出口服务公司）的参与，应协调各相关部门，共同开展跨境电商业务。

（三）开展业务

1. 跨境电商综合服务平台

整合集团相关业务（报关、报检、货代、船代）和客户，形成平台优势；建设外贸征信系统，通过“通关、退税、商检、物流”积累的真实交易数据开展大数据分析，开展互联网金融业务；申请成立第三方支付机构，为交易双方提供跨境互联网支付所涉及的外汇资金集中收付及相关结售汇服务，增加用户黏性。

2. 跨境电商电子口岸

协助口岸建设电商企业备案系统、进境商品备案系统、商品防伪溯源系统、个人消费者身份认证系统、进口关税缴纳系统和出口结汇退税系统等。

3. 跨境进口电商平台

整合保税仓和内陆仓资源，加强跨境物流增值服务；开展进口包裹的快速清关、保税仓储、国内配送等业务，加强与政府监管平台的有效对接；线上线下融合的

交易平台，自建或者与电商平台合作建设网上交易平台，同时开设实体门店展示与分销，并提供清关入境、安全追溯、销售管理、物流配送等服务。

二、实施内容

（一）跨境电商口岸流程外包服务

发展跨境电商，离不开电商企业，更离不开配套的服务企业。结合港口自身优势，优先发展跨境电商口岸流程外包服务，主要提供代备案、申报、运输、保税仓储、拆分打包、配送等。

构建进口电商业务体系。重点布局跨境供应链、保税区仓储、国内配送等资源；重点打造海外直邮供货体系，开展海淘清关等业务，提升配送效率，增强用户体验。

涵盖供应链金融的出口电商综合服务平台。为外贸综合服务平台、中小型出口供应商提供销售、推广、仓储、运输等“一站式”增值服务，依托电子口岸交易数据和企业信用数据为客户提供供应链金融服务，确立港口在产业链中的核心地位。

（二）外贸综合服务平台

由于外贸持续下行，国家外贸服务政策转向积极鼓励，2013 年下半年至今已发布了多项外贸服务行业的扶持政策以加大退税力度。2013 年，国办发〔2013〕83 号文首次明确支持外贸综合服务企业为中小企业提供通关、退税、融资等服务。2014 年 9 月，国务院办公室再次发文，推出稳定外贸增长的〔2014〕19 号文。2014 年 2 月至 2015 年 3 月，多项贯彻中央文件精神的具体政策不断落地。

这些政策具有非常大的亮点：①明确支持大型综合外贸服务企业；②解决地税部门卡退税的情况，过去退税需要由地税支付部分，现在则改为中央支付全部增量；③开放境外融资的口子，允许扩大外汇储备中委托贷款的规模，允许服务于实体贸易的境内外套息；④强化保险在出口中的风险共担角色，加大出口信用保险的支持力度，进一步降低供应链融资的应收账款风险；⑤扩大外贸服务创新空间，鼓励发展“展示中心”“商品市场”“海外仓”等国际营销网络。

相关政策不仅做大了外贸服务的蛋糕，而且提高了中小企业外贸服务行业的集中度，为外贸 B2B 企业延伸业务提供了黄金期。外贸综合服务企业提供的综合外贸服务是具有价格吸引力的基础服务和富有盈利能力的增值服务组合。

外贸综合服务可以总结为“3＋N”模式，其中：3 为通关、换汇、退税等传统货代提供的基础外贸业务，其中又以退税为核心（退税额占外贸企业收入 10％）；N 为增值服务，包含物流和金融（保险代理、供应链融资、外汇保值等）。通过提供基础服务和部分增值服务，外贸综合服务企业获得大量真实的外贸交易数据（物流、通关、保税等），在交易数据基础上提供供应链金融等增值服务以获得利润。

外贸综合服务相比传统货代的明显优势，就是降低中小企业的出口成本。相比传统货代，大型综合外贸服务企业发挥规模优势，基础服务（通关、外汇、退税）免费，远低于传统货代和企业自营，并为中小企业节约了报关员、涉外会计等人力成本。此外，外贸综合服务还可以提供物流、供应链金融等增值服务，更好地服务于中小企业交易环节。制造业企业不同于零售企业，交易环节的主要费用为财务费用。供应链融资改变传统信贷中风险溢价评估的方式，评估指标从抵押资产转变为买家（即付款方）信用，有效规避卖家自身资产规模较小的缺陷。

以退税融资为例，退税通常需要 2～3 个月，有时甚至长达半年，占用了大量的企业资金。在外贸综合服务平台上，小企业可以申请退税融资，仅需缴纳 4%的融资费用，就可以在 3 日内获得退税款。此外，还可以提供网商贷（信用融资）、信融保（信用证融资）、赊销保（买家海外融资）、锁汇保（锁定汇率）、保险代理等一系列金融服务。

外贸综合服务是从基础服务的外贸流水中赚取增值服务的利润的。价格低廉的外贸基础服务不仅可以让惠给中小企业，而且“通关、退税、商检、物流”积累的真实的交易数据可以弥补无法跨境在线交易的困局，创造一个征信体系，提供供应链金融等增值服务。

（三）海淘清关等增值业务

海淘比较正式的定义是：通过互联网检索海外商品信息，并通过电子订购单发出购物请求，填写私人信用卡号码，由海外购物网站通过国际快递发货，或是由转运公司代收货物再转寄回国的购物方式。随着国人收入水平的提高，消费能力提升，而同类产品国货品质又比不上外国货（奶粉、尿不湿等），或者同样的外国货却在国内卖得贵（电子产品、奢侈品等），再加上国人对这些产品的需求越来越旺盛，有些产品甚至属于刚需（母婴产品等），自行购买或者海外代购等方式已经满足不了消费者的需求。因此，部分国人就去国外的电商网站淘东西，然后通过转运的方式运过来，大部分属于灰色海淘，政府有必要对其进行阳光化和有效监管，阳光海淘便快速推广起来。

政府参与进来，既有利于规范市场环境，又有利于活跃交易、繁荣市场，消费者能买到物美价廉的外国货，商家能赚钱，国家可以增加财政收入，可以说是利国利民。但是，实践中却从原来的商家与消费者的二者博弈，上升到商家、消费者、政府之间的三者博弈，问题就变得复杂了。

(1) 从政府的角度出发，既要合理收税，又要有效监管，主要是进口商品的安全问题。收税问题相对好解决，搭建信息系统，让信息流、资金流、物流在海关处能三流合一，交叉验证货物、人和钱的信息，就能通关放行，按照个人行邮税相应收取

税收即可。但是,监管问题难度较大,原来灰色海淘时代,消费者承担一切后果,可既然进入阳光海淘时代,监管部门就要为国人的安全把关。当按照贸易方式批量进口时,还比较容易监管,而个人物品入境有散、小、多的特点,给监管带来了极大的麻烦,目前还没有真正落地的解决方案。

(2) 从消费者的角度出发,就是要求物美、价廉、服务好。海淘的成本包括商品本身的费用、运费、税费等 3 个部分,原来的代购或灰色海淘其实相对阳光海淘就是少了税费这个部分。既然代购或灰色海淘比阳光海淘便宜,消费者会选择后者吗?答案是肯定的。因为有海淘能力的消费者相对价格因素,更看重商品是否为正品、售后服务是否良好,而这两点是传统的海淘或代购所不能完全满足的。

(3) 从商家的角度出发,诉求就是赚钱,因此在三者博弈中,商家天然要作为中间人的角色,既要配合政府解决安全监管问题,又要让消费者享受良好的服务。

海淘的核心其实在于全球零售供应链的颠覆与创新,尤其体现在采购环节。传统贸易模式中,采购就是中国的贸易商到海外寻找货源,而海淘则增加了个人货源这一因素,形成“互联网+采购”的模式。在物流环节中,则增加一种“保税+备货”模式,创造性地将传统贸易运输与个人物品通关结合起来。

在海淘上游,电商选品环节还处于 1.0 的粗放时代。目前,消费者在海淘上还处于模式化消费阶段,即购买的品类集中、同质化、量大,因此只要在选品上选择如母婴产品、电子产品等爆款产品即可。但是,随着需求的深入,必然不断细化,消费者需求也将出现精细化、差异化趋势,这对海淘电商来说才是真正的挑战。

“双 11”期间各大电商推出海淘模块,2014 年海淘规模突破千亿,海淘人口已超过 2 000 万,从洋码头最近获得 1 亿美元 B 轮融资等一系列现象及数据来看,海淘本身已经成为“爆款”。在大型电商布局海淘,海淘阳光化的趋势下,海淘市场规模将进入增长快车道,预计到 2017 年海淘市场规模将达 860 亿美元,占在线购物的 7%,保持 48%的年增长率。

由 6 个试点城市运行情况来看,电商企业、支付企业、物流企业与海关系统对接以后,将极大地提高通关的速度和直邮模式的比重。未来,保税模式的商品主要是购买频率高、走量比较大的商品,如母婴产品、奶粉等;而直邮模式的商品主要是价值较高、购买频率一般的商品,如电子产品、首饰、手表等。预计直邮与保税模式将实现三七开,直邮占比 30%,保税占比 70%。

无论是直邮模式还是保税模式,都要经历分拣、清关等中间环节,而这正是货代公司新增的盈利点。假设 2017 年海淘规模 860 亿美元(约 5 400 亿元人民币),平均每票货值 800 元人民币,平均清关操作费为 9 元人民币/票,那么预计到 2017 年海淘清关的市场规模将达 60.75 亿元人民币。此外,随着试点城市的增加,这一

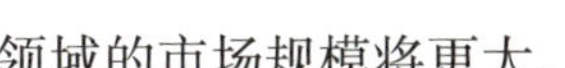

领域的市场规模将更大。

（四）航运电商

港口企业经营进入瓶颈，需要创新模式，内外需不振、贸易萎缩、航运市场持续低迷，传统物流面临前所未有的挑战。港口企业经营进入后千万时代的发展瓶颈。外资不再青睐港口产业，政府亦难有新投入，与腹地经贸紧密相关的港口物流业需要通过商业模式创新寻找新的收益增长。与港口同在的班轮公司、场站、仓储、货代、车队及货主只有通过改变传统的交易模式、发现和创造新的需求，才能实现互利共赢。

B2B，B2C，C2C 等对人们日常需求和消费理念的革命是成功的，不断催生的消费新需求又带动了相关的新增制造和交易。电商们 O2O 线上到线下的快闪使传统店铺危机四伏。中远海和中外运纷纷与阿里等电商合作，以航运电商的身份进入供应链管理行业，藉此希望在航运电商潮中抢位成功。

航运系电商难现供应链管理优势，目前航运电商们提供“港到港”“门到门”服务以及零售批发舱位等，但生态圈构建难度大，客户较难产生黏性，盈利空间存在瓶颈，而真正结合贸易、资金、物流和信息的供应链管理必须在一个完整闭合的物流链上才能体现其高附加值。中远海等航运系电商均受制于其主营业务即海上运输的局限，无法实现“门到门”范围内的资源整合，更难以完成自采购到最后一公里配送的供应链全程管理。理想的供应链管理电商应该是第三方平台，能提供包括两端、海运等“一站式”物流综合解决方案，渠道下沉到终端，船公司、货代、场站、仓储、车队和客户等资源从某种意义上讲都是这个平台的被整合者。大港集箱作为港口物流综合服务商，已经拥有成熟的海陆全程物流服务体系，对内可延伸至各内陆门点、环渤海湾内各点，对外可及各港口和各门点，口岸物流网拥有较强的信息跟踪能力，因此是最具优势的供应链管理服务供应商。

港口搭建航运电商平台，依靠先进的互联网平台技术集成，优先基于港口自身完善的集疏运体系、丰富的上下游客户资源、先进的口岸电子数据传输系统以及全程物流服务产品，同时吸纳其他港航企业高值资源，提供港口供应链管理服务的电子商务第三方公共平台。

港口供应链服务管理公司，面向综合物流服务供应商、国内外班轮公司和港口腹地及环渤海周边中小客户，充分利用港口物流软硬件工具，提供包括贸易采购、全程物流以及金融和信息“一站式”服务的公共电商平台。

充分发挥港口企业优势，协调和整理平台上所有优质资源，突破物流信息不对称的屏障，减少中间环节，让物流供需双方直接交易，挤压物流成本泡沫。理想的核心竞争力：物流成本透明、保障运输能力、降低综合风险、全程信息可视。

（1）向直接货主开放。代订舱、代报关、报检、代结算港口费用、代收代付海运费、仓储配送、门点运输等。在锁定物流硬件，如配送车辆、铁路车皮、海运舱位（产品量）和结算费用（产品价格）的前提下，在电子商务平台界面上完成全部商务活动，实现客户对港口物流的全部需求。同时，可按照客户个性化需求推出定制服务，如提单/仓单质押、全程监管、保兑仓、应收账款融资、代采购监管等特殊金融服务产品。

（2）向其他物流供应商开放。对符合准入条件的货运代理公司、场站、仓储、车队等，可提供代受理业务、代结算费用、代业务推广等服务，也可以为联手金融机构中小微货代公司提供应收账款融资等定制业务。

（3）面向船方开放。航线推广、代预估运费、代收海运费、设备跟踪和定期市场分析推送，提供进出口货物门点提货及配送服务等。

（4）向跨境电商开放。代备案、申报、运输、保税仓储、拆分打包、配送等。

航运系电商的收入来源主要有以下 3 个方面。

（1）平台服务费。服务费的标准基于平台用户在平台上使用不同功能组合定价。物流作业费用以实报实销为主，不以运费差价、代理费或包干费作为物流服务收入的主要来源。

（2）金融服务收益。以海运费为标的应收账款短期（2～3 月）融资，以进出口港口杂费、地面物流费用为标的预付账款融资，以仓储、场站为监管场所的存货融资等所有金融产品服务收益。

（3）增值服务。通过对平台汇聚大数据的分析和归拢，有偿提供和定制涉及贸易供需信息、货物运输流向等，有助于获得精准的行业数据分析报告。

三、保障措施

（一）企业组织架构

以互联网为基础的电子商务正在促进企业组织结构的创新，由于企业的信息获取、处理能力的加强，系统集成和计算机联网使得不同时间和不同地点的信息共享成为可能，信息获取更加便捷，传递更为有效。电子商务企业的组织结构模式正由传统的金字塔型的层级制结构向开放的网络型结构转变。

1. 扁平化

企业减少管理层次和扩大管理幅度，变得灵活、敏捷，富有弹性和创造性。在电子商务时代，信息处理和传输技术能够对大量复杂信息进行迅速的处理和传输，从而大大缩减原有的信息处理和传输等中间管理层次，计算机系统将取代中层监督和控制部门的大量职能，加强决策层与执行层的直接沟通。

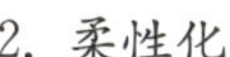

2. 柔性化

企业以临时性的、以任务为导向的团队式组织来取代部分固定的、正式的组织结构，使组织结构的资源得到充分的利用，增强组织对环境动态变化的适应能力。柔性化组织由 2 部分构成：①为完成常规性任务而设计的比较稳定的组织结构；②为完成临时性任务而设计的比较灵活的组织结构，而组建迅速、机动灵活、反应敏捷的团队结构是柔性化组织的主要形式。

3. 分立化

从大公司里分离出若干小公司，大公司总部与下属单位之间的上下级关系变为外部性的公司与公司之间的平行关系。以市场的关系来连接公司总部与所属各分公司和子公司之间的关系。分立化分为横向分立和纵向分立等 2 种方式，其中：横向分立是按照产品的不同种类进行分立的；纵向分立是按照同一产品的不同生产阶段进行分立的。

4. 网络化

在以工作或任务为中心的工作团队内部，在企业内部网络平台的帮助下，员工之间的纵向分工不断减少，而横向分工协作不断增加，企业组织结构变成了一个相对平等和自由、富于创新的小型经营单元组成的网络型组织。从企业内部的角度看，网络型企业是一个由若干独立的、彼此有一定纵横联系的经营单元组成的网络，网络成员之间形成比较松散的“联邦”关系，企业由自我管理、自我组织和自我约束的经营单元组成；从企业外部的角度来看，网络型组织利用互联网、产业供应链和资金市场，在企业之间建立起多种形式的合作伙伴关系，利用自己的核心优势成为外部产业供应链上的一个或多个核心“插件”。

5. 虚拟化

企业只保留规模较小但具有核心竞争力的部门，与其他企业以契约或合同为基础进行研发、制造、分销、营销等经营活动。企业组织虚拟化后，采取从价值产生到价值确认直接对应的横向模式，以横向管理取代纵向管理，以信息流动支配企业的物质流动。

6. 无边界化

组织结构无边界化既减少了企业内部各部门之间的界限，又消除了企业与客户及供应商之间的外部障碍。在电子商务时代，企业通过建立跨层级、跨职能工作小组，在一定程度上消除组织纵向结构与横向结构的界限，使企业内部各部门的界限变得模糊不清。此外，电子商务的远程办公在一定程度上突破了企业在物理空间上的界限，消除了企业与外部环境之间的障碍，使企业变得无边界。

(二) 绩效考核

1. 360°绩效考核与 KPI 考核相结合

360°绩效考核的考核项目大多数偏向于定性考核，而定性考核的考核项目往往比较模糊而且个人情绪色彩比较浓，这就让部分人钻了空子。因此，建议采用360°绩效考核与 KPI 考核相结合的办法，有 KPI 的量化考核结果作为参照，考核者打分时会更加谨慎且相对客观。

2. KO 与 KPI 互相配合、互为补充

KO 与 KPI 在绩效管理系统中互相配合、互为补充，都是依据目标职位的工作职责和工作性质设定的。KPI 可以用计算公式计算出经营活动的量化结果，侧重员工对经营成果有直接控制力的工作，考察的是当期绩效和最终经营成果；KO 是指由上级领导以考核评分的形式，定性评价员工完成不易量化的主要工作情况，侧重员工对经营成果无直接控制力的工作，考察的是过程性工作和工作的过程。

3. 基于 BSC 的 KPI 考核

目前，以企业为核心的管理模式为主，即企业是靠企业文化进行内部管理的，再向高层发展就是以战略管理模式、以不断创新为主的企业管理模式，因此当企业的制度化管理受到现实挑战时，有必要引入绩效考核体系对员工进行管理。平衡积分卡是一种战略工具，从财务、客户、内部运营及学习和成长等 4 个维度对企业的战略目标进行分解，并将平衡系统性贯穿于整个过程中，注重于财务与非财务、长期与短期、前置与滞后以及内部与外部的平衡。同时，平衡积分卡的各个指标间实际上是一个因果关系，相互扶持、相互依赖，从而克服了传统 KPI 制定方法中没有为公司的绩效考核提供一个关注相关利益方平台的缺陷。

4. 具体流程

(1) 企业应用平衡积分卡，对企业战略目标进行初步分解，找出保证战略得以有效实现的关键因素。在战略目标分解的基础上，应用战略分解矩阵，将各关键因素落实到各部门，其目的是明确各部门的年度工作重点。

(2) 根据年度工作重点，结合各部门的职能，部门经理将关键因素作为职工级关键考核指标分解落实到个人，不易落实到个人的落实到基层组织。当然，过程中含有大量经理与员工的充分沟通交流的工作，部门经理做好本部门的 KPI 体系后，填写部门的年度工作计划表，列出部门工作任务、工作的时间进度和具体措施、预计成果描述、所需资源支持等相关内容。

(3) 在年度工作计划表中，关注其预期成果，并从中提取各部门的年度 KPI，通过这样一个过程，将企业的战略目标分解到各部门，并由各部门经理分解落实到个人或基层组织，从而实现了企业战略目标自上而下的传递，为战略目标的实现打

下坚实的基础。

（三）资金保障

跨境电商商务发展的环境仍不成熟，虽然政府部门出台很多对跨境电子商务的资金扶持政策，但是电子商务企业基本上进行的都是赔钱的交易活动，大多数企业需要通过风投来维持正常运营。例如，京东每年亏损严重，若无法有效融资将举步维艰，由于京东良好的资金运作管理能力，电子商务前景优越，随着市场份额和营业收入的不断扩大，巧妙灵活运用手中的现金流进行资本运作，足以应付亏损和延期还款，保证企业正常运作、扭亏为盈。

当今，企业处于"现金为王"的时代，正现金流对于维持经营和降低财务风险具有重要意义。正现金流、必要的运营和维护费用以及良好的速动比率，都是财务与业务稳健运营的基石。通过以下 4 个步骤来优化营运资金管理，从而提高流程能力、降低成本并回收潜在的资金损失。

（1）发现不确定性来源。确定企业面临的新风险和当前风险，并评估其对营运资金需求的影响。

（2）执行营运资金诊断。评估营运资金，分析有关企业运营活动和能力的数据，并与同行企业作出比较。

（3）重新评估营运资金政策。根据企业的商业模式和风险容忍度来制定营运资金政策，按当前的风险状况来决定需要一个进取、稳健还是保守的政策。

（4）优化营运资金。寻找机会优化现实各个领域的营运资金，如现金和可转售证券、资源、采购、应收账款、应付账款和存货等。

（四）人员配置

跨境电子商务企业的各项业务能否充分发挥其功能和作用，完成应承担的任务，人才配置是关键。企业进行人员配备，是为了吸引最优秀的人才到最合适的职位上，该项工作能充分利用员工优势和不断挖掘员工潜力。

跨境电子商务企业的发展需要大量的各种专业人才，从事经营、管理、科研、仓储、配送、流通加工、通信设备和计算机系统维护、贸易等业务。因此，必须加大人才培养的投入，培养和引进大批掌握先进科技知识的人才，并给他们施展才华的机会；应对现有职工进行有计划的定期培训，形成系统学习科技知识的制度；在企业里引入竞争机制，形成能上能下的局面；要提高员工的科技创新意识，培养企业对知识的吸纳能力，促进物流产业的人力资源得到开发和利用，造就大批符合知识经济时代要求的物流配送人才，利用各种先进的科学技术和科学方法，促进物流配送产业向知识密集型方向发展。

跨境电商行业的迅猛发展正使得用人市场的相关电商人才变得极为稀缺，对企业核心竞争力起到提升作用的复合型人才很少，尤其是同时掌握技术、贸易专业知识经验、经济常识和管理能力的创新型人才。目前，相关培训机构的起步已经晚于市场需求，导致跨境电商行业人才供不应求，缺乏专业人才阻碍了企业电商业务的进一步发展。除了从人才培训机构吸收人才外，企业内部也需要进行团队的培养和优化，通过老员工带动新员工，每周或每月针对业绩和技能的考核进行优化。跨境电商是近几年才热起来的，所以市场人才配备机制来不及调整是可以理解的，需要企业、市场和政府三方面的共同协作改善。

校企开展共同合作，企业定期与院校沟通及时反映发展状况，针对实际中的问题，让院校培养从事专项研究和复合型的专业人才，并根据企业要求设立特定专业，如物工＋信管专业、物工＋国贸专业、物工＋电子商务专业和跨境电商专业，或第四方物流专门研究并整合国内外物流信息，建立平台专供企业参考或使用，实施人才重点培养机制。

参 考 文 献

[1] 武康平，吴蓉. 自由贸易区功能特征与法律保障[M]. 北京：经济科学出版社，2004：6.

[2] 李萍. 中国自由贸易区发展理论与实践——兼论山东半岛自由贸易区的构想[M]. 北京：中国社会科学出版社，2014：1－9.

[3] 商务部国际经贸关系司. 商务部 海关总署关于规范“自由贸易区”表述的函[Z]. 2008.

[4] 冯叔君. 全球视野下的自由贸易区[M]. 上海：复旦大学出版社，2015：16－20.

[5] 周汉民，王其明，任新建. 上海自贸区解读[M]. 上海：复旦大学出版社，2014：19－29.

[6] UNCTAD Secretariat. Port Marketing and the Challenge of the Third Generation Port[R]. Geneva：UNCTAD，1992：13.

[7] UNCTAD Secretariat. Technical Note：Fourth-Generation Port[J]. Ports Newsletter，1999(19)：9－12.

[8] ELLRAM L M，WENDY L T，COREY B. Understanding and Managing the Service Supply Chain[J]. Journal of Supply Chain Management，2004，40(4)：17－32.

[9] EDWARD G，ANDERSON J R，DOUGLAS J，et al. A Simulation Game for Teaching Service Oriented Supply Chain Management：Does Information Sharing Help Managers with Service Capacity Decisions? [J]. Production and Operations Management，2000，9(1)：40－55.

[10] SAMPSON S E. Customer-supplier Duality and Bi-directional Supply Chains in Service Organizations[J]. International Journal of Industry Management，2000，11(4)：348－355.

[11] COOK J S，DEBREE K，FEROLETO A. From Raw Materials to Customers：Supply Chain Management in the Service Industry[J]. Journal of SAM Advanced Management，2001，66(4)：14－21.

[12] WAART D，KREMPER S. 5 Steps to Service Supply Chain Excellence[J]. Supply Chain Management Review，2004(1)：28－36.

[13] SONG D K，PANAYIDES P M. Global Supply Chain and Port/Terminal：Intergration and Competitiveness[J]. Maritime Policy & Management，2008，35(1)：29－30.

[14] HEAVER T，MEERSMAN H，MOGLIA F，et al. Do Mergers and Alliances Influence European Shipping and Port Competition? [J]. Maritime Policy and Management：The Flagship Journal of International Shipping and Port Research，2000，27(4)：363－373.

[15] 阳明明. 香港的港口服务型供应链[J]. 中国物流和采购，2006(10)：56－58.

[16] 余宏生. 构建港口服务供应链 提高港口物流效率[J]. 港口科技,2008(5): 1 - 3.

[17] 高洁. 基于第四代港口模式的港口服务供应链集成研究[M]. 上海: 上海交通大学出版社,2013: 32.

[18] ROBINSON R. Port as Elements in Value-Driven Chain Systems: the New Paradigm[J]. Maritime Policy and Management: The Flagship Journal of International Shipping and Port Research, 2002,29(3): 241 - 255.

[19] MANGAN J, ALWANI L, FYNES C B. Port Centric Logistics[J]. International Journal of Logistics Management, 2008,19(1): 29 - 41.

[20] 真虹,刘桂云,张婕姝,等. 第四代港口及其经营管理模式研究[M]. 上海:上海交通大学出版社,2010: 91.

[21] 谢凌锋,许长新. 基于供应链管理的江苏沿江港口发展模式设计[J]. 海洋工程,2006(4): 95 - 99.

[22] 张婕姝,真虹,李建丽,等. 基于供应链思想的第四代港口概念特征及发展策略研究[J]. 中国港湾建设,2009(5): 70 - 73.

[23] 何黎明. 自贸区下物流与供应链发展新趋势[J]. 运输经理世界,2015(9): 70 - 73.

[24] 中华人民共和国交通部. 全国沿海港口布局规划[Z]. 2007.

[25] 黄有方. 航运业的创新发展思考[J]. 交通与港航,2016(1): 17 - 20.

[26] 余思勤,肖风,韩玲冰. 上海港航业态统计指标体系及计算方法研究[M]. 上海:上海浦江教育出版社,2013: 27 - 30.

[27] 王慈光. 运输统计基础[M]. 成都: 西南交通大学出版社,2004.

[28] 余思勤,黄顺泉. 运输统计学[M]. 北京: 人民交通出版社,2011.

[29] 全球港口发展报告(2013)[R]. 上海国际航运研究中心,2014.

[30] 杨静蕾,李蕊. 国际无水港建设经验及其启示[J]. 中国海洋大学学报,2010(3): 14 - 18.

[31] 闫攀宇. 欧美港口集装箱海铁联运概况[J]. 大陆桥视野,2008(2): 7 - 9.

[32] 高翔. 青岛率先试点贸易项下前置美元保证金制度[EB/OL]. (2014 - 03 - 25)[2016 - 10 - 14]. http://news. cnstock. com/news/sns_jr/201403/2960935. html.

[33] 董景娅,赵虎,陈蔚. 电商托起港口物流服务平台[N]. 中国水运报,2014 - 06 - 11(005).

[34] 严风华,宋兵. 国家级航运电子商务平台宁波“起锚”[EB/OL]. (2014 - 01 - 25)[2016 - 11 -15]. http://www. chinashipnews. com. cn/show. php? contentid=4398. html.

[35] 钢联资讯. 国内首家电子商务物流港在唐山启幕[EB/OL]. (2013 - 01 - 10)[2016 - 11 - 18]. http://info. glinfo. com/13/0111/08/9DCBC8934F5EA2F2. html.

[36] 中华人民共和国国务院办公厅. 关于印发自由贸易试验区外商投资准入特别管理措施(负面清单)的通知[Z]. 2015.

[37] 澎湃新闻网. 逐条解读上海自贸区海关 23 项监管服务新政[EB/OL]. (2014 - 09 - 17)[2016 - 09 - 28]. http://www. thepaper. cn/newsDetail_forward_1267509. html.

[38] 国务院新闻办公室网站. 上海海关深化自贸区改革及支持科创中心建设相关情况[EB/

OL](2015-06-25)[2016-10-12]. http://www.scio.gov.cn/xwfbh/gssxwfbh/fbh/Document/1438688/1438688.html.

[39] 上海出入境检验检疫局. 自贸区首批“可复制可推广”8项创新制度[Z]. 2014.

[40] 上海出入境检验检疫局. 上海国检局支持上海自贸区发展24条意见简介[Z]. 2014.

[41] 中华人民共和国大连海关. 关检合作“三个一”通关模式介绍[Z]. 2014.

[42] 人民网. 上海国际贸易“单一窗口”1.0版上线[EB/OL]. (2015-07-07)[2016-10-25]. http://sh.people.com.cn/n/2015/0701.html.

[43] 王陇,王学锋,孙丰. 纽约自贸区汽车物流服务模式及其借鉴[J]. 物流科技,2015,38(1):29-33.

[44] 中青班课题组. 新加坡港口物流业发展经验及其启示[J]. 厦门特区党校学报,2007(1):15-19.

[45] 中华人民共和国上海海关. 上海海关自贸区创新制度企业案例[Z]. 2016.

[46] 优步税率网. “集中汇总纳税”允许企业进口货物通关时海关先不打印税单征税[EB/OL]. (2015-10-04)[2016-10-30]. http://www.shuilv.org/add/8817.html.

[47] 杨珍莹. 上海自贸区2.0版整装待发[EB/OL]. (2015-04-21)[2016-11-15]. http://sh.people.com.cn/n/2015/0421/c370128—24581128.html.

[48] 央广网. 商务部:2015年进出口总值24.58万亿元跨境电商增速30%以上[EB/OL]. (2016-01-20)[2016-09-25]. http://china.cnr.cn/ygxw/20160120/t20160120_521177284.shtml.

[49] 新华网. 2015年全国电子商务交易额预计达20.8万亿元[EB/OL]. (2015-12-28)[2016-11-26]. http://news.xinhuanet.com/tech/2015—12/28/c_128572755.html.

[50] 上海出入境检验检疫局. 一张证书抵万金——自贸区中转货物原产地签证制度打造贸易大港[Z]. 2014.

[51] 浦东发改委. 一拆一拼:口岸监管模式新突破[Z]. 2015.

[52] 质检总局. 检验检疫部门“综合查验”监管模式提升港口竞争力[Z]. 2016.

[53] 烟大船票网. 天津港打造四项目对接自贸区 提升港口物流服务[EB/OL](2015-01-31)[2016-09-25]. http://tianjin.0535—0411.com/35250.html.

[54] 骆阳. FD物产集团发展战略研究[D]. 昆明:云南师范大学,2014.

[55] 王金强. 亚太供应链合作关系的构建与中国的政策选择[J]. 东北亚论坛,2015(1):42-51.

[56] 魏际刚. 加快大宗商品流通的转型与创新[J]. 中国物流与采购,2014(22):66-67.

[57] 李亚. 曹妃甸:发力大宗商品供应链整合[N]. 现代物流报,2014-06-15(B09).

[58] 赵静. 自贸区供应链风险管理研究[J]. 技术经济与管理研究,2015(11):121-123.

[59] 韩晓宏. 石化大宗商品供应链管理行业现状及前景分析[J]. 科学管理,2016(5):248-250.

[60] LAMOUREUX M. A Supply Chain Finance Prime[J]. Supply Chain Finance, 2007(4):34-48.

[61] 杨绍辉. 从商业银行的业务模式看供应链融资服务[J]. 物流技术,2006(10):179-182.

[62] 王婵. 基于供应链金融的中小企业融资模式研究[D]. 天津：天津财经大学，2007.
[63] 胡跃飞. 供应链金融——极富潜力的全新领域[J]. 中国金融，2007(22)：38－39.
[64] 深圳发展银行、中欧国际工商学院“供应链金融”课题组. 供应链金融：新经济下的新金融[M]. 上海：上海远东出版社，2009.
[65] 史金召. 供应链金融概述及其发展趋势[J]. 哈尔滨金融学院学报，2014(4)：14－18.
[66] 刘丹. 供应链金融的作用模式及创新[J]. 金融发展研究，2013(7)：23－27.
[67] 鄢章华. 供应链金融的运作模式及特点分析[J]. 黑龙江科技信息，2013(1)：149－150.
[68] 僧会远. 供应链金融与传统金融模式的比较研究[J]. 东方企业文化，2014(10)：227.
[69] 互联网＋供应链金融创新报告[R]. 宝象金融，零壹财经，2016.
[70] 深圳发展银行供应链金融业务手册[Z]. 2005.
[71] 广东发展银行供应链金融业务手册[Z]. 2003.
[72] 上海浦东发展银行供应链金融业务手册[Z]. 2007.
[73] 兴业银行供应链金融操作手册[Z]. 2006.
[74] 华夏银行供应链金融业务手册[Z]. 2007.
[75] 谢世清. 国际供应链金融三种典型模式分析[J]. 经济理论与经济管理，2013(1)：80－86.
[76] 于瑾. 供应链金融风险管理分析[D]. 北京：对外经济贸易大学，2010.
[77] 杨建. 物流企业在存货质押融资业务中的作用与风险分析[J]. 物流技术，2015，34(12)：116－119.
[78] 姜永. 供应链金融风险成因及应对措施探讨[J]. 经济视野，2014(9)：321.
[79] 殷飞. 第三方物流企业开展统一授信存货质押融资的风险控制研究[D]. 南京：南京大学，2012.
[80] 陈福录. 银行视角中应收账款质押存在的问题及其法律对策研究[R]. 北大法律信息网文粹，2014.
[81] 吴海强. 物流金融业务发展研究[D]. 大连：大连海事大学，2015.
[82] 张强. 天津港港口物流金融研究[D]. 天津：天津大学，2012.
[83] 江雨轩. 基于供应链金融理论的港口全程物流综合服务体系研究[J]. 经营管理者，2014(29)：219.
[84] 陈馨. 港口物流金融支持港口经济发展的机制和策略研究[J]. 物流工程与管理，2013，35(3)：66－68.
[85] 姜燕宁，郝书池，滕丽，等. 发展供应链金融的动力机制和对策研究[J]. 商业时代，2011(6)：56－58.
[86] 宋焱，李伟杰. 物流金融的发展模式和风险防范[J]. 金融与经济，2009(12)：90－92.
[87] 赵路，李学工. 港口企业开展物流金融的条件及对策建议——以日照港为例[J]. 曲阜师范大学学报(自然科学版)，2014(1)：55－58.
[88] 林婷婷，黄露，汪君毅，等. 港口供应链金融应用模式探究及风险分析——以宁波-舟山港为例[J]. 商场现代化，2015(20)：123－124.